원영희 교수의
일곱 번역교실

원영희 교수의
일급 번역교실

펴 냄	2003년 10월 25일 1판 1쇄 박음 / 2013년 9월 25일 1판 3쇄 펴냄
지은이	원영희
펴낸이	김철종
펴낸곳	(주)한언
	등록번호 제1-128호 / 등록일자 1983. 9. 30
주 소	서울시 종로구 삼일대로 453(경운동) KAFFE빌딩 2층
	TEL. 02-723-3114(대) / FAX. 02-701-4449
책임편집	이기표, 이은정
디자인	김하늘, 김희림
홈페이지	www.haneon.com
e-mail	haneon@haneon.com

저자와의 협의하에 인지 생략

ⓒ 2003 원영희

이 책의 무단전재 및 복제를 금합니다.
잘못 만들어진 책은 구입하신 서점에서 바꾸어 드립니다.

ISBN 978-89-5596-127-0   03700

원영희 교수의
알음 번역교실

원영희 지음

한그

Contents

엮어 내며_006

PART 01 일급 번역 장애물 I

1. '나' 병과 '~것이다' 반복 증세(009) | 2. 심각한 '그' 바이러스(014) | 3. 재발성 '그' 병(018) | 4. 고유명사 혼돈증(025) | 5. 무생물 위치 혼란증(030) | 6. 만성 어휘선택 혼란증(036) | 7. 분위기 불감증(044) | 8. 상황 무감증(049) | 9. 소리 무감각증(057)

PART 02 일급 번역 장애물 II

10. 이타심 결핍증(065) | 11. 창의력 스트레스(072) | 12. 창의력 결핍증(079) | 13. 기계 과신증(086) | 14. 기계 의존증(095)

PART 03 일급 번역 장애물 III

15. 외래어 남용증 1(105) | 16. 외래어 과용증(113) | 17. 외래어 · 외국어 혼용증(121) | 18. 외국어 남용증 2 : 알레르기(128) | 19. 외래어 남용증 3 : 미완성 번역(135) | 20. 근시안 증후군(142) | 21. 우리말 재활치료(147)

PART 04 번역의 장애 요인과 극복

22. '읽기' 장애(157) | 23. '쓰기' 장애(164) | 24. 영어 실력 부족증(172) | 25. 오역증(179) | 26. 중역증(187) | 27. 지나친 의역증(195) | 28. 과잉번역증(201) | 29. 장르 혼동증(208)

PART 05 국어실력 향상법

30. 국어실력 부족증(219) | 31. 번역과 해석의 습관성 혼동증(227) | 32. 문법맹종증(234) | 33. 어색증(242) | 34. 반말증(248) | 35. 언어균형 불감증(256) | 36. 쉬운 말 기피증(264) | 37. 단순화 기피증(272) | 38. 불분명증(278) | 39. 표현실력 부족증(286) | 40. 번역과 통역 무분별증(293)

PART 06 번역가의 사명

41. 번역가의 사명 망각증(303) | 42. 번역가의 긍지 부족증(310) | 43. 번역가의 지위 혼란증(317) | 44. 목적 불감증(324) | 45. 번역가의 시공 혼란증(330) | 46. 시대 불감증(338) | 47. 노력부족증(345) | 48. 이문화 둔감증(352) | 49. 번역시장 궁금증 1(360) | 50. 번역시장 궁금증 2(368)

부분수정 2쇄를 펴내며_375
원문 번역에 대한 제안_377

엮어내며

　제임스 조이스의 《율리시즈》를 프랑스 어로 번역한 발레리 라르보는 "번역은 말의 무게를 다는 작업"이라고 했다. 실제로 번역은 끝없는 말, 그리고 글과의 씨름이다. 원천언어(Source Language)에 담긴 정신을 찾아내어, 그 정신의 무게까지 실린 목표언어(Target Language)로 '공들여' 옮기는 작업이 번역이다. 더글러스 로빈슨은 《번역가 되기》에서 신뢰할 수 있는 "전문번역가는 꼭 맞는 번역이나 번역 표현을 찾기 위해 몇 시간이라도 인내하고 고심할 줄 아는 전문가"라고 가르친다. 번역가는 진정 '언어의 장인(匠人)'이며, '말의 예술가'다. 그러므로 모든 학문 영역이 그렇듯이 번역도 세속적 보상을 바라고 뛰어들면 참담함만 경험하게 된다.

　번역은 정확해야 하며 동시에 자연스러워야만 한다. 번역의 올바른 행사는 '나' 만 아닌 '이웃'의 입장에 서는 소박한 삶의 실천으로부터 시작한다. 번역은 '나' 만 알고 끝나도 되는 해석이나 이해의 차원이 아니라, 독자(讀者)라는 '타자(他者)'의 존재를 긍정하는 자세로부터 시작하는 작업이기 때문이다. 독자를 배제한 번역은 존재할 필요가 없기 때문이다. 그래서 라르보는 거듭 번역가는 "겸손해야한다"고 조언한다.

　영한대역(英韓對譯) 월간지 편집장을 하며 번역문에서 왜곡되는 우리말과 글을 참 많이도 접했다. 매월 비슷하게 반복되는 번역가들의 실수! 학위나 수년간의 외국어공부가 다 소용없어만 보였다. "어디부터 고쳐야 하는가?"에 답하기 위한 기나긴 대화는 그때부터 시작되었다. 《TIME Plus, 타임연구》에 매월 기고한 원고는 〈번역치료실〉을 거쳐 고정란 〈번역클리닉〉에 실렸다. 칼럼을 통해 매월 번역 과제를 냈었다. 이 책 《원영희교수의 일급번역교실》은 바로 이 과제물에 답한 여러 응모자들의 사례를 수집하고, 번역에 관심 있는 분들과 이메일, 그리고 엽서를 통해 오랫동안 대화한 내용을 간추려 정리한 번역 지침서이다. 번역가 지망생들과, 좀 더 바른 번역을 하고자 하는 진지한 전문번역가들에게 도움이 되기를 바란다.

지은이　원 영 희

part 01

일급 번역 장애물 I

번역물이 범람하는 시대에 우리는 살고 있다. 21세기에는 많은 세계와 교류가 있을 것이고, 영→한, 한→영 번역의 필요성과 문제점은 끝없는 논란의 주제가 될 것이다. 미래에 논쟁이 될 주제 속으로 미리 빠져 보는 것도 즐거운 일이 될 것이다. 번역은 두 언어의 문제이기에 더욱 우리의 다변화된 흥미를 돋운다. 여기서 주의해야 할 점 한 가지. 번역은 해석과 다르다. 영어를 조금 알면 해석은 누구나 할 수 있다. 하지만 번역은 원천언어의 의미를 정확하게 전달한다는 점에서 훨씬 어렵다.

| chapter 01 |

'나' 병과 '~것이다' 반복 증세

번역은 영어를 조금 아는 사람이면 누구나 다 할 수 있다. 그리고 동시에 영어를 아주 잘 하는 사람이라도 완전히 틀릴 수 있다. 왜 그럴까?

답은 간단하다. 번역은 아름다운 외국어를 더 아름다운 우리 글로 옮기는 작업이기 때문이다. 다시 말해 대상언어(영어) 실력도 중요하지만, 탁월한 국어(한국어) 실력으로 번역의 성패가 결정되기 때문이다.

번역물이 범람하는 시대에 우리는 살고 있다. 21세기에는 더 많은 세계와의 교류가 있을 것이고, 영→한, 한→영 번역의 필요성과 문제점은 끝없는 논란의 주제가 될 것이다. 미래 논쟁의 주제 속에 미리 빠져보는 건 즐거운 일이다.

번역은 두 언어의 문제이기에 더욱 우리의 다변화된 흥미를 돋운다. 주의해야 할 점 한 가지. 번역은 해석과 다르다. 영어를 조금 안다면, 해석은 누구나 다 한다. 그리고 영어를 아주 잘하는 사람은 해석에서 거의 틀리지 않는다. 이 책은 번역에 대한 이해와 실제 연습을 통해 번역병을 치료하는 클리닉, 즉 영→한 번역상의 고질병을 고치는 개인병원이다. 아울러 어려운 해석문제를 '정확히' 해결해주는 곳이기도 하다. 여러분과 함께 매 단원 번역상에 나타나는 병의 증상들을 살펴보고 원인을 밝혀 함께 치료하고자 한다. 번역을 잘 하고 싶다면, 우선 우리 한국어를 잘 알아야 한다. 따라서 이 책의 치료방법은 예방의학에 집중되어 있다.

다음 영어 원문을 읽어보자

[원문]
① "As part of our restructuring, we need to cut expenses to remain competitive. ② Your salary will be reduced by twenty-five percent." ③ Sarah chimed in for the first time. ④ "Of course, we still want you here at the hospital, Dick," she said. ⑤ "We really do." ⑥ But in spite of her words, I had a cold feeling in the pit of my stomach. ⑦ I felt scared and, for some reason, ashamed. I had always thought of myself as a rising star. ⑧ All of a sudden I had the distinct feeling I was being eased out and ultimately would be discarded.

오늘의 증세에 집중하기 위해 응모된 초벌 번역 중에 ⑥, ⑦, ⑧ 세 문장만 살펴보도록 하자.

[번역 1]
그녀는 그렇게 말했지만, ⑥**나의** 위 한 구석에서는 차가운 느낌이 있었다. ⑦**나는** 겁이 났고, 어떤 이유에서인지 창피했다. **나는** 언제나 **나** 자신을 떠오르는 별로 생각했었다. ⑧그런데 돌연 **나는** 슬슬 밀려나는 것이며, 궁극적으로는 버림받게 될 것이라는 느낌이 분명해진 것이다.

심각한 '나' 병이 아닌가? 겨우 네 문장의 글에 '나'를 무려 다섯 번 반복해 사용했다. 독자들은 번역자의 글을 '눈'으로 읽지만, 우리의 시각과 청각은 같은 뇌가 관리하기에, 눈으로 읽어도 귀에 익은 특정 낱말의 소리가 들린다. 한번 위의 [번역 1]을 소리내 읽어보라. 뇌리에 '나' 소리만 남아, 뜻을 이해하기 전에 피곤함이 더해지지 않는가? '나'를 없애거나 한 개라도 줄이면,

피곤함은 훨씬 줄어든다. 어색한 반복, 특히 '나'의 반복은 개인주의가 자연스러운 문화권의 언어인 영어에서는 무난하지만, '우리' 문화권인 우리나라 말, 한국어에서는 부자연스럽다. 우선 [번역 1]에서 '나'를 줄여보자.

[번역 2]
그녀는 그렇게 말했지만, ⑥위 한 구석에서는 차가운 느낌이 있었다. ⑦겁이 났고, 어떤 이유에서인지 창피했다. **나는** 언제나 자신을 떠오르는 별로 생각했었다. ⑧그런데 돌연 슬슬 밀려나는 것이며, 궁극적으로는 버림받게 될 것이라는 느낌이 분명해진 것이다.

'나'를 ⑦에 한번만 쓰고도 별 문제는 없다. '나' 강박중에서 벗어나면, 문장의 흐름이 유연해진다. [번역 2]는 역시 더 다듬어야 할 곳이 많다. 이제 '것이다' 중세를 살펴봐야 한다. ⑧문장을 보자.

⑧-1 그런데 돌연 슬슬 밀려나는 **것이며**, 궁극적으로는 버림받게 될 **것이라는** 느낌이 분명해진 **것이다.**

한 문장에 의존명사 '것'을 무려 세 번 반복 사용했다. 한글에서 '~것이다'는 표현만큼 편리한 서술어는 없을 것이다. 우리는 이 편리한 서술어 '~것이다'를 마음껏 사용해야 한다. 원 교수도 '~것이다'를 애용한다. 그러나 지나친 반복은 금물! 왜냐하면, 아름다운 우리 글을 우습게 만드니까. 고쳐보자.

⑧-2 그런데 슬슬 밀려나는 **중이며**, 궁극적으로는 버림받게 **되리라는** 느낌이 **들었다.**

'것'이 모두 어디로 갔을까? 우리 글의 놀라운 매력이다. 우리의 사랑하는 서술어 '~것이다'를 전혀 안 쓰고도 똑같은 문장을 번역할 수 있다. 해석이라면 전혀 문제가 안 되는 문제점일 수도 있다. 그러나 여러분은 언제까지 해석의 수준에 만족하고 살 건가? 우리의 삶은 나날이 풍요로워지고 있다. 풍요로운 우리말의 다양성을 기억하자. 이상의 지침을 유의하면서 번역해보자.

"As part of our restructuring, we need to cut expenses to remain competitive. Your salary will be reduced by twenty-five percent." Sarah chimed in for the first time. "Of course, we still want you here at the hospital, Dick," she said. "We really do." But in spite of her words, I had a cold feeling in the pit of my stomach. I felt scared and, for some reason, ashamed. I had always thought of myself as a rising star. All of a sudden I had the distinct feeling I was being eased out and ultimately would be discarded.

일인칭 대명사 '나'와 "사물, 일 현상 따위를 추상적으로 이르는" 의존명사 '것' 사용을 줄이는 연습을 오늘부터 시작하자. 추상적으로 혹은 "사람을 낮추어 이르거나 동물을 이르는" 의존명사 '것' 남용으로 번역문이 추상적이고 미숙하게 되기 쉽기 때문이다. 좋은 습관은 연습을 통해 형성된다. 좋은 우리글 습관이 영어권 문화를 우리나라 사람들에게 올바로 전하는 길이며, 동시에 우리말과 글을 사랑하고 지키는 길이다.

| chapter 02 |

심각한 '그' 바이러스

여러분은 번역을 잘못해 처형을 당한 사람이 있었다는 사실을 아는가? 비운의 주인공은 37세에 파리의 모베르 광장에서 화형(火刑) 당한 프랑스의 번역가 에티엔 돌레(Etienne Dolet, 1509~1546년)이다. 골치 아픈 플라톤(Plato)의 《대화(*Dialogue*)》에 들어 있는 소크라테스와 악시오코스의 죽음에 관한 대화인 〈악시오코스〉편을 잘못 번역한 죄였다. 재미있는 건, 생전에 돌레는 "번역한 언어가 영혼과 귀에 만족을 줄 수 있어야 한다"고 주장하며 그 누구보다도 번역문에서 드러나는 모국어의 완전함과 온전함을 강조한 장본인이었다는 점이다. 게다가 돌레는 〈한 언어에서 다른 언어로 번역을 잘 하는 길에 대하여〉라는 안내서를 통해 번역의 5가지 원칙을 제시하기도 했다.

첫째, 번역자는 번역하려는 작품의 **내용을 완벽하게 이해**해야 한다.
둘째, 번역자는 **원어를 완전히 알아야** 하며, 또한 그에 못지 않게 **우수한 목표 언어(국어) 구사실력**을 가지고 있어야 한다.
셋째, **각 단어에 각각 대응**하는 단어 대 단어 번역은 하지 말아야 한다.
넷째, 어려운 원문 표현보다는 누구나 이해하는 **일상어를 사용**하라.
다섯째, 끊임 없는 노력으로 머리뿐만 아니라, 귀도 만족시킬 수 있도록 **언어를 다듬어야** 한다.

모두 다 옳은 말뿐인 돌레의 원칙! 그런데 돌레는 왜 실수를 했을까? 인간이니까…. 하지만 중세시대가 돌레의 인간적인 실수조차 너그러이 용서할 수 없었던 무자비한 때였다는 점을 떠올리면, 그 시대를 피해 살고 있다는 사실도 행운이다. 시간을 벌려고 엉터리 번역을 하는 번역가나 마구잡이로 이를 부추기는 일부 출판사들도 문제다. 그렇다고 실수를 무조건 용서할 수도 없다. 정확한 번역은 우리글을 풍요롭게 한다. 반대로 불성실한 번역은 우리글을 병들게 한다. 엉망으로 번역을 해서 세상에 내놓으면, 여러 사람이 고통을 당한다. 원작자는 사상을 오해받고, 출판사는 망신당하고, 독자들은 혼란에 빠지고, 번역한 당사자는? 모베르 광장에서 화형당하는 벌이 아니더라도, 그 비슷한 경우를 당할 수 있다. 이 책은 잘못된 영→한 번역으로 부서지고 일그러지는 우리말(한국어)을 함께 바로 세우기 위한 것이다. 이 책을 읽는 여러분 모두가 우리말 사랑에 더욱 힘쓰시기 바란다.

다음 영어 원문을 번역해보자. 대화체가 많은 글은 번역하기 전에 소리내 읽어보는 것도 좋다. 번역을 시작하기 전에 반드시 **전체 이야기를 통독**하는 습관을 기르기 바란다. 이것만이 나무만 보고 숲을 못 봐 실수하는 일을 피하는 첩경이다.

[원문]
① "We've got to get medicine," one of the nurses called. ② She(1) knew there was some back in the van. ③ She(1) stood up from the dust. ④ "I'll go," she(1) said. ⑤ We watched as she(1) staggered back, waving her(1) arms. ⑥ Darting into the van, she(1) grabbed a medical kit. ⑦ She(1) ran back to Lidia and gave her(1) a shot of an antihistamine. ⑧ "I don't think she's(1) going to make it," someone said.

이해를 돕기 위해 참고로 위 원문 직전에 이야기를 소개하면, 한 소녀가 야외로 소풍을 나왔다가 엄청난 벌떼에게 쏘여 기절한 사건이 있었다. 다음 초벌 번역상에는 다양한 문제가 있지만, 오늘의 증세는 '그' 바이러스이므로 초벌 번역 중에 (1)이라 명시된 부분의 번역을 주의해 살펴보자.

[번역 1]
① "약을 꺼내와야겠어요." 간호원 한 명이 말했다. ②**그녀는**(1) 차량 뒤쪽에 약이 있다는 것을 알고 있었다. ③**그녀는**(1) 자리에서 일어섰다. ④ "갔다올게요." **그녀가**(1) 말했다.
⑤우리는 **그녀가**(1) 손을 흔들며 비틀거리는 것을 보았다. ⑥그러더니 쏜살같이 차쪽으로 달려가 의료상자를 찾아들고는 리디아 있는 곳으로 되돌아왔다. ⑦**그녀는**(1) **그애**(1)에게 항독제 주사를 놓았다. ⑧ "**그애는**(1) 무사하지 못할 것 같아요." 누군가가 말했다.

모두 여덟 문장의 글에 대명사 '그'가 몇 번 나왔나 세어보자. 일곱 번이다. 왜 그랬을까? 영어 원문을 살펴보면, 3인칭 대명사 'she'와 'her'가 아홉 번 나온다. 그러니까 틀린 '해석'은 아니다. 원문에 충실한 '해석'을 하다보니 뭔가를 반복하고 있다는 숲을 못 본 경우이다. 그래도 이 번역자는 '그'를 2회 정도 줄여 7회만 썼다. 그래도 많다. [번역 1]을 소리내 읽어 보라. "그녀는… 그녀는… 그녀가… 그녀가… 그녀는…" 피곤함은 물론 특히 '그녀는'의 발음상 미묘한 느낌 때문에 긴급한 상황이 벌어지고 있는 장면에 대한 묘사가 그만 우습게 되고 말았다. **대명사의 반복**은 영어에서는 문제가 안 된다. 그러나 **우리글에서는 피해야** 하는 증세이다. 영어의 영향으로 흔들리는 올바른 우리말의 주어 사용에 좀더 주의를 기울여야겠다. '그'와 특히 발음상 미묘한 느낌을 주는 '그녀는'을 없애보자.

> "We've got to get medicine," one of the nurses called. She knew there was some back in the van. She stood up from the dust. "I'll go," she said.
> We watched as she staggered back, waving her arms. Darting into the van, she grabbed a medical kit. She ran back to Lidia and gave her a shot of an antihistamine. "I don't think she's going to make it," someone said.

사실 서구화(西歐化)의 물결 속에 번역가의 무관심으로 그 동안 우리말은 '그'라는 바이러스를 안고 살아왔다. 감기는 바이러스로 인해 걸린다고 한다. 누구나 알다시피 감기에 걸리면, 가장 흔한 증세로 목소리가 이상해진다. 우리말도 감기에 걸린 셈이다. 없어도 되는 인칭대명사 '그' 또는 '그녀는'이 우리말과 글에 섞여, 듣고 읽는 이들로 하여금 묘한 기분에 빠지게 해왔다. 이젠 인이 박혀 거의 못 느끼는 사람들이 많지만! 번역가와 번역하려는 이들이여, 좋은 우리말, 바른 우리글로 번역하자!

| chapter 03 |

재발성 '그' 병

새 것은 항상 좋다. 새 옷, 새집, 새 직장, 새 책, 그리고 매일 아침 새로 뜨는 태양, 새 것은 모두 좋다. 하지만 오래된 것이 좋은 경우도 있다. 오랫동안 사귄 친구, 그리고 《성경》· 고전 · 위인전과 같이 읽어도 또 읽어도 좋은 책! 인문학이 위기에 빠졌다고 하는데, 사실 한국의 인문학은 이제 시작이다. 새로운 차원에서. 가상공간과 현실공간에서 새로운 허구의 세계를 창조해야 하고, 실제 세상의 일을 정리해야 하는 새로운 임무를 띤 인문학이 어째서 위기인가?

언어가 어떤 모양으로 변한다 해도 인간과 모든 존재는 서로 대화(communication) 혹은 소통(communication)해야 한다. 매체는 다양할 수 있다. 연기 · 그림 · 모르스부호 · 유선전화 · 무선전화 · 전자메일 등 다양할수록 좋다. 하지만 내용은? 한결같이 언어다. 말(words, logos, language)이다. 말을 다루는 인문학, 말과 씨름하는 번역. 그래서 번역은 영원히 우리 인간 주변을 맴도는 또 다른 차원의 대화(communication)이며, 인문학의 기본이고, 이(異)문화 간의 가교이며, 끝 없는 도전이다.

21세기엔 우리나라 학계에서도 꽃피우게 될 번역학에 대한 담론이 이미 뜨겁고, 서울의 여러 대학에선 대학원 과정이나 학부 고급과정으로 번역학을 개설하고 있으며, 또 이런 경향은 지방대로 확산되고 있다. 21세기, 새로이 인정받는 전문 직업으로 번역가 혹은 번역사가 떠오른다. 실력 있는 번역가가 되기만 하면, 전문가로 자유롭게 또 여유 있는 시간과 공간 내에서 일할 수 있게 된다. 실력 있고 제 목소리를 낼 수 있는 번역 전문가들이 확실한 교육을 받고 마구 쏟아져 나온다면, 현재의 열악한 번역시장도 변화를 맞이할 것이다. 곧 그렇게 된다.

바로 우리가 실력 있는 번역가가 되어 한국 번역시장을 건실하게 이끌어 나간다면, 오늘의 번역시장 환경이 놀랍도록 안정될 날은 온다.

또 한 가지. 인문학이 위기가 아니라는 건, 인문학의 시작이며 최초의 인간에 대해 쓴 글을 모은 책인 《성경》을 보면 알 수 있다. BC 2세기로부터 AD 1세기에 속하는 히브리어 사본, 즉 사해 두루마리로 불리는 구약 사본과 그리스어로 쓰여진 신약성서가 7세기경부터 영어로 번역되기를 거듭해 오늘에 이른 사실은 주목할 만하다.

한국에서는 1882년부터 〈구약성서〉·〈신약성서〉·〈외경〉이 번역되기 시작한 이후 수 차례의 개정을 거쳐 현재 새 번역판 《개역 개정판 성경》(1998년)이 나와 있다. 20세기에 들어 종교에 상관없이 전 세계에 편재하는 필독서이며, 역사 이후 최대의 베스트셀러인 《성경》을 번역하는 일에 많은 나라들이 열심을 내었다. 21세기엔 물론 더욱 대규모 작업을 기대하고 있다. 좀더 열린 번역, 좀더 현대어에 가까우면서 정통성을 살릴 수 있는 번역, 고전성과 원전 운문(韻文)의 모습을 찾아가는 번역을 위한 노력이 경주되리라 믿는다.

모든 인문서적들과 고전이 다 마찬가지이다. 실력 있는 번역가가 나타나, 원문과 번역어의 틈을 뛰어넘어 놀라운 문화적 등가와 의미의 등가를 찾아 독자에게 지금까지 **놓쳤던 사실**(lacuna)을 친절히 가르쳐 주리라 기대한다. 그래서 번역은 어렵고, 번역가는 소중하다. 이문화의 정직한 가교라는 사명감으로 어려운 작업을 하는 모든 '실력 있는' 번역가들이 사회에서 정당한 보상을 받는 21세기를 위해 학계·출판계 모두 성실히 준비해야 한다.

그래서 이번에는 영어 《성경》 몇 구절을 번역해 보기로 한다. 누가복음 2장의 영어 원문에서 발췌한 구절이다. 성탄절의 한 장면으로, 수많은 영어 번역서 중에 《New American Standard Bible(1960/1977)》, 즉 《새 미국 표준어 성경》에서 발췌했다.

[원문]

①And in the same region there were some shepherds staying out in the fields, and keeping watch over their flock by night. ②And an angel of the Lord suddenly stood before them, and the glory of the Lord shone around them; and they were terribly frightened. ③And the angel said to them, "Do not be afraid; for behold, ④I bring you good news of a great joy which shall be for all the people."

(Luke, Chapter 2 : 8~10, *New American Standard Bible*)

이런 원문을 맞은 번역가들은 번역하기에 앞서 일단 원문의 성격과 목적을 파악해야 한다. 성경 번역은 일반 독서층을 위한 목적도 있지만, 우선 예배 의식용으로도 쓰인다는 사실을 감지해야 한다. 즉 원문의 성전성(聖典性)을 감안해야 한다. 어미에 주의를 기울여야 한다는 의미다. 다음은 특별한 단어에 대한 약속이다. 원전이 《New American Standard Bible》이라 함은 천주교(Catholic Christian) 성경이 아니라, 개신교(Protestant Christian) 성경을 말한다. 따라서 개신교식 '어휘'와 '표현'을 사용해야 한다. 이 정도의 간단한 사전 지식을 갖춘 후 원문의 전후 부분을 좀더 읽고 나서 번역에 임하면 더 좋겠다. 다음 번역을 함께 살펴보자.

[번역 1]

①같은 그 지방에서 몇몇 목자들이 집 밖에 머무르면서, 밤에 들의 양 떼를 지키고 있었다. ②갑자기, 주의 한 천사가 그들 앞에 섰고, 주의 영광이 그들을 둘러 비추자, 그들은 몹시 두려워하였다. ③그리고 그

천사가 그들에게 말하였다. "두려워하지 마시오. 보시오! ④내가 모든 사람에게 큰 기쁨이 될 <u>좋은 소식을 가져 왔습니다</u>."

[번역 1]은 두드러진 두 가지 문제를 안고 있는 번역이다. **첫째, '그' 병**이다. 우리말로 번역할 때 유의해야 하는 점 중 하나는 영어의 대명사와 정관사 'the'의 처리 문제이다. 원문엔 우리말 '그'에 해당하는 대명사와 정관사가 13번 나오고 있다. 우리말로 번역하면 그 절반 정도는 말 속에 자연스럽게 묻힌다. 그럼에도 불구하고 4행의 번역문에서처럼 7번씩 '그'가 나오면, 읽은 후 귓전이나 뇌리에 남는 소리는 반복된 '그' 뿐이다. 천사도 영광도 기쁨도 반복된 '그'에 묻혀 제 빛을 발하지 못하고 있다. 2장에서도 언급한 대로 극히 드물게 꼭 필요한 몇몇 경우를 제외하면, '그'는 우리말에서 별 필요가 없는 사항이다. 예로부터 '그' 병의 근원은 온전히 번역가가 제공하고 있다. 지금까지도 '그' 폐해가 크다.

둘째, 천사의 말을 번역한 어투가 어색하다. "~시오. 보시오!"는 어색하다. 하지만 "~습니다"는 목동에게 하늘의 소식을 전하는 천사의 '거룩한' 위치에서 사용하기엔 더욱 어색하다. 도끼를 들고 나무꾼에게 나타난 산신령이 "이 금도끼가 당신 것입니까? 아니면 이 은도끼가 당신 것입니까?" 하는 식이나 마찬가지다. 이야기의 전후 상황을 모르고 제시된 원문만 붙들고 번역에 임하는 경우에 일어나는 실수이다.

항상 원문 전체를 충분히 읽고 분위기를 이해한 후, 번역에 임하는 자세가 중요하다. 물론 원문의 출처가 분명한 경우에 말이다. 원문의 첫 문장을 다시 보자.

[원문] ①And in the same region there were some shepherds staying out in the fields, and keeping watch over their flock by night.

[번역 1] ①같은 그 지방에서 몇몇 목자들이 집 밖에 머무르면서, 밤에

들의 양떼를 지키고 있었다.

이 장면 직전에 베들레헴에 도착한 마리아는 여관에 빈방이 없어 마구간에서 아기예수를 낳아 말구유에 누인다. 바로 'in the same region'은 베들레헴을 가리킨다. 마리아가 있는 곳은 베들레헴 시내이고, 목자(some shepherds)들은 시내에서 멀리 떨어진 들녘. 하지만 여전히 '베들레헴' 안에 있다는 뜻이다. 따라서 나오지도 않은 '집'을 써서 '집 밖에 머무르면서'라고 하는 것보다 원문의 'staying out in the fields,'를 충분히 살려서 '같은 지방 저 멀리 들녘에서는…' 식으로 번역하면 자연스럽다. 원문의 두 번째 문장을 보자.

[원문] ②And an angel of the Lord suddenly stood before them, and the glory of the Lord shone around them; and they were terribly frightened.
[번역 1] ②갑자기, 주의 한 천사가 그들 앞에 섰고, 주의 영광이 그들을 둘러 비추자, 그들은 몹시 두려워하였다.

여기에서 호칭의 문제가 대두된다. 소문자 'lord'는 '주, 주인, 군주'의 뜻이 있지만, 'the'를 붙이고 대문자로 쓸 경우 'the Lord'는 사전에 따라 번역하면 '하느님'이다. 하지만 《미국새표준성경》은 개신교에서 주로 사용하는 성경이라고 보고 개신교식으로 호칭을 번역하려면, '하느님'이 아니라, '하나님'으로 번역해야 맞다. 하늘에 계신 분이라는 의미의 '하느님'과 하나뿐인 분이라는 '하나님' 호칭에 대한 논쟁은 교계에서 오래 지속된 번역 논쟁의 대표적 예이다. 그러나 사전과는 달리 성경 속에서는 실제로 'the Lord'는 절대자의 의미를 내포한 '주'로 번역하는 경우가 더욱 빈번하다. 따라서 여기서는 '하나님'보다 '주'가 더 좋다. [번역 1]의 번역자는 호칭 선택을 잘하고 있다. 다음 원문 문장을 살펴보자.

[원문] ③And the angel said to them, "Do not be afraid; for behold,
[번역 1] ③그리고 그 천사가 그들에게 말하였다. "두려워하지 마시오. 보시오!

대명사 '그'를 생략하면 좋았을 번역이다. 일반 문장이라면 '천사가 목자들에게 말했다'로 번역할 수도 있다. 하지만 천사가 전하는 말의 표현이 좀더 '천사' 그것도 'an angel of the Lord' 즉, '주의 천사' 다워야 한다면, '~가 말했다'로 문장을 끊는 것보다 '천사가 말하되' 혹은 '천사가 이르되'가 좋겠다. 특히 'behold'는 시나 고전에 많이 등장하는 옛 표현으로, 'Look!'의 뜻, 즉 '보라' 혹은 '들으라'는 명령의 의미가 담긴 말이다. 권유의 의미가 있는 '보시오'는 약하다. 마지막 문장은 다음과 같이 아주 다양하게 번역할 수 있다.

[원문] ④I bring you good news of a great joy which shall be for all the people."
[번역 1] ④제가 모든 사람에게 큰 기쁨이 될 좋은 소식을 가져 왔습니다.
[번역 2] ④난 너희에게 모든 사람들이 크게 기뻐할 수 있는 좋은 소식을 전할 것이니라.
[번역 3] ④내가 온 백성에게 큰 기쁨이 될 희소식을 너희에게 전하노라.
[번역 4] ④나는 만 백성에게 미칠 매우 기쁜 소식을 너희에게 전한다.
[번역 5] ④내가 만인에게 커다란 기쁨이 될 복음을 가져왔노라!

[번역 1]은 지적한 대로 '~습니다'라는 표현이 어색하다. 그리고 'bring'을 '가져오다'는 표현으로 직역한 점이 [번역 5]와 더불어 인위적인 기분이 든다. [번역 2]는 시제를 잘못 파악해 현재가 아니라, '~할 것'이라는 미래형으로, [번역 5]는 '~왔노라'라고 번역함으로 과거형으로 각각 실수를 하고 있다. [번역 3]이 제일 자연스럽다. 이제 정리해보자.

And in the same region there were some shepherds staying out in the fields, and keeping watch over their flock by night. And an angel of the Lord suddenly stood before them, and the glory of the Lord shone around them; and they were terribly frightened. And the angel said to them, "Do not be afraid; for behold, I bring you good news of a great joy which shall be for all the people."

(Luke, Chapter 2 : 8~10, *New American Standard Bible*)

호칭과 시제, 그리고 성전화 표현 등은 성서 번역 작업상 기본으로 주의를 기울여야 하는 부분이다. 그러나 비록 성전이라도 표현의 자연스러움을 잃지 않게 조심해야 한다.

| chapter 04 |

고유명사 혼돈증

    1974년 언어학자 랜돌프 쿼크(Randolph Quirk)는 번역을 "작가가 할 수 있는 가장 어려운 작업 중의 하나"라고 고백했다. 여기에 어려움을 더하는 요인이 두 언어 사이에 놓인 **문화의 이질성**이다. 우리는 글 중에서든 말 속에서든 손위 어른을 '대명사'로 받지 않는다. 학생들에게 할머니 생신 카드에 적은 짧은 글, 'Happy Birthday to you, Grandma!'를 번역하라는 즉석 퀴즈를 낸 적이 있다. 40명 중 약 30여 명의 학생들이 '할머니, 당신의 생일을 축하합니다!'로 옮겨 썼다. 'From your grandson'은 '당신의 손자로부터'. 번역가는 이런 표현에 문제의식을 가져야 한다.
    아무리 원전에 충실한 번역이 우선된다 해도, 문화의 차이를 고려하지 않으면, 속된 표현, 어색한 번역, 나아가서는 오역이 되고 만다. 다시 로마로 가보자. "로마에 가면 로마법을 따르라!"는 선인들의 단순한 지혜를 번역에도 적용하면, 문화의 차이를 긍정적으로 수용하는 길이 열린다. 즉, 번역의 등가성(等價性, Equivalent)과 문화적 번역 불가능성(Cultural Untranslatability)을 조화시킬 수 있는 길이 있다. 'you'를 '당신'으로만 번역하려 들지 말고, 문맥의 전체 흐름을 파악한 후에 '당신'보다 더 나은 풍성한 **'우리말 표현의 숲'**으로 산책을 떠나보라. 때로는 '그대여', 때로는 '자네' 혹은 '너' 등은 물론, 손위 어른일 경우에 언제라도 고유 호칭을 반복하는 방법도 있다. 표현의 자유를 더 넓은 공간에서 누려보라. 도대체 언제부터 우리가 할머니를 '당신'이라고 부르기 시작했는가! 무심한 번역 표현 속에서 우리 고유의 문화와 전통을 조금씩 양보하다가는 언젠가 모조리 잃고 만다.

다음 영문은 거리를 방황하는 결손 가정 소년 에인젤의 입양 문제를 놓고 엄마와 두 자녀가 얘기하는 장면에 대한 글이다. 함께 읽어보자. 번역을 시작하기 전에 반드시 **전체문장을 먼저 통독**하자.

[원문]

①"What else can we do?" asked ②Haley. "It's getting really cold," ②Amanda added. It was brave of them. I knew they were ③being questioned at school by kids who didn't understand the situation. They only saw that ②Angel was ②Hispanic and a ④"city boy."

"If ⑤he becomes a member of the family, ⑤he'll be treated like one," I said. "He'⑥ll have chores and a ⑤curfew ; he'll have to work hard and ⑤obey our rules."

다음 번역문을 읽어보자.

[번역 1]

"①우리가 무엇을 할 수 있지?" ②핼리가 물었다. "점점 더 추워지고 있다구." ②아만다가 덧붙였다. 그들은 용감했다. ③상황판단을 못하는 어린 학생들로부터 질문을 받고 있었으니까. 아이들은 ②엔젤이 단지 ②에스파니아인이며, ④도시소년인 줄로만 알고 있었다.

"만일 그 아이에게도 가족이 ⑤있었다면, 다른 사람과 같은 대접을 ⑤받았을 꺼야." 내가 말했다. "⑥일거리를 얻고 소등명령을 ⑤받았겠지. 즉, 열심히 일을 하고 우리의 규칙을 ⑤따랐을 거야."

'What else'를 확실히 번역하지 않은 점(①), '있다구, ~거야' (⑤)에서 드러난 바른 맞춤법 지식 부족, 무슨 뜻인지 알 수 없는 표현 사용(⑥) 등의 다양한 문제가 있는 번역이다. 그러나 주제가 고유명사 혼동증 치료이니만큼 고유명사 문제에 대해 좀 더 깊이 알아본다.

외국 이름의 우리말 표기는 가능한 원래 이름에 가깝게 하는 걸 원칙으로 하면 어떨까. 위 글에는 고유명사가 많이 나온다. ②번으로 묶인 단어들은 모두 이름이다. 이야기 중심에 떠오르는 인물이 '에인젤'이다. '헤일리'와 '어맨더'가 함께 살기를 바라는 '부랑아' 에인젤은 이미 학교에서도 떠돌이라고 소문이 자자하다. 'Angel'을 '천사'로 번역하는 사람도 있다. 보통 명사가 문장 속에서 **대문자**로 시작됐다면 '혹시' 하고 의심해봐야 한다. 고유명사화 한 이름이거나 지명일 경우가 많으니까. 미국에 사는 'Amanda'는 이 세상에 한 사람뿐이다. '어맨더'라고 쓸 수 있음에도 불구하고 우리말식으로 고스란히 읽어 '아만다'라고 해야 할까? 'Haley'는 원래 발음이 '헤일리'이다. 'Angel'도 '에인젤'이 맞다.

고유명사 한글 표기, 즉 음역은 어렵다. 이런 때는 사전을 다른 목적으로 봐야한다. 의미를 찾기 위해서가 아니라 바른 '발음'을 확인하기 위함이다.

번역가를 꿈꾸는 여러분. 여러분은 사전이 몇 개 정도 있는가? 혹시 고교시절 쓰던 작은 영한사전 단 한 권으로 번역에 승부를 걸려는 건 아니리라 믿고 싶다. 전쟁에 나가려면 총도 중요하지만 총알도, 군화도, 철모도, 다 필요하다. **발음사전**(Pronouncing Dictionary)도 필요하다. 발음사전을 참고한다면 한영사전엔 절대로 나오지 않는 'Haley'란 이름의 발음이 [heili], 즉 '헤일리'라는 사실을 알 수 있다. 좀더 부지런해지자. 참고로 'city boy'를 단순히 '도시 소년'이라고 직역하면 읽는 사람은 이 표현의 뜻을 'country boy', 즉 '시골 소년'의 반의어 정도로 이해하게 된다. 우리말에도 차이가 있지 않은가. 시골 소년과 '촌놈' 혹은 '촌사람' 모두 다르다. 게다가 작가가 특별히 **따옴**

표로 묶은 단어에는 원래 보통 경우와는 다른 의미가 있음을 가리킨다. 따옴표는 바로 다른 의미가 있다는 것을 암시하는 **암호**이다. 따라서 'city boy'는 '거리 소년' '건달' 혹은 '부랑아' 정도가 좋다. 또한 'hispanic'은 남미, 특히 멕시코에서 이주해와 미국 내에 거주하는 사람들을 칭하는 말이다. 좀더 정확한 표현 사냥을 위해 뛰자.

한편, 가정법 시제를 잘못 이해해서 마지막 부분을 오역했다. ⑤번 묶음을 주의해서 보라. 전체 문장이 불확실한 가정(If he were in his own family, he would…)의 경우를 나타내는 게 아니라, 앞으로 일어날 일을 엄마가 애들 앞에서 하나하나 짚어가는 상황의 표현이다. 시제를 잘못 이해하여 오역이 나온 부분도 찾아 고쳐보자. 이제 정리해보자.

"What else can we do?" asked Haley. "It's getting really cold," Amanda added. It was brave of them. I knew they were being questioned at school by kids who didn't understand the situation. They only saw that Angel was Hispanic and a "city boy."

"If he becomes a member of the family, he'll be treated like one," I said. "He'll have chores and a curfew; he'll have to work hard and obey our rules."

_____

_____

_____

영한번역을 정말 진지하게 하고 싶다면 우리나라 시와 소설, 특히 60년대 이전의 문학 작품을 통독해보라. 번역 표현의 고질적인 병들을 예방하는 데 아주 좋다. 번역은 이론으로 하는 것이 아니라 체험으로 하는 것임을 잊지 말자. 번역하기 전에 오랜만에 피천득의 수필집이나 윤동주 시인의 시집을 먼저 읽고 시작하는 것도 좋은 생각이다.

문화는 다양하다. 특히 영어 이름은 더 다양하다. 좋은 번역가는 우리글을 살리되 원전을 크게 다치지 않게 하는 영어 및 외국어 고유명사 우리글 표기와 표현에 주의를 기울여야 한다. 한국어를 틀리게 쓰는 게 옳지 않은 만큼 영어도 틀리게 써서는 안 된다. 이런 의미에서 번역은 국경을 초월한 언어사랑의 시작이라 하겠다. 이 책을 집은 미래 번역가 지망생들은 쉬운 곳, 가까운 곳에 있는 잘못부터 고쳐 나가기로 한다. 모두가 언어 사랑하는 마음을 바탕으로 무너져 가는 정신도 바로 잡을 수 있다. 좋은 번역으로 받는 또 다른 선물이다.

| chapter 05 |

무생물 위치 혼란증

　체코 소설가인 밀란 쿤데라(Milan Kundera)는 자기 작품의 번역서를 철저히 점검하는 작가로 유명하다. 꼼꼼히 살펴 오역을 찾아내 고칠 뿐만 아니라, 재치 있는 작가 서문이나 논문 등을 통해 자신이 선호하는 번역론을 펼치기까지 한다. 1967년에 발표한 소설 《농담(The Joke)》의 영역본들을 보고 쿤데라는 질겁했다. 1969년도 번역본의 경우, 마음대로 편집이 된 것은 물론, 내용 일부가 삭제되었고, 각 장의 순서도 뒤바뀌어 있었다. 1982년도 번역본 역시 못마땅하긴 마찬가지였다. 쿤데라는 이상의 번역서들에 대해 "내 책이 아니다"라고 비난하며 번역서가 아니라, "번안서"라고 투덜댔다. 이런 식으로 영역서에서 발생하는 생략 번역이나 번안식 번역으로 소위 제3국의 문화와 작가의 의도는 단순화되거나 왜곡된 상태에서 서구 영어권에 퍼진다.
　외국 문학작품을 다른 언어 환경에 맞게 번역하느라 지나치게 의역해 '이질감'을 없애는 작업에 대해 작가는 당연히 반발해야 한다. 그런 관점에서 쿤데라가 "외국 작품이 번역 과정에서 절대로 변해서는 안 된다"고 한 호소에 귀를 기울여야 한다. 《번역 스캔들(The Scandals of Translation, 1998년》의 저자 로렌스 베누티(Lawrence Venuti) 교수는 "번역은 분명히 번역서 독자를 위한 국내화(Domestication)작업"이긴 하지만, 지나치게 일반화한 자유번역은 공평하지 않다고 했다. 이국화(Foreignization)를 주장하며 쿤데라와 같은 저자의 손을 들어주는 베누티 교수는 열강인 제1, 제2세계의 독자들은 낯선 제3세계 작가의 목소리를 그대로 들을 수 있는 문화적 아량이 필요하다고 주장한다. 김소월의 〈진달래꽃〉을 밀턴(John Milton)의 〈리시더스〉처럼 번역해서는 안 된다는 말이다.

우리들은 번역의 이상인 **'정확성의 원리'** 와 **'자연성의 원리'** 를 최대한 지켜야 한다. 즉 원천언어(Source Language)와 원전의 내용과 어조를 왜곡함 없이 '정확하게' 그리고 목표언어(Target Language) 문화를 고려한 '자연스런' 표현으로 독자들의 이해를 돕는 번역을 시도해야 한다. 작가도 일단 작품을 완성한 후에는 작품을 해석하는 한 사람의 해석자가 된다. 비록 작가라 해도 자신의 작품에 대한 의견이 읽는 사람마다 다르다는 '현실' 이 있다. 게다가 목표 언어의 중개 없이 자신의 작품을 국제적으로 해석할 기회를 얻을 수 있는가? 물론 불가능하다. 그러나 무조건적인 열강언어권 독자 중심 번역에는 더 큰 문제가 있다. 세계화의 문제점과 동일한 문화와 언어의 획일화, 사상과 표현의 규격화, 19세기와는 또 다른 모양의 21세기 식 제국주의 확산의 우려도 있다. 전문번역가이기도 한 베누티 교수는 이런 전제에서 번역가의 중요한 위상을 학계에, 또 사회 전반에 공표하며, 번역가의 역할과 권리장전을 정립, 향상시키는 일을 사명으로 여기고 지금도 부지런히 저술활동을 하고 있다.

다음 영어 원문은 작가의 어린 시절 아버지에 대한 추억담이다. 아버지가 글을 읽을 줄 모른다는 놀라운 사실을 발견하고 놀라던 순간을 회상하며 쓴 애틋한 이야기의 일부이다. **먼저 전체 문장을** 다 함께 읽자.

[원문]

One summer day ①<u>after school</u>, my father and I were riding down an ②<u>old dirt road</u>. I had just received a new third-grade reader and was studying a story when ③<u>I came to a word I didn't know</u>. I held the book up so Father could see the page.

"What's this say?" I asked. Father mumbled something about not being able to read and drive at the same time, so very slowly I spelled out, "A-u-t-u-m-n." When he didn't answer, ④I held my finger on the puzzling word and looked over at him. He had ⑤a strange, pained expression on his face. I ⑥spelled the word again, louder this time, but Father drove on, silent. Why wouldn't he answer me? ⑦Frustrated, ⑧I snapped, "Can't you read?"
⑨The car veered to the side of the road and rolled to a stop. My father ⑩turned off the ignition and stared out at the dusty road ahead.
"No, Cathy," he finally whispered, "I can't read." He gently took the reader out of my hand and looked at me, his eyes sad. "I can't read anything in this book."

이제 번역문을 읽어보자.

[번역 1]

어느 여름날 ①학교가 파한 후, 아버지와 나는 ②낡고 먼지 낀 길을 운전해 내려가고 있었다. 나는 막 새로운 3학년 독본책을 받아 한 이야기를 읽고 있었는데, 그때 ③모르는 단어에 부딪히게 되었다. 나는 아버지가 그 페이지를 볼 수 있도록 책을 들어 올렸다.

"이거 어떻게 읽어요?" 하고 나는 물었다. 아버지는 읽으면서 운전을 동시에 할 수 없었기 때문에 무엇인가를 중얼중얼 말하시는 것이었다. 그래서 나는 아주 천천히 "에이-유-티-유-엠-엔" 이라고 철자를 읽었다. 그래도 아버지께서 대답을 하지 않자, 나는 ④손가락으로 단어 알아 맞히기를 해 보이며 아버지를 살펴보았다. 아버지는 ⑤이상하면서도 괴로운 표정을 짓고 있었다. 나는 이번에는 더 크게 다시 그 단어의 ⑥철자를 읽었다. 그러나 아버지는 아무 말 없이 계속 차를 운전해 가셨다. 도대체 왜 대답을 해주지 않으시는 거지? ⑦나는 불만에 싸여 "아버지, 이거 읽을 줄 몰라요?" 하며 ⑧짧고 날카롭게 말했다.
⑨차가 길가쪽으로 방향을 바꾸더니 회전하며 멈춰섰다. 아버지는 ⑩자동차 점화장치를 끄시고서는 먼지 낀 앞길을 바라보시는 것이었다. 마침내 아버지는 "그래, 캐시야. 아빠는 글을 읽을 줄 몰라!" 하시며 낮은 목소리로 말했다. 아버지는 조용히 내 손에서 독본책을 가져가시더니 슬픔어린 눈으로 나를 보시며 "이 책에 있는 그 어떤 글자도 읽을 수 없단다."

　번역은 그런 대로 잘 되었지만, 표현상의 다양한 문제를 안고 있는 번역문이다. 좀더 자연스러운 표현을 연구해야 하며(①), 바르고 정확한 어휘 선택(②⑥)은 물론, 때로는 문학성을 살린 다양한 표현(③⑤)과 의역(⑦⑧)도 시도해야 한다. 'I snapped(⑧)'를 직역해 '짧고 날카롭게 말했다(⑧)'고 하기보다는 '다그쳤다'는 표현이 좀더 편안하지 않을까? 영문에 자주 나오는 'said' 혹은 'tell'을 직역해 '말하다'는 표현을 쓰는 경우가 많은데, 여기서는 'snap'이란 단어를 쓴 만큼 우리말의 다양성을 살릴 기회를 놓쳐서는 안 되겠다. 오역(④)은 언제라도 미리 방지할 수 있다. 좀더 세심한 사전 찾기와 부지런한 단어 공부를 통해서 말이다. 'puzzling word'의 'puzzling'은 사전상에도 '당황하게 하는, 영문 모를' 정도로 친절하게 뜻풀이가 나와 있다. 조금만 성의가 있다면, 이런 실수는 얼마든지 피할 수 있다.
　이번 주제는 무생물 위치 혼란증이다. 우리 한국어 어법에서는 특별한 경우를 제외하고는 무생물이 아니라, 사람이 문장의 주어가 되는 것이 더 좋다. 영문 '⑨The car veered to the side of the road and rolled to a stop'를 직역하면 '⑨차가 길가 쪽으로 방향을 바꾸더니 회전하며 멈춰 섰다'이다. 하지만 아무렇지 않게 스스로 움직일 수 없는 차를 주어로 번역한다면, 여러분은 바로 '무생물 주어 위치 혼란증'에 걸린 것이다. 차가 스스로 움직여 방향도 바꾸고 회전도 한다는 표현이 되는 셈이니 말이다. 그러나 여기서는 분명히 '⑩My father turned off the ignition,' 즉 아버지가 시동을 끈 장본인이며, 차를 운전한 사람이다. 아버지를 주어로 다시 번역해보자. '아버지는 방향을 바꿔 갓길 쪽으로 천천히 차를 몰고 가 세웠다.' 자, 이제 번역문 전체를 정리해보자. 앞의 초벌 번역을 옆에 놓고 한 문장 한 문장 비교하며 정리하기로 한다.

One summer day after school, my father and I were riding down an old dirt road. I had just received a new third-grade reader and was studying a story when I came to a word I didn't know. I held the book up so Father could see the page.

"What's this say?" I asked. Father mumbled something about not being able to read and drive at the same time, so very slowly I spelled out, "A-u-t-u-m-n." When he didn't answer, I held my finger on the puzzling word and looked over at him. He had a strange, pained expression on his face. I spelled the word again, louder this time, but Father drove on, silent. Why wouldn't he answer me? Frustrated, I snapped, "Can't you read?"

The car veered to the side of the road and rolled to a stop. My father turned off the ignition and stared out at the dusty road ahead.

"No, Cathy," he finally whispered, "I can't read." He gently took the

> reader out of my hand and looked at me, his eyes sad. "I can't read anything in this book."

번역을 시작하기 전에 소중한 우리말로 아름답게 쓰여진 수필집 몇 권을 읽으면 훨씬 수월하리라 생각한다. 그리고 곁에는 훌륭한 사전들, 즉 한영사전, 영한사전, 영영사전, 그리고 국어사전은 필수로 챙기는 것을 잊지 말자!

| chapter 06 |

만성 어휘선택 혼란증

《번역 교과서(A Textbook of Translation, 1988년)》의 저자인 피터 뉴마크(Peter Newmark, University of Surrey, United Kingdom) 교수는 〈문체의 등급(Stylistic Scales)〉에 대한 세미나를 시작하면서 자신은 뛰어난 지식인이라고 호언하며, 세미나 중에 한마디 질문이나 의견 발표를 않는 학생들은 모두 'idiots' 라고 했다. '아니, 저런 표현을 하다니…' 하는 생각으로 굉장히 불쾌했다. 그는 뒤이어 'intonation(영어의 억양)' 과 'situation(상황)' 을 잘 생각해 말의 뜻을 이해해야 한다는 조언을 덧붙였다. 지식인에 반(反)하는 '무식쟁이' 라는 의미이지, 결코 욕은 아니었다는 설명이었다. 여전히 개운하지 않았다. '무식쟁이' 가 더 큰 욕이 아닌가 하는 생각이 떠나질 않아서였다. '문체의 등급' 을 결정해야 한다는 이론을 설명하기 위한 극단적인 예였었다고 다시 친절히 설명해주었을 때즈음에야 오해가 완전히 풀렸다. 번역가는 'readership(독자층)' 을 신중히 고려해 자신이 사용할 '문체의 등급' 과 어휘의 등급에 따른 선택을 결정해야 한다는 뉴마크 교수의 말은 중요하다.

보통 번역서는 어느 정도 교육 수준이 있는 일반 대중의 언어를 쓰고, 구어체보다는 약간은 예의를 갖춘 문어체 어휘를 쓴다. 좀더 신경을 써야 하는 번역, 즉 교육 정도, 나이, 사회적 신분, 성별 등을 감안해야 하는 전문 서적이나 홍보물을 번역해야 하는 경우도 있다. 이럴 때는 대상 독자들의 '보편적인 성향, 독특한 분위기'까지도 이해한 상태에서 적절히 '감정을 조절' 해 번역해야 한다. 뉴마크 교수는 독자층에 따른 단계별 표현을 8종류로 정리하고 있다. 편의상 종류만 뉴마크 교수 표현만 빌리고, 예는 우리말로 들어본다.

Officialese(특수한 경우/귀족) : 수라상 받자오셨나이까?
Official(공직/관리자층) : 진지 잡수셨습니까?
Formal(예우를 갖춰야 하는 사이) : 식사 하셨나요?
Neutral(보통 사이) : 밥, 드셨어요?
Informal(예우가 필요 없는 경우) : 밥 먹었어요?
Colloquial(구어체 : 일상 언어. 친구 사이) : 밥 먹었어?
Slang(속어) : 한 숟갈 떴어?
Taboo(금기어 · 평소 해서는 안 되는 표현) : ○○ 먹었니?

번역도 이쯤 되면 그리 쉬운 일은 아니다. 만병에 약이 다 다르듯이, 감각이 뛰어난 번역을 위해 때로는 이런 종류의 다양한 표현을 위한 '어휘력 향상 비타민 C'도 필요하다. 8월 내내 런던에서 여름을 보내면서 뉴마크 교수와 매일 번역에 관한 세미나를 하던 기억이 있다. 곳곳에 문화 유산이 널려 있는 런던 거리를 걸으며, 길고 긴 지하철(tube) 계단을 뛰어오르며, 한국에 돌아가면 다가올 풍요로운 가을을 생각했다. 번역 이론과 실무를 공부하며, 번역가들에겐 여름의 천둥과 번개와 같은 경험을 통한 풍성한 어휘력을 키우는 시간이 중요하다는 생각이 들었다. 어휘력은 문학 작품이나 시사물 등을 많이 읽고 쓰는 노력만큼 나날이 풍성해질 수 있다.
다음 영어 원문은 아주 짧은 문장 7개로 된 글이다.

[원문]
①My teacher is more than just nice; she understands. ②Mrs.

Hoffman must remember what it was like to be a kid. ③I work hard in school. If I do really well, my mom might not get so angry with me. ④Dad might notice that I exist. He might listen. He might be around more.

많은 신참 번역가들의 번역문에는 '만성 어휘선택 혼란증'이 나타난다. 대부분의 번역가들은 최소 세 번 정도는 고치고 다듬기는 하지만, 후루룩 한번 '해석'하는 걸로 끝내는 무성의한 번역가들도 있다.

위 원문을 번역하려면 우선 문장 전체의 시제를 파악해야 한다. 위 문장을 과거형으로 하는 실수가 없어야 한다. 여러 사람이 시도한 다양한 번역문을 비교하면서 문장 ①을 살펴보자.

[원문] ①My teacher is more than just nice; she understands.

[번역 1] ①우리 선생님은 친절하실 뿐 아니라, 우리를 잘 이해해 주신다.
[번역 2] ①우리 선생님은 그냥 좋다기보다는 이해심이 많은 분이세요.
[번역 3] ①우리 선생님은 단순히 좋으시다는 것, 그 이상으로 이해심이 있는 분이다.
[번역 4] ①나의 선생님은 그저 좋기만 한 분은 아니다. 선생님은 우리를 이해해주실 줄도 아신다.
[번역 5] ①우리 선생님은 아주 친절하시다. 그분은 이해심도 많다.

먼저 'My teacher'은 '우리 선생님(의역)'이 '나의 선생님(직역)'보다는 자연스럽다. 형용사 'nice'는 '친절한, 좋은' 모두 적합하다. 채택되지 못한 번역 중에 '멋진'이라는 표현도 있었는데 좋은 시도였다. 하지만 전체 글 속에는 '멋진'보다는 '친절한, 좋은'이 더 적절하다. 구문 'more than just'에서 실수를 하는 경우가 많은데 위 번역자들은 다양하게 그 위험을 피했다. '~뿐만 아니라', '~하다기보다는', '~것 이상으로', '그저 ~는 아니다', '; ~도 많다' 등은 모두 맞는 번역이다. 그러나 [번역 5]는 좀 어색하다. 보통 우리글 문장에서는 '; (세미콜론)'을 사용하지 않는 게 자연스럽다. 그리고 번역 1, 2, 3은 ';'을 무시하고 두 문장으로 된 영어 원문을 한 문장으로 번역함으로써 더욱 부드러운 문장의 흐름을 시도했다. 문장 ②를 살펴보자.

[원문] ②Mrs. Hoffman must remember what it was like to be a kid.

[번역 1] ②호프만 선생님은 아이들 때란 어떤 것인가를 기억하고 계신 게 분명하다.
[번역 2] ②호프만 선생님은 아이가 된다는 것이 어떤 것인지? 기억하고 계시지요.
[번역 3] ②호프만 아줌마는 아이가 된다는 게 어떤 것이었는가를 기억해 보아야 한다.
[번역 4] ②호프만 선생님은 자신의 어린 시절을 비추어 보아 어린아이들 입장에서 생각하시는 게 틀림없다.
[번역 5] ②호프만 선생님은 아이답다는 게 무엇과 같은지를 기억하고 계시는 게 분명하다.

모두들(1, 2, 3, 4) '게'를 왜 즐겨 썼는지 모르겠다. 다른 표현은 없을까? 우선 'Mrs. Hoffman'을 보자. 원본 언어(영어)를 그대로 번역 문장에 섞어 써서는 안 된다. 혼자 알기 위해서라면 해석, 즉 나만을 위한 지식습득과정으로 족하다. 그러나 번역가는 항상 독자를 염두에 두어야 한다. '호프만 선생님'으로 고쳐야 한다. 서구에서는 선생님을 부를 때 성앞에 'Mr.' 'Miss' 'Mrs.'를 붙인다. 'Teacher Hoffman' 이 아니라, 'Mrs. Hoffman' 이라고 한다. 따라서 '호프만 선생님' 이 맞는 번역이다.

조동사 'must' 는 항상 혼동하기 쉽다. 여기서는 앞 뒤 문장으로 봐서 '~임에 틀림없다, 분명하다' (번역 1, 4, 5)가 맞다. 문제는 'what it was like it to be a kid'. 원문 필자는 호프만 선생님이 좋은 사람일 뿐 아니라, 이해심이 많다고 이미 언급했다. 'what~' 이하의 문장에서 그 이유를 설명하고 있다. 직역하자면, '아이들 때란 어떠했던가를' 이 된다. 문장 ③은 두 번째 문장만 살펴보자.

[원문] ③If I do really well, my mom might not get so angry with me

[번역 1] ③만약 내가 정말 공부를 잘 해나간다면, 어머니는 내게 그렇게 화를 내시지는 않을 것이다.
[번역 2] ③제가 진짜로 공부를 잘 한다면, 우리 엄마는 제게 그렇게 화 내시지는 않으실 거예요.
[번역 3] ③하지만 진짜로 공부를 잘 한다면, 우리 엄마가 그렇게까지 화를 내지는 않았을 것이다.
[번역 4] ③내가 공부를 열심히 해 성적을 잘 받으면, 우리 엄마는 나한테 화를 내지 않으실 거다.
[번역 5] ③내가 정말로 공부를 잘 한다면, 엄마는 내게 그렇게까지 화를 내시지는 않을 것이다.

호칭 'my mom' 은 '(우리) 어머니' '(우리) 엄마' 다 좋으나, 원문의 필자가 아직 어린 학생이므로 '엄마' 가 적당하다. 부사 'really' 는 '정말로' 가 일반적이지만, 그 외에도 더 좋은 표현이 얼마든지 있다. 예를 들면, '착실히' 라는 의미도 있다. 조동사 'might' 는 'may' 의 과거형이지만, '~할지도 모른다'는 현재의 추측을 나타낸다. 따라서 '~않으실지도 모른다'로 번역하면 된다. 공부를 열심히 하면 아버지의 태도도 달라지리라고 추측하는 내용이 뒤따른다.

[원문] ④Dad might notice that I exist. He might listen. He might be around more.

[번역 1] ④아버지도 내게 신경 써주시고 내 얘기에 귀기울이시며 내 곁에 좀더 **계셔(→있어)주실** 것이다.
[번역 2] ④아빠도 제 존재에 대해서 관심을 갖으실 테고요. 제 말에 귀기울이시겠죠. 그리고 제게 다가와 주실 거예요.
[번역 3] ④아빠는 내 존재를 알아주셨는지도 모른다. 또 내 말에 귀를 기울이셨는지도, 더 많이 내 주위를 맴도셨는지도 모를 일이다.
[번역 4] ④그리고 나의 아빠도 나의 존재를 **아시게 돼(→되)실** 것이다. 아빠는 내 말을 들어 주실거고 나의 곁에 더 오래 자주 **있으(→계)실지도** 모른다.
[번역 5] ④아빠도 나에게 관심을 가지시고 내가 하는 말에 귀를 기울여 주실 것이다. 그리고 좀더 내 곁에 있어 주실 것이다.

전체적으로 지나친 경어 사용(1, 4), 잘못된 경어 사용(4)은 독자를 피곤하게 한다. 다시 말하지만 독자는 100세 이상 된 사람일 수도 있다. 또한 잘못된 맞춤법도 독자에겐 해악이다. 번역서에 나타난 틀린 맞춤법(4)으로 독자는 결국 틀린 말을 배운다. 그리고 모두들 '나'병에 걸려 있다. 한 번이라도 줄여보도록 노력을 하자. 짧은 두 문장을 지혜롭게 묶어서 한 문장으로 번역한 건 좋다. 하지만 세 문장을 모두 합해 한 문장으로 쓰면 원문을 짧게 쓴 필자의 의도가 희석되므로 지나친 변형은 의미를 전달하는 데 문제를 초래하므로 주의해야 한다. 의역과 직역의 경계선도 바로 여기에 있다.

이제 번역을 정리하자.

> My teacher is more than just nice ; she understands. Mrs. Hoffman must remember what it was like to be a kid. I work hard in school. If I do really well, my mom might not get so angry with me. Dad might notice that I exist. He might listen. He might be around more.

_____
_____
_____
_____
_____
_____

시제 혼동, 틀린 맞춤법, 지나친 경어 사용, 오역 등으로 **만성 어휘선택 혼란증**이 심해지고, 번역문은 망가지며, 번역은 아름다운 글을 새로 창조하는 작업이 아닌 괴물을 양산하는 과정이 되고 만다. 원전의 내용을 절대로 왜곡해서는 안 된다고 축자역(Literal Translation)을 주장하는 뉴마크 교수의 말을 다시 인용한다. "Translation is never perfect, ideal, complete, and it is always approximate and 'more or less' (번역은 결코 완벽하지도, 이상적이지도, 그리고 끝일 수도 없다. 번역은 항상 '거의 근접한', '어느 정도 같은' 내용을 전달한다)."

진리의 열쇠, 신성한 언어의 암호를 푼다는 좀더 진지한 자세로 번역에 임하는 번역가가 되어야 한다.

| chapter 07 |

분위기 불감증

여러분은 "로마제국은 하루아침에 이뤄지지 않았다(Rome was not built in a day)"는 속담과 이 속담이 역사적 사실을 교훈으로 전하고 있음을 잘 알고 있다. 로마인들은 제국으로서의 패권을 잡기 위해 우선 주변 국가들의 문화를 흡수했다. 특히 그들 문화의 장점을 절대 놓치지 않았다. 기원전 753년에 이미 글쓰기 체계를 잡아나간 로마는 당시 이탈리아 지역을 지배하던 에트루리아(Etruria) 문화를 수백 년에 걸쳐 흡수했다. 이 민족이 완전히 없어지는 기원전 200년까지 특히 로마 언어 체계상에 부족한 점을 에트루리아어에서 찾아 보완할 정도였다. 예를 들어 에트루리아어에서 흡수한 철자 'Z'를 당시엔 실제 사용하지 않았지만, 'dz' 발음 표시를 위해 남겨둘 정도였다. 기원전 2세기 최대의 강대국이며 문화의 산실이던 그리스를 마침내 정복하는 과정에서도 로마는 절대로 문화 흡수 전략을 포기하지 않았다. 그렇다면 문화는 어떻게 흡수하는가?

번역이다. 번역을 통해 로마는 세계 최강의 제국을 건설의 기반을 닦았다. 로마는 이미 당시부터 타국의 말을 '말 하나 하나 있는 그대로(Word for Word)' 번역할 것인가, 아니면, '감각에 의존해 느낌으로(Sense for Sense)' 번역할 건가를 고민하고 있었다. 오늘날까지도 이 문제의 명쾌한 답을 찾느라 번역 이론 학자들은 바쁘다. 과연 에릭 야콥슨(Eric Jacobson)이 저서 《전통 공

예 : 번역(*Translation, A Traditional Craft*, 1958년)》에서 "번역은 로마의 발명품이다"라고 주장할 만하다.

여러분도 번역에 관한 여러 문제를 놓고 고민하게 된다. 특히 2000년 전, 고대 로마로부터 지금까지 계속되어온 '말 하나 하나 있는 그대로' 번역할 것인가, 아니면, '감각에 의존해 느낌으로' 번역할 건가는 수시로 번역 논쟁의 핵으로 대두된다.

'말 자체'가 중요한가, 아니면 '느낌'이 중요한가? 모두가 우리말 사랑하는 마음을 바탕으로 해 이 문제를 생각하길 바란다.

다음 영어 원문은 폭력을 쓰는 남편과 언쟁하는 부부싸움 장면을 그린 내용이라 대화체가 많이 나온다. 함께 읽어보자. 번역을 시작하기 전에 반드시 전체 이야기를 통독하는 습관은 번역의 중요한 시작이요, 성실한 출발이며, 오역을 줄이는 지름길이다.

[원문]
The spring we were married ①my sister ②was pregnant. She telephoned ④from the hospital one evening in late April saying she was ③going into labor. I told her I'd be right over and dashed to tell ⑤Cliff.
"But if you leave, ⑥I'll be stranded here without a car," he objected.
"⑤Cliff, she's my sister. I have to ⑦be with her!"
"No!" he said. "You do what I tell you."
"Please, ⑧this means a lot to me, I." ⑤Cliff struck me across the face with such force that I fell to the floor. When I looked up, his eyes were glazed ⑨over with animal hate. ⑩But then they flooded with tears and he ⑪dropped to the floor to comfort ⑩me.

여러분이 시도한 초벌번역 중에 치료가 가장 시급한 번역문을 이 지면을 통해 진단하고 치료하기로 한다. 별로 명예로운 일은 아니어서 번역문의 주인공은 절대로 밝히지 않는다. 환자와 의사 간의 윤리적인 약속에 의해서 말이다. 다음 번역문을 읽어보자.

[번역 1]
우리가 결혼을 한 봄에 ①나의 여동생은 ②아이를 가진 상태였다.
늦은 4월 어느날 저녁 ③곧 출산을 하게 될 것이라는 동생의 전화가 ④병원으로부터 걸려왔다.
"곧 갈게"라고 말한 후 ⑤남편 Cliff에게 이 소식을 알리기 위해 서둘러 갔다. "근데 당신이 가버리면, 차도 없는 상태에서 ⑥나는 여기에 머물러 있어야 하는데." 라며 병원으로 가는 것을 반대하였다.
"⑤Cliff, 나는 그애 언니에요. 동생과 ⑦같이 있어야 해요!"
"안돼. 당신은 가면 안돼."
"⑧동생의 출산을 함께하는 것은 나에게 많은 의미가 있어요. 나는 꼭…."
뺨을 때린 ⑤Cliff에 의해 나는 그만 바닥에 쓰러지고 말았다.
올려본 그의 눈은 ⑨**야수 같은 미움으로** 번뜩이고 있었다.
그러나 ⑩쓰러져 있는 나를 달래기 위해 그는 곧 눈물 고인 눈으로 ⑪바닥으로 자세를 낮추었다.

전체 얘기를 다 소개하지 않아도 이 장면의 특수성으로 인해 전체 분위기를 쉽게 이해할 수 있다. 분위기는 단순한 대화에서 우발적인 부부싸움으로 발전한다. 대화의 속도는 운전이라 가정하면, 시속 130Km 정도! 그런데 [번역 1]의 분위기는 주택가 운행속도인 시속 40Km 정도이다. 왜 그럴까?
바로 '①나의' '③출산을 하게 될 것,' '④~으로부터 걸려왔다', '⑥나는 여기에 머물러 있어야 하는데', 'Ⓘ나에게 많은 의미가 있어요', 'ⓢCliff에 의해', 'Ⓖ반대하였다', 'Ⓚ쓰러져 있는 나', 'Ⓛ바닥으로 자세를 낮추었다' 등등의 표현이 긴박해야 하는 이 상황을 자꾸 처지고 느려지고 맥이 빠지게 만든다. 분위기 파악 불감증의 결과이다. 치료 방법은 다음과 같다.

첫째, 급박한 분위기를 묘사하려면 모든 단어가 본말보다는 준말일수록 좋다(①⑥⑧).
둘째, 쓸데 없는 설명을 부연한 번역을 피한다(②⑧⑩⑪).
셋째, 수동태는 부담스럽다(④⑤).
넷째, 현명한 어미 선택이 필요하다(⑥).

이상의 분위기 불감증 치료를 받고 몇 가지 보충 치료를 하면 [번역 1] 문장도 새롭게 태어난다. 예를 들어 우리말 번역문에 난데없이 섞이는 외국어, 영어는 껄끄러운 느낌을 준다. 여러분의 번역 작품을 접하는 모든 독자가 영어 'Cliff' 정도는 다 읽을 수 있다고 생각하면 오산이다. 깍듯이 '클리프' 혹은 '남편', 또 대화체 경우에는 '여보', '클리프' 등으로 번역한다. 오역은 언제라도 금물이다(②⑥⑩⑪). 원문 'his eyes were glazed over with animal hate' 번역은 많은 분들이 어려워했다. '동물적인 증오로 두 눈을…', '야수 같은 미움으로 번뜩…', '광폭한 증오로 이글거리고…' 그리고 아무런 비유 없이 '분노의 눈으로 쳐다봤다' 등의 번역은 모두 상황을 만족하게 전달하지 못하고 있다. 역시 분위기 불감증의 증세가 엿보이는 면이다. 이제 정리해보자.

The spring we were married my sister was pregnant. She telephoned from the hospital one evening in late April saying she was going into labor. I told her I'd be right over and dashed to tell Cliff.

"But if you leave, I'll be stranded here without a car," he objected.

"Cliff, she's my sister. I have to be with her!"

"No!" he said. "You do what I tell you."

"Please, this means a lot to me, I." Cliff struck me across the face with such force that I fell to the floor. When I looked up, his eyes were glazed over with animal hate. But then they flooded with tears and he dropped to the floor to comfort me.

| chapter 08 |

상황 무감증

번역은 항상 두 개 혹은 그 이상 언어의 문제이다. 번역을 하려면 원천 언어(Source Language)와 목표 언어(Target Language), 이 두 언어에 대한 이해가 우선되어야 한다. 영한 번역일 경우, 영어가 원천 언어(SL)이고 한국어가 목표 언어(TL)가 되며, 한영 번역일 경우, 반대로 한국어가 원천 언어(SL), 영어가 목표 언어(TL)가 된다. SL과 TL에 대한 총체적 이해와 표현 기능을 갖춰야 비로소 번역을 할 수 있는 기본 자격이 생긴다.

총체적 이해에는 두 언어에 대한 통사 지식(Syntactic Knowledge), 의미 지식(Semantic Knowledge), 문체 지식(Stylistic Knowledge), 그리고 문화 지식(Cultural Knowledge)이 포함된다.

통사 지식은 쉽게 말해 문법에 관한 이해를 말한다. 단어가 결합하여 형성되는 구(句)·절(節)·문장의 구조나 기능을 연구하는 문법 학습은 실력 있는 번역가로 다시 태어나기 위해 기본이다. 번역가는 두 언어에서 단어의 사용 기능, 문장구조의 기본 틀, 법(Mood)과 태(Voice/Manner), 시제변화 등에 대한 지식을 습득해야 하며, 이를 활용할 줄 아는 수준의 실력을 갖춰야 한다. 통사 지식은 번역을 하기 위한 가장 기본 실력이므로 이에 대한 충분한 학습과 훈련이 필요하다. 우리나라 외국어 교육에서는 이 점을 충분히 강조하고 있어서, 한국인 중 영어를 공부한 사람이라면 문법에 관한 한 영어 사용권 국가 사람들보다 그 실력이 더 낮다고 본다. 문제는 문법이 발생빈도가 높은 '경우'들을 묶어 규칙화한 이론이기 때문에, 실제 활용상 예외가 너무 많다는 사실이다. 따라서 문법 공부는 규칙을 외는 기계적 주입식 학습 방법보다는 다양한 글을 많이 접해 자연스럽게 규칙을 발견하고 수준이 높은 난해한 글에 대한 좀더 수월한 이해를 돕기 위해 기존 규칙, 즉 문법을 학습하는 방식이 좋다. 쉬운 글도 이해를 못하면서 어려운 문법부터 공부하다 보면, 외국어는 재미있다는 생각보다는 무조건 어렵다는 생각이 들 수밖에 없다.

의미 지식은 기본적으로 의미의 유사성과 다의성, 동음이의성(同音異義性) 등 단어의 의미소에 관한 이해로부터 습득된다. 단어의 의미는 언어기호와 의미의 관계에서 발생하므로, 상징이나 자연 기호처럼 자연적·필연적인 경우도 있지만, 대부분의 언어기호와 의미는 사회적으로 약속된 규약관계를 바탕으로 형성된다. 따라서 의미와 외부세계와의 대응관계, 문맥과의 대응관계, 같은 위치에 다른 어떤 단어가 교체될 수 있으며, 서로 대체될 수 있는 단어군이 어떤 체계를 형성하고 있는가 등에 대한 이해를 할 수 있어야 두 언어의 구조와 체계를 제대로 이해하고 번역에 임할 수 있게 된다.

문체 지식은 문법과 의미에 대한 이해를 바탕으로 문장을 이해하고 활용할 줄 아는 지식을 가리킨다. 문장을 이루는 모든 구성요소가 표현성이라는 면에서 항상 효과적이지는 않다. 어떤 문장의 경우, 특히 효과적인 어구(語句)나 표현이 있을 수는 있다는 말이다. 이러한 요소를 문체소(文體素, Stilisticum)라고 하는데, 문체란 문체소의 유기적 결합이다. 그러므로 문체 지식은 문장 중에서 문체소를 찾아내고 그 문체소들의 효과를 규명하는 한편, 그 문장의 작가가 왜 그러한 문체소를 택하였는지를 이해하는 실력의 바탕이 된다.

문화 지식은 이상의 언어 지식 위에 사회·심리·규범·철학 이해는 물론, 종교적 이해까지 아우르는 한 언어의 구조적 요소를 둘러싸고 있는 모든 환경을 이해하는 지식이다. 한 문장이나 글을 언어학적으로, 즉 통사·의미·문체 측면에서 이해하고 나서도 아직 미흡한 부분이 있다면, 이는 대부분 문화 지식에 관한 이해 부족 때문이다. 외국어에 능한 사람이 번역을 하며 겪는 어려움 중 대부분이 바로 그 언어에 대한 문화 지식 부족에 기인한다. 따라서 오역은 바로 이 문화 지식 부족으로 인해 발생하는 경우가 대부분이다. 번역에서 그 언어를 둘러싸고 있는 문화 요소에 대한 학습은 오역 방지 관점에서 아주 중요하다. 물론 통사 실수로부터 의미·문체 실수를 피하기 위한 학습 역시 번역가가 훈련해야 하는 중요한 기본 실력이다.

총체적 지식 부족은 번역가를 영원한 견습생으로 머물게 하며, 진정한 전문가는 총체적 지식 습득을 위해 부단히 노력한다. 상황 무감증은 바로 이런 번역에 대한 전반적 이해 부족에 기인한다.

번역이 쉽다고 말하는 사람은 없다. 외국어를 '알면' 번역은 누구나 할 수 있다고 말할 수도 없다. 다만 '알면'의 정도가 위에서 설명한 총체적 이해를 의미한다면 상황은 다르다. 총체적 이해를 바탕으로 외국어와 한국어를 '알고' 번역하는 신실하고 진지한 번역가가 많아져야 한다.

다음 영어 원문은 1992년 바르셀로나 올림픽에서 메달을 딴 다이빙 선수 메리 엘렌 클락(Mary Ellen Clark)의 다이빙 장면에 관한 묘사이다.

[원문]

①I had one final shot at a medal. ②As I stood on the platform ready to take my last dive, I paused a bit longer than usual to savor the moment. ③A gentle Mediterranean breeze ruffled the air. ④The crowd was silent. ⑤I patted myself dry with a chamois as the announcement came over the loudspeaker : ⑥ "Mary Ellen Clark of the United States, doing a backward one-and-a half somersault with two and a half twists."

짧은 문장이지만, 감성이 살아 있고 상세한 기술로 독자를 사로잡는 글이다.

장소는 올림픽 경기가 벌어지고 있는 스페인의 바르셀로나(Barcelona). 지중해에서 불어오는 바람이 경기자들을 감싸는데, 다이빙 선수 메리는 이제 메달을 향한 최후의 시도를 준비하고 있다. 긴장된 순간. 장내방송이 나오고 있다. 이러한 상황은 이미 본문에 다 나와 있다. 문제는 번역자가 이런 상황을 먼저 이해하지 않고 문법적으로 본문에 다가가는 데 있다. 요리의 맛을 보기 전에 이 요리에 무슨 재료를 얼마만큼 사용했는가를 먼저 생각하는 식이다. 요리란 우선 맛을 보고, 음미하고, "와! 맛있다" 하는 감탄사를 발하고, 그러고 나서 뭐가 들어갔는가를 따져도 늦지 않다. 글이란 하나의 완성체이다. 완성체에 다가갈 때는 그 '격(格)'을 생각해 조심스럽게, 사랑하는 마음으로 다가가야 한다. 사람에게는 인격(人格)이 있듯이, 글에는 '문격(文格)'이 있다. 즉 내용과 구성의 조화로 이뤄지는 예술적 품위인 격조(格調)가 있다. 이를 무시한 번역은 위험하다. 다음 번역을 본다.

[번역 1]
①메달을 향한 마지막 시도가 남았다. ②마지막 다이빙을 하러 플랫폼에 들어서는 그 순간을 즐기려고 평소보다 조금 더 멈칫했다. ③지중해의 따뜻한 바람이 살랑거리고 ④관중은 조용했다. ⑤확성기에서 "미국의 메리 엘렌 클라크 선수가 뒤로 한바퀴 반을 돌면서 두 번 반 비틀기를 선보이겠습니다."라는 방송이 나오자 ⑥난 수건으로 몸의 물기를 닦아냈다.

정확히 번역하려고 노력한 번역이다. 큰 실수는 없다. 문체를 잘못 이해한 부분도 있지만, 더 큰 문제는 역시 상황인식 부족이다. 자세히 살펴보자. [원문] ① "I had one final shot at a medal."은 [번역 1] ① '메달을 향한 마지막 시도가 남았다'로 아주 잘 번역했다. 문장②를 보자.

[원문] ②As I stood on the platform ready to take my last dive, I paused a bit longer than usual to savor the moment.
[번역 1] ②마지막 다이빙을 하러 플랫폼에 들어서는 그 순간을 즐기려고 평소보다 조금 더 멈칫했다.

다이빙 경기에서 'the platform'은 '도약판'으로 하면 좋다. 한국인에게 '플랫폼'이란 1950년대 외국영화에 나오는 기차역을 떠올리게 하는 단어이다. 이어지는 'I paused a bit longer'는 도약판에서 뛰어내릴 준비를 하며 호흡을 가다듬는 순간을 묘사한 문장이다. 저 아래에서는 세계적으로 유명한 심판들이 메리의 일거수일투족을 관찰하고 있다. 만일 '평소보다 조금 더 멈칫'한다면, 틀림없이 감점의 요인이 된다. 세계대회라는 상황을 완전히 잊은 번역이다. 그리고 'to savor the moment' 역시 '그 순간을 즐기려고' 도약판에 오래 서 있다면, 세계선수 자격이 의심스러울 정도이다. 올림픽 메달 획득을 위해, 도약판에서 이제 마지막 다이빙을 하려고 뛰어내리기 직전 바로 그 순간이다. 선수로서 만감이 교차하는 순간일 것이다. 막연히 '즐기려고' 그 순간을 기다렸을까?

동사 'savor'은 맛과 관련된 단어로 'To taste or smell, especially with pleasure', 즉 '아주 흥겹게 맛을 보거나 또는 냄새를 맡다'는 의미이다. 이런 '맛'과 관련된 동사가 발전하여 'To appreciate fully; enjoy or relish,' 즉 '충분히 통찰하다, 즐기다, 혹은 음미하다'를 뜻하는 단어이다. 우리는 흔히 '소중한 순간을 ____ 한다'는 표현을 한다. 과연 '____'엔 어떤 단어가 들어가야 할까?

다음 문장을 보자. 지중해의 바람에 관한 문장이다.

[원문] ③A gentle Mediterranean breeze ruffled the air. ④The crowd was silent.
[번역 1] ③지중해의 따뜻한 바람이 살랑거리고, ④관중은 조용했다.

[번역 1]에서는 원문의 두 문장을 한 문장으로 이어 번역했다. 때로는 이런 식으로 문장을 변형하는 번역이 효과적일 수 있다. 여기서는 효과가 잘 살아나지 못했다. 왜? '살랑거리는' 바람과 '조용한' 관중의 대조가, 긴박한 경기 진행 상황을 의미상으로 다소 우스꽝스럽게 만들고 있기 때문이다. '살랑'과 '조용'의 대조는 이 문장에서 전혀 어울리지 않는다. 그리고 형용사 'gentle' 은 온도를 가리키는 '따뜻한', 즉 'warm'의 뜻으로 수용하기보다는 영영사전의 설명 'Not harsh or severe; mild and soft'처럼 감촉이 '부드러운'으로 받아들여야 한다.

[원문] ⑤ I patted myself dry with a chamois as the announcement came over the loudspeaker : ⑥ "Mary Ellen Clark of the United States, doing a backward one-and-a half somersault with two and a half twists."
[번역 1] ⑥확성기에서 "미국의 메리 엘렌 클라크 선수가 뒤로 한바퀴 반을 돌면서 두 번 반 비틀기를 선보이겠습니다."라는 방송이 나오자 ⑤난 수건으로 몸의 물기를 닦아냈다.

여기서는 두 부분으로 되어 있는 원문 문장을 하나로 무리 없이 마무리했다. 접속사 'as' 이해에도 문제가 없다. 접속사 'as'는 원래 '아주 똑같이'의 뜻으로서 'also' 같은 어원이다. 여기서는 '때'를 가리키며, '~하고 있을 때, ~하자마자, ~하면서'를 뜻하는 접속사이다. 보통 'as' 이하를 먼저 해석해야 한다. 예를 들면, 'Mary sang as she worked'를 '메리는 일하면서 노래를 불렀다'로 번역하는 식이다. 문제는 간단한 'doing' 번역. 역시 상황판단 잘 못이다. '선보인다'는 말은 다소 편안한 말이다. 메달을 놓고 하는 경기, 그것도 결승전에서 '선보인다'는 안일한 표현은 적절하지 못하다. 여기서 'doing'은 'attempting / 시도하다' 혹은 더 적극적인 'challenging / 도전하다'의 의미이다. 이제 번역을 정리해보자.

I had one final shot at a medal. As I stood on the platform ready to take my last dive, I paused a bit longer than usual to savor the moment. A gentle Mediterranean breeze ruffled the air. The crowd was silent. I patted myself dry with a chamois as the announcement came over the loudspeaker : "Mary Ellen Clark of the United States, doing a backward one-and-a half somersault with two and a half twists."

운동경기에는 많은 전문 용어가 있다. 아직 한국어로 번역이 완벽히 안 된 상태에서 많은 용어들이 외래어인 채로 혼용되고 있다. 번역가의 사명은 외국 문화 전달과 아울러 모국어 지킴이의 역할이다. 외래어는 가능한 한국어로 바꾸는 시도와 도전이 필요하다. 아울러 번역문의 성패는 환경과 상황 이해에 달렸다. 아무리 완벽한 문법 실력을 갖추었다 해도, 소위 분위기 파악이 안 되면 모든 고생이 수포로 돌아간다. 끝까지 세심히 점검하고 또 점검하여 바른 번역을 하자.

| chapter 09 |

소리 무감각증

　바위에 '처얼썩 철썩' 부딪치는 시원한 파도소리! 파도 치는 해변에 훈훈한 바람이 불고 그 바람으로 해변의 야자수가 잎사귀를 '스스스 바스락' 거리는 풍경은 상상만 해도 좋다.
　세상에는 수많은 소리가 있다. 바람소리, 새소리, 물소리, 차 달리는 소리, 웃음소리, 울음소리, 비오는 소리, 조선시대 양반 여인의 비단 치맛자락이 스치는 소리 등, 모든 주변 사물의 소리와 연관 없는 것이 거의 없다. 번역가는 작가로서 이런 자연 만물의 소리에 무감할 수 없다. 소리에 민감한 번역가만이 외국어 원문에 표현된 소리를 번역문에서도 정확하게 살릴 수 있다. 작가들은 생각이나 느낌을 문자로 전달하면서 글의 상황에 맞는 소리를 구별해서 표현하는데, 일종의 비유법이라 할 수 있는 '의성법(擬聲法, Onomatopoeia)'이 바로 그것이다.
　사물의 소리를 그대로 묘사하여 실제와 같이 표현하는 비유법의 일종인 의성법을 사용하면 읽는 사람에게 상황을 더욱 실감나게 전달할 수 있고, 글의 인상을 강하게 할 수 있다. 의성법에 사용되는 '외계의 음향을 언어음으로 모사한 어형'이 바로 '의성어(擬聲語)'인데, 이는 비언어학적 흉내음과는 구별된다. 의성어는 각각 언어의 음운체계 안에 들어가기 때문이다. 말의 뜻을 구별해주는 소리의 단위인 음운(音韻, Phoneme)을 기술언어학(記述言語學)에서는 음소(音素, Phoneme)라고 쓴다. 참고로 국어의 음운에는 단모음 10개, 이중모음 11개, 자음 19개 등 총 40개가 있다. 따라서 'ㅋㅋㅋ'니, 'ㅎㅎㅎ'니 하는 암호화한 사이버 언어는 사실 비언어학적인 흉내음의 일종이어서, 확산될 경우 바른 언어 생활 실천상 문제가 된다.

현재 세계에는 대체로 2,500~3,500개로 추정되는 언어가 있다. 모든 의성어는 언어에 따라 다른 형태를 지니며, 각 언어의 단어 배열과 특성에 영향을 받아 그 언어의 기능에 적합한 언어학적인 단위로 구성된다. 한국어는 특히 의성어가 풍부하게 발달되어 동화나 시·소설 등 문학 작품뿐만 아니라, 일상생활에서도 현실감과 생동감 넘치는 의성법의 표현을 쉽게 구사할 수 있다. 예를 들면, "택수가 문을 쾅 닫았어요." 혹은 "그렇게 쩝쩝거리면서 먹지 마라!"든지, "왜 자꾸 콕콕 찔러?" 등, 한국인은 일상 언어 생활에서 상황을 더욱 실감나게 표현하고자 할 땐 언제나 의성어를 사용한다.

의성어와 비슷하지만 소리 이외의 현상이나 모습에 대한 모방을 발음의 느낌에 의해 상징적으로 묘사한 어형은 의태어(擬態語, Mimetic Word)라고 한다. 한국어에는 의성어와 의태어가 모두 매우 발달되어 있고 모음을 변화시킴으로써 그 정도의 차이를 드러내는 대립어가 조직적으로 체계화되어 있다. 예를 들면 '꿀꺽/꼴깍', '껌뻑껌뻑/깜빡깜빡', '흔들흔들/한들한들' 등이다. 영어·독일어·프랑스어·이탈리아어·러시아어·에스파냐어 등등 인구어(印歐語, Indo-European Languages)에는 의태어가 한국어만큼 발달되어 있지 않지만, 문학 작품 특히 시에서 자음반복인 두운법(Alliteration)을 통해 의태법의 간접 효과를 내는 경우는 있다.

한국어에는 의성어/의태어가 발달되어 있어 영한 번역의 경우 별 어려움은 없다. 그러나 한영 번역의 경우에는 많은 어려움이 있다. 예를 들어 '줄줄 운다, 쭐쭐 운다, 질질 짠다, 찔끔거린다' 등, 우는 모습의 이 다양한 표현을 영어로 어떻게 구별해 번역할 것인가! 번역은 스피박(Gayatri Spivak)의 말처럼 선명한 논리(Logic)만의 문제가 아니라, 이런 비유(比喩, Rhetoric)의 문제에 이르러 한층 더 복잡해지고 어려워진다. 번역은 그래서 뉴마크 교수의 말처럼 언제나 'more or less', 즉 두 언어 어느 한 쪽이 서로 좀 손해를 보거나, 아니면 득을 보는 게 아닐까?

사이버 사전인《야후 사전》에는 제법 자세한 의성어 표현에 대한 설명과 예시가 나와 있기에, 번역 작업상 적지 않은 도움이 되리라 생각해 지면을 통해 소개한다.

의성어의 종류 8가지

1. 소리를 반복하는 것

    (거품이) 부글부글 *bubble bubble*

    (개가) 멍멍 *arf arf*

    (기차가) 칙칙폭폭 *choo choo* ; *puff puff*《영》

    (자동차가) 빵빵 *honk honk*

    (병아리·새가) 삐악 삐악, 짹짹 *peep peep*

    (돼지가) 꿀꿀 *oink oink*

    (집오리가) 꽥꽥 *quack quack*

    (수탉이) 꼬끼오 *cock-a-doodle-doo*

2. 앞의 모음을 바꾸어 반복하는 것

    (종소리가) 땡땡 *ding-dong*

    (빗소리가) 후두두 ; (발소리) 타닥타닥 *pitter patter*

    (당나귀가) 히힝 *Hee-haw*

3. 자음을 바꾸어 반복하는 것

    (사람이 우는 소리) 흑흑 *boo-hoo*

(떠드는 소리) 와자지껄, 시끌버끌 *hurly-burly*

(먹는 소리) 냠냠 *munch crunch*

4. 음을 연속하는 것

(잠자는 소리) 쿨쿨 *zzzz*

(증기 끓는 소리, 뱀 소리) 슈, 쉿 *Hissss*

(개 으르렁거리는 소리) 으르르 *grrrrr*

5. 소리를 묘사한 것

(총소리, 문 닫는 소리) 빵, 꽝 *Bang*

(엔진이) 부릉부릉 *vroom*

(폭발 소리) 펑 *boom*

(재채기 소리) 에취 *a(h)choo ; atishoo* 《영》

(떨어지는 소리) 쿵, 털썩 *fump*

(화살 소리) 피융 *zing*

(총알 소리) 핑 *whiz*

(무거운 것이 떨어지는 소리) 쿵 *thud*

(무거운 것이 부딪치는 소리) 쿵, 탁 *thump*

(활시위 소리) 핑 *twang*

(개 등의 소리) 낑낑 *whine*

6. 보통의 명사 / 동사를 전용하는 것

(찢어지는 소리) 짝짝 *rip*

(뽐내며 걷다) 으쓱으쓱 *strut strut*

(제자리에서 돌다) 빙글빙글, 뱅뱅 *spin spin*

(구르다) 딩굴딩굴 *roll roll*

(문을 쾅 닫다) 쾅 *slam*
(짧게 키스하다) 쪽 *smack*

7. 문장 중에서 동사/명사로 쓰이는 것

(짖다) bark (arf ; bowwow)
(움직이다) tick (tick-tack)
(야유하다) hoot (hoo hoo)
(으르렁거리다) growl (grrrrr)
(소리치다) scream (eeeek) /plod / giggle

8. 표현으로 살리는 것

총소리가 빵하고 났다.
Bang went the rifle.
그가 지붕에서 쿵 하고 떨어졌다.
He fell down from a roof with a thud.
교회에서 종소리가 땡그렁땡그렁 울렸다.
The church bell rang dingdongs.
문이 바람에 쾅 닫혔다.
The door slammed in the wind.
마을의 한 남자가 북을 둥둥 치고 있다.
A man from the village is beating the festival drum.
숲 속에서 맑은 냇물이 졸졸 흐르고 있었다.
In the forest a clear stream was trickling.
시계의 째깍째깍 소리가 어둠 속에서 들렸다.
The ticking of the clock was heard in the dark.
한 소년이 첨벙! 하고 연못으로 뛰어들었다.

A boy dived with a splash into the pond.
우리는 강에서 철벅거리며 옷을 빨았다.
We splashed away at our clothes In the river.
개가 고기 한 점을 덥석 물었다.
The dog snapped up a piece of meat.
타자기의 달가닥달가닥 소리가 방에서 흘러 나왔다.
The clatter of a typewriter came from the room.
처음 교단에 섰을 때 나는 가슴이 두근거렸다.
I had butterflies in my stomach the first time I taught a class.
그녀는 하찮은 일에 늘 투덜댄다.
She is always whining about trifles.

이와 같이 의성어는 특히 영미 표현과 한국어 표현이 확연히 다르기 때문에 이상의 표현들은 유념해두었다가 번역할 때 정확하게 사용해야 하겠다. 미국 돼지가 '꿀꿀' 거리는 소리가 미국인에게는 '오잉오잉' (oink oink)으로 들리는 건, 미국인들이 쌀을 주식으로 않고 빵을 주식으로 하는 차이와 통한다. 언어는 인간의 특권이다. 인간은 다른 동물이 가지고 있지 않은 언어 습득의 선천적인 능력을 가지고 태어난다. 문화의 차이는 우리에게 다양한 경험을 준다. 한 나라 안에서도 지방 방언이나 사투리가 여럿 있다. 각각의 귀엔 어쩌면 동물의 울음소리도 각각 다르게 들릴 수도 있다. 다양함을 인정하고 서로의 차이를 인정해주는 자세는 번역가로서 갖추어야 하는 덕목인 겸손함이다. 원문 혹은 원천 언어(Source Language)라는 타자(他者)를 인정함으로써 자신의 존재 가치가 확고해지는 번역가는 언제나 낯설음과 차이를 향한 마음의 문을 활짝 열어놓아야 한다.

part 02

일급 번역 장애물 Ⅱ

번역은 원전을 다시 쓰는 작업이라 한다. 원전을 다시 쓰는 작업에는 어떤 형태든 조작이 필요하다. 평소 조작은 약간 부정적으로 쓰이는데, '조작'이라는 말이 번역에선 그렇지 않다. 이 과정을 통해 우리는 새로운 개념을 만나고, 다른 사람들에게 새로운 정보를 소개할 수 있다. 번역의 역사는 문학적 혁신의 역사이기도 하고, 한 문화가 다른 문화에 대해 힘을 구축한 역사이기도 하다. 다시 쓴다는 것, 즉 번역은 때론 과격한 혁신을 억제하며 작가의 의도를 왜곡하거나 끌어안기도 한다.

| chapter 10 |

이타심(利他心) 결핍증

수잔 베스넷(Susan Bassnett)과 앙드레 르페브르(André Lefevere)는 《현대번역 이론(Contemporary Translation Theories, 1993년)》 서문에서 "번역은 원전을 다시 쓰는(rewriting) 작업"이라고 정의한다. 원전을 다시 쓰는 작업에는 어떤 형태든 조작(manipulation)이 필요하다. '조작'이라는 말이 이런 경우엔 부정적인 의미가 아니다. 이 과정을 통해 우리는 새로운 개념, 새로운 장르, 새로운 장치를 만나고, 다른 사람들에게 새로운 정보를 소개할 수 있다. 번역의 역사는 문학적 혁신의 역사이기도 하고, 한 문화가 다른 문화에 대해 힘을 구축한 역사이기도 하다. 그러나 절대적인 힘의 구축을 위한 조작이 번역의 전부는 아니다. 다시 쓴다는 것, 즉 번역은 때론 과격한 혁신을 억제하며, 작가의 의도를 왜곡하거나 끌어안기도 한다. 따라서 번역 비평은 원문을 두 번 평가하는 작업이다.

번역은 또한 언제나 과정이다(Translation is always to be translating). 완벽한 번역은 내일이면 더 완벽한 번역에 자리를 내어줘야 한다. 하지만 조금이라도 더 완벽한 번역이 나오는 건 즐거운 일이다. 《번역 교과서(A Textbook of Translation, 1988년)》의 저자인 뉴마크 교수는 선언한다. "언어는 변한다. 모든 고전은 30년을 주기로 다시 번역해야 한다." 옳은 주장이다. 뉴마크의 선언처럼 우리나라 고전 번역서들, 영어→한국어, 고어→한국어 번역서들은 항상 재번역을 위한 준비를 해야 한다. 부실한 번역을 양산하는 시대는 지나가고, 질적으로 한층 우수해진 번역물들이 서가를 새롭게 장식할 것이다. 지구의 시계는 밀레니엄, 새 천년을 맞아 언제보다도 숨가쁘게 바삐 움직이고 있다. 금세기는 번역가들의 위치가 마침내 소중하게 재평가되는 세월이 된다. 그때를 대비해 지금부터 준비해야 한다.

번역은 독자를 위한 작업이다. 나 혼자 영어 원문을 읽고 이해하면 그만인 해석의 차원과 다르다. 나 아닌 다른 사람의 이로움을 생각하고 이해하는 마음이 이타주의라면 번역은 철저히 이타적인 작업이다. 온 세상이 이기주의로 치닫는데 왠지 이타주의는 시대에 뒤떨어진다고 생각하는가? 인내가 필요하다. 독자를 생각하며 양심적인 번역을 지속하면, 보상은 생각보다 빠르고 달다. 독자를 잊어버리는 만성 이타심(利他心)결핍증에서 벗어나기 위해서는 좀더 진지한 원문 연구와 건강한 우리말 표현 훈련이 필요하다. 독자 모두가 다 채식주의자일 수 없듯이, 독자층을 염두에 둔 번역은 곧 더 많은 독자를 갖게 되는 번역물을 생산하는 바른 길이다. 이번엔 지금까지와는 조금 다른 분위기의 영어 원문을 번역해 보자.

[원문]

①Lloyd's of London : the Insurance Market

A rare ②opportunity to visit the world's premier insurance market, housed in the most innovative building the City has seen this century, by ①Richard Rogers(1986). ④We'll have a video presentation ③on the work of the insurance market and then be led into the atrium and down the floor of The Room. ③Please note : ①Lloyd's requires 'appropriate' dress ; ③no jeans, shorts, t-shirts or trainers. Instead, ①jacket, neckties ③and such. Flash photography is ③now allowed. And no ③eating, ④drinking or ③smoking ④on the premises. We have ③④to submit a list of names of visitors immediately. Please do not book unless ③you are serious.

먼저 밑줄친 표현들을 주의해서 보라. 이 글은 대상이 분명하다. 바로 방문객을 초청하는 광고문이다. 논문이 아니라, 구어체로 쓴 홍보 문구이다. 번역가 여러분은 문장을 이해한 후에 우선 어조나 어투를 정해야 한다. 존칭을 쓸 것인가? 간결체로 표현할까? 진지한 표현이 더 좋을까? 아니면 친근하고 다정하게 아주 가볍고 통통 튀는 어투는 어떨까? 등등. 여러분이 어조 선택을 위한 고민을 오래 할수록 값진 번역이 태어나는 지름길이다.

둘째, 조사 작업이 필요하다. 사전, 백과사전, 시사용어 연구 서적 등등의 참고서를 찾아보라. 대학 도서관, 시립 도서관 방문, 혹은 전화 문의도 좋다. 다음 번역을 살펴보자.

[번역 1]
런던의 보험 시장, ①Lloyd's
1986년에 ①Richard Rogers가 설립한 금세기 최고의 아름다운 도시 빌딩에 입주한 세계 최고의 보험시장을 방문할 흔치 않은 ②기회! 우리들은 우선 보험시장의 ③일에 대한 비디오 발표를 한 다음, 여러분을 로마풍의 중앙홀과 아래층으로 안내할 것입니다. ③주목해주세요. ①Lloyd's에 올 때는 정장을 입고 오세요. 청바지, 반바지, 티셔츠나 운동복 같은 옷은 ③안되고 대신 ①재킷이나 넥타이와 같은 옷이 ③됩니다. 사진기 플래쉬를 터뜨리는 것은 지금 허용이 ③됩니다. 그러나 ③먹는 것, ④음주, ③흡연을 하지 않는 것을 ④전제로 합니다. 우리는 ③④지금 즉시 방문자 이름을 문서로 작성해(3/4) 제출해야 합니다. ③진지한 분만 예약해 주십시오.

위 번역은 사전만 찾아도 되는 외래어와 외국어를 그대로 번역문에 쓰는 식의 성의 없는 번역(①)을 한 모범적인 예이다. 그러나 문장부호 느낌표로 마무리한 첫 문장은 바른 어조 선택의 관점에서 볼 때 훌륭하다(②). 광고문은 간단 명료해야 한다. '~안 되고, ~는 되고' 식의 표현으로 독자의 관심을 끌어모을 수는 없다. 줄친 부분처럼 형용사 '같은'을 되풀이하거나, '먹는 것', '않는 것' 등의 표현으로 미숙한 번역(③)이 되고 말았다. 좀더 간결한 표현과 생략이 필요하다. 또한 명료한 어휘 선택을 위한 노력도 중요하다. 우리말 홍보 전단, 광고기사를 읽어보자. 얼마나 생동감이 넘치는지 직접 읽고 체험해야 한다. 그 느낌을 간직해 두었다 여러분의 번역에 활용하는 기지가 필요하다. 오역(④)은 항상 골칫거리. 'premise'는 '전제(前提)'의 뜻도 있지만, 's'를 붙여 복수가 되면, '구내, 건물 내부'라는 의미가 된다. 'drinking'은 '음주'도 되겠으나, 여기서는 좀더 폭넓은 의미로 '음료'를 가리킨다.

번역에서 성의 부족(①) 현상은 시간에 쫓겨 급히 번역할 때 주로 발생한다. 좀더 진지한 자세로 번역 창작에 임하기 바란다. 참고로 창업 300년 역사를 자랑하는 런던 로이즈(Lloyd's) 사(社)는 세계 굴지의 해상 보험회사이다. 2009년 현재 회장은 피터 리븐(Peter Levene). 빙산에 부딪혀 침몰한 유명한 타이타닉(Titanic) 호의 해상사고 타전을 받고, 그 보험을 처리한 회사도 로이즈 사다. 영국은 상호(商號)에 's' 혹은 's'를 붙이는 곳이 많다. 영국의 유명한 서점 이름을 보자. Dillons, Borders, Waterstones, Foyles…, 백화점은 Harrods, Debenhams, 그리고 회사명인 Lloyd's. 주의할 점은 로이즈 사를 '로이드' 사로 번역하지 말아야 한다는 것이다. 때로는 시중의 영한사전을 의심해보자. 끝없는 도전의식도 번역가가 갖춰야 하는 중요한 자질이다. 이제 번역을 정리해보자.

Lloyd's of London : the Insurance Market

A rare opportunity to visit the world's premier insurance market, housed in the most innovative building the City has seen this century, by Richard Rogers(1986). We'll have a video presentation on the work of the insurance market and then be led into the atrium and down the floor of The Room. Please note : Lloyd's requires 'appropriate' dress ; no jeans, shorts, t-shirts or trainers. Instead, jacket, neckties and such. Flash photography is now allowed. And no eating, drinking or smoking on the premises. We have to submit a list of names of visitors immediately. Please do not book unless you are serious.

[번역 2] 일반인을 대상으로 하는 홍보물
세계 최대의 보험회사 런던 로이즈 사(社) 방문 :

혹은 대상 독자가 젊은 층이라고 가정해서, 경쾌한 어조로 번역해도 무방하다.

Lloyd's of London : the Insurance Market
A rare opportunity to visit the world's premier insurance market, housed in the most innovative building the City has seen this century, by Richard Rogers(1986). We'll have a video presentation on the work of the insurance market and then be led into the atrium and down the floor of The Room. Please note : Lloyd's requires 'appropriate' dress; no jeans, shorts, t-shirts or trainers. Instead, jacket, neckties and such. Flash photography is now allowed. And no eating, drinking or smoking on the premises. We have to submit a list of names of visitors immediately. Please do not book unless you are serious.

[번역 3] 젊은 층을 대상으로 하는 홍보물
세계 최대 해상 보험회사 런던 로이즈 사(社) :

어조를 생각하지 않고 번역할 경우 의도하지 않은 오역이 발생할 수도 있다. 경험이 없는 새로운 종류의 원문을 만나면, 기본 조사를 한 후 독자층에 적합한 어조를 선택해야 한다. 번역가의 이타심은 항상 독자에 대한 연구를 수행하게 한다.

| chapter 11 |

창의력 스트레스

"번역은 엄청나게 중요한 현대인의 활동 분야이다(Translation is an activity of enormous importance in the modern world)"고 얘기한 J. C. 캣포드(Catford) 교수 《번역의 언어학적 이론(A Linguistic Theory of Translation, Oxford University Press, 1969년)》의 말을 빌리지 않더라도, 번역은 새 천년이 되면서 '엄청나게' 중요한 학문 분야로 떠오르고 있다. 2000년에 한국번역학회가 창립됐고, 번역사 시험도 공인된 전문성을 갖추느라 노력하고 있다. 각 대학마다 번역학과 신설을 논의하며, 특수대학원을 만들고, "최소한 번역학 과목이라도 개설하면 어떨까?" 하는 논의가 활발히 진행되고 있다.

대화 혹은 의사소통(Communication)의 방법은 시대의 흐름에 따라, 소통 매체에 따라 끊임없이 발전하며 변화한다. 손짓 발짓에서 말로, 말에서 글로, 글에서 타자로 그리고 컴퓨터로. 이 다음엔 뭘까? 텔레파시? 하지만 어떤 경우라도 상대방의 전달사항을 이해하기 위해서는, 거시적이든 미시적이든 기본적으로 번역이란 행위가 필요하다. 손과 발과 얼굴 표정까지 써서 옆에서 큰 소리로 대화하던 시절은 이미 지나가고 말았다. 그러나 언어와 언어 사이에 놓인 구조적 의미적 차이를 이해하고, 그 차이를 등가(等價, Equivalence)의 위치로 맞추어 모두의 이해를 도울 번역 행위에 대한 요구는 시공을 초월한다.

글의 종류는 다양하다. 대화체 혹은 구어체와 문어체의 구별이 있고, 실용적인 글과 문학적인 글이 있다. 문학 유형(genre)에는 시, 소설, 희곡, 비평 등이 있다. 탈근대주의(Post-Modernism) 도래 이후 이러한 유형의 선명한 벽을 허물려는 시도가 있었지만, 여전히 그 경계는 존재한다. 문학 번역은 이러한 유형 구분에 민감해야 하며 특히 '다시 쓰기(Rewriting)' 하는 작가로서의 창의력을 잃지 말아야 한다. 문학 작품을 번역할 때는 일단 다음과 같은 사항에 주의하여야 한다.

1. 내가 작가라면?
2. 대상은?
3. 배경은?
4. 등장인물간의 관계 파악
5. 정확한 이름 표기
6. 흥미진진하게
7. 원문 작가의 독특한 표현 연구

이상은 문학 번역물에서 창의력을 살리기 위해 번역가가 기본적으로 갖추어야 하는 자세이며, 연구해야 하는 작업이다. "오로지 지적인 사람만이 번역을 할 수 있다(Only intelligent persons can translate)"고 주장하는 뉴마크 교수의 진정한 의도는 두 언어 구사능력뿐만 아니라, 바로 이 창의력 배양을 강조하기 위함이 아닌가 생각한다.

그래서 이번에는 수필문과 광고문에 대한 번역 연습에 이어, 문학 작품 번역을 다룬다. 번역의 꽃이라 할 수 있는 문학 작품은 어떻게 번역해야 할까? 바로 창의력에 그 답이 있다. 다음 영어 원문을 보자.

[원문]
①The elder sister said : "How ②blindly and cruelly and unjustly

③Fortune has treated us! ②Do *you*(1) think it fair that we three sisters should be given such different ④destinies? You and I are the two ②eldest, ③yet we get exiled from our home and friends and married off to foreigners who treat us like slaves ; while Psyche, ②the result of Mother's last feeble effort at childbearing, is given the most marvellous palace in existence and a god for a husband, and doesn't even know how to make proper use of her tremendous wealth. ⑤ Did you ever see such masses of ②amazing jewels, such cupboards full of embroidered dresses?"

'큐피드와 프시케(Cupid and Psyche)' 는 로마 신화에서 가장 유명한 인물에 속한다. 큐피드는 그리스 신화에 나오는 사랑의 신 에로스(Eros)를 가리키며, 프시케는 큐피드가 사랑한 소녀(싸이키)이다. 이 설화는 아테네(Athenes)의 플라톤(Plato) 철학자인 루시어스 아풀레이우스(Lucius Apuleius, 124년~170년 B.C.)가 자신의 자전적 설화집인 《루시어스의 변신(*Transformation of Lucius*)》에 정리해서 실었다. 라틴어로 쓰여진 이 책을 영국 시인 로버트 그레이브즈(Robert Graves, 1895~1985년)가 1950년에 번역했다. 우리에게는 《황금 당나귀(*The Golden Ass*)》로 더 유명하다. 심술궂고 욕심 많은 언니들은 처참히 죽은 줄로만 알고 있던 프시케가 멀쩡히 살아 있고, 게다가 엄청난 부를 누리며 잘 살고 있는 모습을 보고 속이 상했다. 집으로 돌아오면서 푸념을 늘어놓는 장면이다. 먼저 말한다. 문학 번역에 관심이 있는 사람은 《황금 당나귀》까지는 못 읽더라도 그리스 로마 신화집 정도는 구해 읽어야 한다. 그리고 서양문학의 중요한 뿌리인 《성경》을 기본으로 읽어야 한다. 번역은 단순히 원전의 단어를 단어로, 구문을 구문으로 옮겨 놓는 작업이 아니다. 전문 번역을 위해서는 연구 조사의 기능 또한 갖추어야 한다. 사전, 백과 사전, 도서관 조사, 전화 질문, 인터넷 조사 등등. 우리 앞에 있는 수많은 조사 기능을 모두 사용해야 한다. 같은 원문의 다른 번역을 살펴보는 것도 훌륭한 작업이다. 다음 번역을 살펴보자.

[번역 1]
①큰언니가 말했다. 너무 ②무참하고 잔인하게도 공평치 못한 ③운명이 우리를 대하는구나. (＊)우리 세 자매에게 이렇게 다른 ④운명이 ②주어져도 된다고 생각하니? ②가장 나이 많은 나와 둘째는 집과 친구들을 떠나 멀리 이방인과 결혼해서 노예취급 당하며 살고 있는데 ②반면 어머니의 ②미약한 마지막 출산의 노력이 낳은 결과인 막내 프시케는 세상에서 가장 아름다운 궁전에서 그것도 신을 남편으로 두고 그 엄청난 재산을 어떻게 써야 될지조차 모를 정도잖아. 너희들 그렇게 ②경탄스런 보석들과 수놓인 옷들로 가득 찬 벽장들 본적 있니? ⑤(구경이라도 해 봤니?)

접수된 번역 중에는 'The elder sister'를 '둘째 언니'로 번역한 경우가 많다. 상황은 프시케 궁전을 보고 집으로 돌아가는 두 언니가 푸념을 늘어놓는 장면이다. 두 언니 중에서 나이든 사람은 바로 세 자매 중에서 제일 큰언니를 가리키므로 '큰언니' (①)로 번역해야 옳다. [번역 1]은 꼼꼼히 직역을 해서 오역은 별로 없다. 문제는 직역에서 큰 발전이 없는 문장들(②)로 인해서 원문의 맛이 없어지고 말았다는 사실이다.

문학 작품을 번역할 때 우리는 번역의 다양한 방법의 어디쯤 우리의 지적 관점을 맞추어야 할까? 문자 그대로 번역(literally)하는가, 아니면 자유롭게(freely) 의역해도 될까? 19세기에 이미 번역가들은 'free'를 들고 나왔다. 문자보다는 정신을, 단어보다는 감각을, 형식보다는 담긴 뜻을, 방법보다는 본질을 알리는 게 번역에서 더 중요하다고 주장했다. 하지만 언어가 다양한 문화의 산물이라는 이론이 나오면서, 가능한 문자 그대로(as literal as possible) 번역하자는 주장이 지배하는 세월이 되었다. 하지만 문자 그대로 하되, 의사소통에 지장이 있어서는 안 된다. 특히 문학 작품 번역에서는 원작가의 의도를 가능한 원문을 손상시키지 않고 독자들에게 전해줘야 한다.

예를 들어 [번역 1]에서 'Psyche, the result of Mother's last feeble effort at childbearing' 을 그대로 직역해서 '어머니의 미약한 마지막 출산의 노력이 낳은 결과인 막내 프시케' 라고 표현했다. 도대체 무슨 뜻인지 모르겠다. 어머니의 마지막 출산이 미약하다는 건지, 노력이 미약하다는 건지. 또 프시케가 출산의 노력이 낳은 결과라니! 프시케는 분명 인간이다. 노력해서 얻은 결과물이 아니다. 가장 큰 문제는 무엇보다도 이런 표현으로는 번역문을 읽는 독자가 언니들의 분노와 푸념과 질투를 전혀 느낄 수 없다는 데 있다. [번역 1]은 이 원문을 분명히 이해는 하고 있다. 그러나 **좀 더 창의적인 표현력**의 부족으로 원문의 맛은커녕 말을 곧이곧대로 번역(Word-to-word Translation)함으로써 가능한 정확한 원문 의미전달에 있어서도 실패하고 말았다.

원문 줄친 부분 중 you(1) 를 잘 살펴보자. 다른 본문 서체와 달리 이탤릭체로 써 있다. 작가의 실수도 인쇄상의 실수도 아니라면 분명 작가의 특별한 의도가 있는 시도이다. 서체가 별안간 이탤릭체로 표기된 경우는 그 부분을 '강조' 하기 위해서거나 '생각이나 명상' 임을 나타내기 위해서, 혹은 '책 제목' 을 표기하는 방법이다. 여기서는 두말할 것도 없이 '강조' 하기 위해서다. [번역 1]의 (*)자리에 '넌 말야' 정도의 표현을 넣는다면 ①을 구별해줄 수 있다. 'Fortune' 은 문장 중에서 대문자 'F' 로 시작했다. 단어만 좀더 세심히 찾았다면, 'destinies' (④)와 같은 의미의 단순한 '운명' (③)이 아니라, '운명의 여신' 이라는 걸 알아차렸으리라. 아울러 ⑤와 같은 표현 선택의 갈등을 겪었더라도 과감하게 한 표현을 선택해야 한다. 한 번역서에 두 표현이 공존하는 법은 없으니까. 이제 다듬어진 번역으로 만들자.

The elder sister said : "How blindly and cruelly and unjustly Fortune has treated us! Do *you* think it fair that we three sisters should be given such different destinies? You and I are the two eldest, yet we get exiled from our home and friends and married off to foreigners who treat us like slaves ; while Psyche, the result of Mother's last feeble effort at childbearing, is given the most marvellous palace in existence and a god for a husband, and doesn't even know how to make proper use of her tremendous wealth. Did you ever see such masses of amazing jewels, such cupboards full of embroidered dresses?"

문학 작품 번역은 창의력 스트레스 속에서 이뤄져야 한다. 우리 몸의 건강을 위해 때로 적당한 스트레스도 필요하다. 스트레스가 무조건 나쁜 건 아니다. 긴장이 전혀 없는 삶은 죽음이다. 더 건강한 삶을 위한 스트레스, 더 건강한 번역을 위한 창의력 스트레스는 전문번역가로서 삶의 방식이다. 감각 있는 표현력을 단번에 키울 수는 없다. 끈기를 갖고 꾸준히 노력하는 자세, 번역가의 제1조건이다.

| chapter 12 |

창의력 결핍증

책 중의 책(the Book of books)은 과연 뭘까? 고금동서를 통해 전 세계인들이 가장 많이 읽은 책일 것이다. 그만큼 가장 많이 번역된 책은 어느 책일까? 바로 《성경(The Holy Bible)》이다. 대한성서공회(www.bskorea.or.kr)에 따르면, 《성경》은 2009년 현재, 무려 2,479개 언어로 번역되었으며, 지속 번역이 진행 중에 있다. 영어로 '성경'은 'the Bible'이며, 그 어원은 나일강 변에 갈대처럼 자라는 파피루스(papyrus)까지 거슬러 올라간다. 성서가 필사된 파피루스 두루마리를 그리스 인들은 '비블리온(biblion)'이라 불렀고, 바로 이 '비블리온'의 복수가 '비블로스(biblos)', 즉 '기록된 문서'란 의미를 지닌 말이 된다. 메소포타미아 지역과 이집트, 그리고 그리스·로마제국 등을 잇는 지중해 지역 주요 무역항 중에 '책'을 의미하는 '비블로스(Byblos)' 항이 있는데, 이 항구를 통해 들어오는 주요 물품인 이집트 산(産) '파피루스'의 이름을 딴 것이다. 현재 레바논의 '그발(Gubayl)'이 그 지역이다. 이렇게 해서 'the Bible'은 '책'의 어원인 셈이다. 번역의 역사는 책의 역사와 함께 이어져 왔으므로 번역을 하는 사람에게는 《성경》이 가장 훌륭한 학습 자료가 된다.

완역(完譯) 영어성경의 역사는 대략 1,300년대부터 시작되지만, 성서번역 작업은 여러 가지 옛 사본의 발견으로 작고 큰 수정을 거듭하며 오늘에 이른다. 나쉬 파피루스(Nash Papyrus, 기원 전 2~1세기)와 예루살렘의 케텝 힌놈

(Ketef Hinnom) 은(銀)두루마리(*Minute Silver Roll*, 기원 전 7~6세기)가 가장 오래된 사본이다. 그러나 실제로 성서 본문 이해와 번역에 지대한 기여를 한 사본은 '사해사본(The Biblical Text Found in Qumran)' 이다. '사해사본' 은 1947년부터 약 20여 년 간, 사해 서북부 유대 광야에서 발견된 사본으로 모두 열한 개의 동굴에서 〈에스더 기〉를 제외한 구약의 모든 옛 사본들이 발견되었는데, 모두 기원 전 2세기부터 기원 후 1세기경에 제작된 사본들이다. 현존하는 히브리어 마소라 본문(Masoretic Text)보다 천년 이상이나 더 오래 된 사본이다. 895년경부터 만들기 시작한 '마소라 사본' 중에는 1008년에 제작된 레닌그라드 구약 사본(Codex Leningradensis)이 가장 중요한데, 한국어 개역성경의 원본이기도 하다.

구약과 신약은 다양한 고대역본과 인쇄본을 거치면서 1,300년대에 이르러서야 위클리프(*John Wyclif*, 1320~1384년)가 최초의 영역(英譯)성서를 내놓는다. 1384년경에 나온 이 최초의 완역 영어 성서는 정치적 이유와 오역 시비에 휘말려 곧 금서가 된다. 제도권에 끝없이 바른 말하기를 서슴지 않던 위클리프가 죽은 지 44년 후인 1428년, 교회는 위클리프에게 이단 죄를 더해, 무덤을 파헤쳐 그의 뼈를 꺼내 불태워 가루를 낸 후, 스위프트(*Swift*) 강에 뿌렸다. 그 즈음인 1450년경, 독일에서는 구텐베르크가 활자를 주조하고 있었다.

영국에서는 틴들(*William Tyndale*, 1494~1536년)이 다시 성서를 영어로 번역하기 시작해 1525년에 드디어 최초의 영어번역 신약(新約) 인쇄본을 출판한다. 당시에 무척 많이 팔렸다는 후문인데, 이유인즉, 일반 신도들은 번역본을 읽으려고 샀고, 워햄(*Warham*)이 대감독이던 교회는 불태워버리려고 번역 인쇄본을 사들였기 때문이었다. 기득권의 안정을 위협하는 출판물 없애려는 시도는 예나 지금이나 크게 차이가 나지 않는 듯하다. 가장 아름다운 영어로 번역되었다고 정평이 난 1611년 판 《제임스 왕 역》(*King James Version*)이 바로 이 틴들의 문체를 거의 모방했다고 전한다. 하지만 틴들은 어떻게 됐을까? 틴들은 구약성경 번역을 완성하지 못한 채 1536년 화형을 당한다.

옛날 얘기니까 재미있겠지만, 오늘의 번역가들이 자유롭게 번역할 수 있는 데는 이런 위클리프나 틴들 같은 선배 번역가들이 목숨을 걸고 번역 작업의 소중함을 지켜왔기 때문이 아닐까. 창의성, 세상 거꾸로 보기! 바로 여기에 답이 있다. 오늘의 번역인들은 목숨 걸고 번역할 일은 없겠으나, 창의성에는 목숨을 걸만하다. 왜냐하면, 창의성이 없는 사람은 어차피 설 자리가 없으니까.

또 한 가지 번역 이해의 지름길은 천릿길도 한 걸음부터! 즉 쉬운 문장부터 완벽하게 번역해내는 훈련으로부터 올바로 시작하는 것이다. 창의성은 어려운 곳에서 찾아지는 게 아니다. 주변에서 흔히 접하는 것들을 다시 바라보고, 좀더 가까이 보고, 뒤집어보고 하는 과정의 산물이다. 자, 영어 원문을 보자.

[원문]
①When I married Thomas in 1983 I was sure I had found the man for me. ②He was kind, gentle and hardworking. ③There was only one problem—a vintage, baby-blue 1966 Chevy pickup. ④The truck sat gleaming in my in-laws' garage. ⑤Thomas and his mother had bought the Chevy as a gift for his dad years earlier, and they treated it like a family treasure.

번역의 시작은 해석. 해석은 단어→구문→문장 이해로부터 시작한다. 번역은 이해한 문장을 우리말로 옮기는 작업이다. 즉 '외국(원본)문화 차이 극복→주제와 인물 파악→전체 이야기 이해의 과정'이 그것이다. 특히 '우리말다운' 우리말로 옮기는 작업이 번역이다. 여기에는 제2단계 이해과정이 필요하다. 다음 번역문을 분석해보자.

[번역 1]
①1983년에 토머스와 결혼했을때 나는 천생연분을 만났다고 생각**했다**.

②그는 친절하고 너그럽고 열심히 일하는 사람이**었다**.
③1966년형 하늘색 구형 시보레, 이것이 단 하나의 골칫거리**였다**.
④이 덮개 없는 소형 트럭은 시댁 차고에 광을 내어 모셔져 있**었다**.
⑤몇년전 토머스와 시어머니는 시아버지에게 시보레를 선물했고, 마치 가족의 보물인 양 다루**었다**.

전체적으로 오역은 없다. 오역은 번역의 최대 적(敵)이다. 번역①은 '천생연분' 이란 표현을 쓰고 있다. 우리말과 한자어 어휘력에 대한 지식이 풍부한 번역가의 작업이다. 다른 초벌 번역자들은 거의 모두 '꼭 맞는 남자', '맘에 쏙 드는', 혹은 '어울리는' 남자 등의 표현을 사용했다. 그런데 겨우 다섯 문장으로 된, 짧지만 뭔가 이야기를 함축하고 있는 듯한 이 번역문을 조용히 읽고 나면, 여운으로 남는, 귀에 거슬리는 '소리' 가 있다. 바로 꾸준히 그리고 급히 반복되고 있는 '~ㅆ다' 이다. 우리말에서는 특별한 경우를 제외하고 **된소리 반복은 절제**하는 게 좋다. 문장 ①부터 자세히 살펴보자.

[원문] ①When I married Thomas in 1983 I was sure I had found the man for me.
[번역 1] ①1983년에 토머스와 결혼했을 때 나는 천생연분을 만났다고 생각**했다**.

우선 시제의 문제를 해결해야 한다. 결혼한 시점보다 토머스를 만난 시점이 더 먼저다. 따라서 '결혼했을 때' 를 '결혼할 때' 로 바꾸면 된다. '에', '때', '했' 역시 비슷한 모음 반복을 위해 조정이 필요하다. 토머스는 누구인가? 영어권 문화에서는 남편을 계속해 이름으로 부르지만, 우리나라에서는 '아직까지는' 결혼 후 이름 대신 '남편' 이라 부른다. 바로 문화 차이 극복의 문제이다. 토머스 대신 '남편 토머스' 가 어떨까? 관계부사 'when' 도 우리말 속에 섞이면 '~하는 때' 말고 다양한 표현으로 변용(變容)할 수 있다. '1983년, 남편 토머스와 결혼하면서…' 하는 식으로 말이다. 이런 게 번역의 창의성이다.

[원문] ②He was kind, gentle and hardworking.
[번역 1] ②그는 친절하고 너그럽고 열심히 일하는 사람이**었다**.

잘 번역된 문장이다. 우리말에서 어색한 대명사 '그'를 '남편'이라고 바꾼다면 더 좋은 번역문이 되겠다. 세 번째 문장을 살펴보자.

[원문] ③There was only one problem—a vintage, baby-blue 1966 Chevy pickup.
[번역 1] ③1996년형 하늘색 구형 시보레, 이것이 단 하나의 골칫거리**였다**.

원문의 어순을 무시하고 전후를 바꿔 번역한 점이 아주 좋다. 하지만 때로는 좀더 자세히 번역해줘야 한다. 단어 'baby-blue'는 단순한 하늘색이 아니라 'baby'라는 어휘가 암시하듯이, 아주 약한, 즉 아주 '엷은' 하늘색이다. 물론 'Chevy'는 '시보레(Chevrolet)'의 약자이다. 하지만 '시보레'는 자동차 상표명이기 때문에, '구형 시보레'라고만 하면, 번역문만 읽는 독자는 차 종류가 '트럭'이라는 사실을 절대로 모른다. 게다가 원문에 'Chevy pickup'이라고 나와 있는 한 이 정보를 최대한 활용해야 한다. 잘 알다시피 '픽업(pickup)'은 '덮개 없는 화물운송용 소형 트럭'이다. 다음 문장으로 넘어가자.

[원문] ④The truck sat gleaming in my in-laws' garage.
[번역 1] ④이 덮개 없는 소형 트럭은 시댁 차고에 광을 내어 모셔져 있었다.

트럭은 'in my in-laws' garage' 즉 '시댁 차고'에 있다. 많은 경우, '친척 차고, 사촌의 차고'로 오역한다. '시댁 차고'가 정확하다. 이제는 우리나라에서도 종종 보이는 미국식 이삿짐 트럭을 제외하고는 보통 '셰비픽업'은 '이 덮개 없는'이라는 설명 없이도 덮개 없는 트럭이란 걸 다 알고 있다. 앞에서 놓친 부분을 뒤에서 부연 해석한 건 좋은 자세이긴 하다. 마지막 문장을 살펴보자.

[원문] ⑤Thomas and his mother had bought the Chevy as a gift for his dad years earlier, and they treated it like a family treasure.
[번역 1] ⑤몇 년 전 토머스와 시어머니는 시아버지에게 시보레를 선물했고 마치 가족의 보물인양 다루**었다**.

역시 토머스 대신에 '남편'이 좋다. 그리고 '토머스와 시어머니' 순서보다는 우리 정서에 맞게 '시어머니와 남편은'의 순서가 옳다. 접속사 'and'로 연결되긴 했어도 앞뒤 문장은 강조하는 바가 다르다. 앞의 문장은 과거 사실을 기술한 것이라면 뒤의 문장은 글 쓴 시점 당시의 일이다. 이럴 때는 주어를 생략하는 것보다 다시 한번 쓰는 게 좋다. 이제 번역을 정리해보자.

> When I married Thomas in 1983 I was sure I had found the man for me. He was kind, gentle and hardworking. There was only one problem—a vintage, baby-blue 1966 Chevy pickup. The truck sat gleaming in my in-laws' garage. Thomas and his mother had bought the Chevy as a gift for his dad years earlier, and they treated it like a family treasure.

_____

_____

_____

_____

　완성도가 높은 예술 작품을 만들기 위해 끊임없이 자신의 작품에 손을 대는 예술가의 손길. 번역의 완성을 향한 길은 예술 작품의 길과도 같다. 그래서 번역을 제2의 창작이라고 부르는 것이다.

| chapter 13 |

기계 과신증

　번역을 기계로 할 수 있을까? 기계번역(Machine Translation) 학자들은 "엄청난 문제가 있기는 해도 어느 정도의 자동번역(Automatic Translation)은 불가피하다"고 주장한다(MTAIG : *Machine Translation: An Introductory Guide*, by D. Arnold & L. Balkan, 1994년, iii). 아놀드와 발칸 등은 상당한 양의 기술문서나 상업문서 번역을 기계번역에 의존하는 시대를 살고 있다고 말하며, 기계번역기(MTS : Machine Translation System)는 '괜찮은 초벌번역'(Reasonable Draft Translations)을 양산하리라고 예상한다. 그리고 단서를 붙이기를 "주제·문체·어휘력 등의 재현에는 어느 정도 한계가 있다"고 고백한다 (MTAIG, iii). 아울러 기계번역기는 '모호성, 어휘와 구조적 불일치, 숙어와 관용어구 및 연어(連語 : Collocation) 문제, 가장 치명적인 문제인 실제 상황에 대한 지식(Real World Knowledge) 결여' (MTAIG, vii)로 **문화적 이질성 인식이 불가능**함을 인정하고 있다.

　일찍이 1959년, 철학자 발 힐렐(Bar-Hillel)은 자동번역에 대한 분명한 회의(doubts)를 표하며, "양질의 완전 자동 기계번역은 현재상황에서뿐 아니라, **원칙적으로 불가능하다**(fully automatic, high quality, MT was impossible, not just at present, but in principle, MTAIG, 13)"고 주장했다. 하지만 기계번역이 전혀 쓸모 없는 것은 아니다.

그렇다면 **기계번역이 번역가의 일자리를 위협할 수 있을까?** 물론 그럴 수도 있다. 그러나 사람이 직접 하는 번역의 요구는 엄청나며 쉽게 줄어들 수 없다. 무엇보다 현재 번역기 자체의 결함이 너무도 큰 상황이다. "기계번역기가 번역 업무 중에서 지루하고 반복이 심한 번역의 일부를 처리해줌으로써, 번역가는 자신들만의 전문성을 살릴 수 있는 한결 흥미로운 일감에만 매달릴 수 있게 된다(MT systems can take over some of the boring, repetitive translation jobs and allow human translation to concentrate on more interesting tasks, where their specialist skills are really needed, MTAIG, 11)."

다시 말해 기계번역의 등장으로 기계가 담당할 부분과 사람이 해야 하는 부분이 엄밀히 구분된다는 학자들의 주장이다. **국내 번역기계 연구가들이 귀담아 들어둘 필요가 있는 주장** 아닌가? 동시에 **번역가들은** 기계에 밀려날 것을 두려워하지 말고 **자신의 전문성 개발과 번역의 질적 향상을 위해 부단히 노력해야 한다.** 대충 빨리빨리식의 번역가들은 머지않아 번역기계들에게 자신의 자리를 내어주어야만 한다. 그러나 실력 있는 성실한 번역가들은 영원히 소중하다.

처음 질문으로 돌아가보자. 번역을 기계로 할 수 있는가? 100%는 아니더라도 물론 할 수 있다. 그래서 번역가는 여전히 필요하다. 복제양 돌리의 한계와 부작용이 드러났듯이 **기계로 번역한 문장은 기계가 만들어내는 기호이지, 사람의 말이 아니다.** 대부분의 번역은 영원히 사람이 해야 한다. 쓸데없는 생각으로 괜스레 잠을 이루지 못할 줄도 아는 인간이 해야 한다. **번역은 영원히 '사람'이 해결해야 하는 일**이다.

다음 영어 원문을 보자. 구조조정으로 실직한 51세의 비즈니스 컨설턴트 엘리어트가 이제는 프리랜서로 변신해 활기차게 살아가고 있는 모습을 그린 내용이다.

[원문]
①One day my wife said, "I don't think you need to collect unemployment anymore." ②I stared at her. ③ "What do you mean?" ④I started to protest. ⑤She pointed to the long list of consulting assignments I had scheduled. ⑥Then I realized, Hey, I'm doing all right!
⑦Two years later, I'm still working from home—and loving it. ⑧ Never in my wildest dreams had I imagined myself making a living freelancing.

실직한 후에 집에서 컨설턴트 일을 하던 엘리어트는 아내와의 대화를 통해, 문득 자신이 상당히 알찬 생활을 하고 있다는 현실을 깨닫게 된다. 어려운 단어나 표현이 별로 없는 평이한 내용이다. 단락 중간에 섞여 있는 대화체와 생각하는 부분들에 주의하여 번역하면 된다. 다음 번역문을 보자.

[번역 1]
①어느 날 아내가 말했다. ② "전 더 이상 당신이 실직수당을 모을 필요가 없다고 생각해요." ③난 그녀를 빤히 쳐다보았다. ④ "무슨 뜻이지?" 이의를 제기하기 시작했다. ⑤그녀는 내가 (실직하기 전에) 예정했었던 컨설팅 업무의 긴 목록을 지적했다. ⑥그 후 실제로 일어났다. 이봐, 난 옳은 일을 한 거야!
⑦2년 후, 난 여전히 집에서 일하고 있고, 일을 사랑한다. ⑧내가 스스로 프리랜서 일을 하려고 상상했던 건 절대로 나의 가장 무모한 꿈은 아니었다.

대화체를 살려 번역한 시도는 좋다. 전체적으로 응모된 다른 번역들에 비해 오역이 적은 번역이다. 특히 원문 ①과 원문 ⑥ 번역에서 많은 분들이 실수를 했다. 먼저 원문 ①을 살펴보자.

[원문] ①One day my wife said, "I don't think you need to collect unemployment anymore."
[번역 1] ①어느 날 아내가 말했다. ②"전 더 이상 당신이 <u>실직수당을 모을</u> 필요가 없다고 생각해요."

한 문장인 원문 ①을 [번역 1]은 두 문장으로 나누어 번역했다. 좋다! 문제는 '실업수당을 받을'의 뜻인 'to collect unemployment'를 잘못 번역한 점이다. 우리나라에서도 IMF 조정 사태 이후 수많은 실직자가 생겨 그 이후 실업수당을 주는 제도가 강화되었다. 우리말에서 '모으다'는 '쓰지 않고 저축하다'는 뜻이다. 하지만 여기서 'to collect'는 '수령하다'의 뜻이 강하다. 단어 'unemployment'는 '실직·실업률'의 뜻이 있지만, 이 문장에서는 'unemployment benefit', 혹은 'unemployment compensation', 즉 '실업수당'의 줄임말이다. 원문 ②를 살펴보자.

[원문] ②I <u>stared at her</u>.
[번역 1] ②난 그녀를 <u>빤히</u> 쳐다보았다.

간단한 문장인데도 번역은 쉽지 않다. 동사 'stare'은 'to look at someone or something for a long time with the eyes wide open(Oxford Advanced Learner's Dictionary, 1996)', 즉 '눈을 크게 뜨고 사람이나 사물을 오래도록 쳐다본다'는 의미이다. 우리말 부사어 '빤히'는 '무슨 일의 결과가 또렷하다, 혹은 잠깐 겨를이 생겨 한가하다'는 의미의 동사어 '번하다'의 센말인 '뻔하다'에서 파생한 부사어인 '뻔히'의 작지만 강한 느낌을 표현하는 낱말이다.

기계 과신증 | **089**

특히 '빤히'는 시선의 모양을 가리키는 부사어로 쓰이긴 해도 부정의 느낌이 강한 부사어이므로, 지금 상황에서는 너무 강한 부정의 느낌을 피하기 위해 차라리 '뻔히'를 사용하는 편이 좋겠다. 대명사 'her'은 'my wife'를 가리킨다. 원문의 대명사를 단순히 직역하기보다는 대명사 '그녀'가 가리키는 '아내'를 다시 밝히며 써주는 방법이 우리말 어법상 훨씬 자연스럽다. 원문 ③과 ④를 보자.

[원문] ③ "What do you mean?" ④ I started to protest.
[번역 1] ③ "무슨 뜻이지?" ④ 이의를 제기하기 시작했다.

원문③④를 한 문장으로 번역한 시도는 좋다. 하지만 뒷부분은 직역이라 어색하다. 아내의 엉뚱한 말에 놀란 남편 엘리어트가 아내를 똑바로 쳐다보면서 뭔가를 따지려 하고 있는 장면이다. 이어지는 원문 ⑤ 역시 원문③④와 함께 번역하는 게 좋다.

[원문] ⑤ She pointed to the long list of consulting assignments I had scheduled.
[번역 1] ⑤ 그녀는 내가 (실직하기 전에) 예정했었던 컨설팅 업무의 긴 목록을 지적했다.

번역이 완성된 문장 중에 '괄호'가 들어가면 가독성이 떨어진다. 한국어의 경우, '괄호' 사용 없이 의미 전달이 가능하도록 문장을 고치면 더 좋다. 일정에 들어 있는 컨설팅 의뢰 건수가 많다는 사실을 깨우쳐 주기 위한 아내의 행동을 표현한 'pointed'는 잘못을 '지적했다'는 의미보다는 목록을 '가리켰다'에 더 가깝다.

[원문] ⑥Then I realized, Hey, I'm doing all right!
[번역 1] ⑥그 후 실제로 일어났다. 이봐, 난 옳은 일을 한 거야!

오역으로 인한 어색한 표현! 첫 부분은 단어를 잘못 이해했고, 뒷부분은 문장의 종류 자체를 완전히 오해해 생긴 오역이다. 동사 'to realize'는 '깨닫다'는 뜻이고, 'Hey, I'm doing all right!'은 원문상에도 인용부호가 없는 것으로 미뤄 대화체가 아니라, 혼잣말을 적은 부분이다. 감탄사 'Hey'는 '어이!, 이런!, 어머나!'의 뜻이다. 혼잣말 'I'm doing all right!'은 '더할 나위 없이 훌륭하게'의 뜻인 'all right'를 살려 번역해야 한다. 자신이 직장을 다니던 때만큼 넉넉한 수입을 올리고 있다는 현실을 아내가 보여주는 업무 목록을 보고 뒤늦게 깨달은 필자의 즐거운 비명이 담긴 문장이다. 원문 ⑦을 살펴보자

[원문] ⑦Two years later, I'm still working from home-and loving it.
[번역 1] ⑦2년 후, 난 여전히 집에서 일하고 있고, 일을 사랑한다.

바로 전 문장과 2년의 시간차가 있는 현재를 서술한 문장이다. 따라서 2년의 경과를 좀더 분명히 '2년이 지난 지금' 같은 식으로 번역해야 한다. 문장부호인 다시말하기표 "―" 이후를 번역할 때 유의할 사항은 우리말에서는 원문상에 있는 이런 부호를 살려 쓸 필요가 없다는 점이다. 번역 ⑦은 'it'를 단순히 '일'로 받았는데, 여기서는 집에서 일하는 상태를 좋아한다는 뜻이다. 원문 ⑧을 보자.

[원문] ⑧Never in my wildest dreams had I imagined myself making a living freelancing.
[번역 1] ⑧내가 스스로 프리랜서 일을 하려고 상상했던 건 절대로 나의 가장 무모한 꿈은 아니었다.

번역 ⑧은 원문을 완전히 잘못 이해한 채 번역한 문장이다. 현재는 집에서 일하는 걸 사랑하게 된 필자지만 과거엔 꿈도 꾼 적이 없다는 뜻을 살려야 한다. 관용구 'in my wildest dream'은 '무모한 꿈'이 아니라, '허무맹랑한 상상이나 공상'에 가깝다. 여기서 'wildest'는 'dream'의 정도를 강조하는 부사이다. 바로 이런 문장을 **번역기계로는 도저히 그 말의 맛을 살리기 힘들다.** 참고로 'beyond one's wildest dreams'라는 표현이 있다. 이 구문에서도 'wildest dreams'는 '엉뚱한 꿈'이 아니다. 단순히 '상상'이란 말을 재미있고 다양하게 표현한 관용구이다. 즉 '상상보다 훨씬 더 좋은'이란 의미이다. 따라서 원문 ⑧의 'wildest dream'은 '무모한 꿈'이 아니라, 동사 'imagined'를 다시 한번 강조한 표현으로 이해하면 된다. 꿈속에서조차 상상해본 적이 없다는 말이다. 아울러 'myself'는 'I'를 강조하는 대명사이다. '스스로'란 남이 시키지 않아도 기꺼이 일을 할 경우에 쓰는 부사어이므로 이 문장에서는 맞지 않는 어휘이다. 숙어 'making a living'은 분명 '생계를 꾸리다'라는 뜻이지, 단순히 '일을 하다'는 아니다. 그리고 단어 'freelancing'은 여기서 동사의 진행형이다. 즉 '자유계약직으로 일을 하며' 살아가고 있다는 뜻이다. 명사일 경우 '프리랜서'로 많이 번역하는데, 번역가들은 초보시절부터 우리말로 번역이 가능한 외국어나 외래어는 가능하면 우리말로 쓰자! '자유기고가' 또는 '자유계약직'이 좋다. 자, 설명이 많이 길어졌다. 이제 번역을 정리해보자.

One day my wife said, "I don't think you need to collect unemployment anymore." I stared at her. "What do you mean?" I started to protest. She pointed to the long list of consulting assignments I had scheduled. Then I realized, Hey, I'm doing all right!

Two years later, I'm still working from home—and loving it. Never in my wildest dreams had I imagined myself making a living freelancing.

번역가는 또 다른 훌륭한 자유계약직이다. 언제 어느 곳에서, 누구라도 할 수 있는 일이다. 보람도 느낄 수 있는 번역가의 길. 기계에 넘겨줄 수 있는 일이 따로 있지, 인간의 소통까지 기계에게 하라고 한다면 인간은 모든 것을 인공지능(AI, artificial intelligence)에게 맡기는 셈이 된다. 컴퓨터에 퍼지이론(fuzzy theory)이 있다. 모호하고 불분명한 상황에서 여러 문제들을 두뇌가 판단, 결정하는 과정을 수학적으로 접근해 공식화하려는 이론인데, 최근 이 퍼지이론을 응용해 인간의 사고 능력에 가까운 기능을 구현하는 연구가 활발하게 진행되고 있으며, 가전제품·자동제어 분야에 이를 응용한 제품이 속속 출시되고 있다. 기계번역도 여기에서 발달한 인공지능 정보를 활용한 프로그램이다. 기계번역의 최대 목표는 바로 생명체 내의 각 기관과 조직의 유기적 관계와 설명할 수 없는 정신활동 상황을 이 퍼지이론으로 극복·해결하자는 데 있을 것이다. 그러나 언어의 기본적인 모든 요소를 다 알고 있는 초등학생이 사고가 활발하다 하여 완벽한 문학 작품을 쓸 수 있는 건 아니다. 한 편의 문학작품을 살아 있는 유기체로 보는 유기체론(有機體論, organicism)적 관점에 볼 때, 언젠가 기계가 인간 유기체의 유전자 정보를 다 분석해 복제인간 알렉산더 포우프를 만들어 호메로스 번역을 시키는 때가 올 수 있을까? 번역은 인간의 몫이기를 바란다. 언제까지나.

| chapter 14 |

기계 의존증

　번역학의 핵심은 등가(等價, Equivalence) 개념 정의에 있었다. 등가란 물리학의 질량불변의 법칙, 수학의 등호(等號) 개념, 형식논리학의 기본 개념에서 유래한다. 쉽게 말해, 특별한 조건 아래 서로 자리를 바꾸는 방법에 관한 이론에서 유래한 번역의 기본 개념이다. 수학에서는 등호를 가운데 둔 좌우항의 요소간에 '반사성(Reflexivity)'·'대칭성(Symmetry)'·'이행성(Translativity)' 등이 충족될 때 등가관계가 성립된다. 좌·우항의 각 요소를 동등하게 반영하고 있는지, 요소 간의 관계도 좌·우항에서 각각 동일한지, 최후로 각 요소를 좌우항으로 이동했을 경우에도 동등한 관계가 성립하는가에 따라 등가관계의 성립 여부가 결정된다. 이런 수학적 개념은 물리학의 질량에너지 등가(Mass-Energy Equivalence)와 통한다. 아인슈타인의 특수상대성이론에 따른 질량과 에너지가 등가라는 원리, 즉 물체가 정지하고 있을 때는 $E=mc^2$(에너지를 E, 물체의 정지질량을 m, 광속도를 c)이 되며, 질량에 에너지가 비례한다는 원리와 통한다. 이런 물리학적 수학적 등가원리를 바탕으로 기계번역의 가능성이 논의됐고, 최근에는 수많은 컴퓨터용 번역 소프트웨어가 속속 출시되어 바야흐로 기계번역의 시대가 도래한 듯하다. 번역을 과학에 종속된 영역쯤으로 여기는 경향도 생겨나고 있다.

　그러나 모든 번역 방법 중에서 가장 경제적이고 신뢰할 만한 방법은 인간이

하는 번역이다. 컴퓨터 자료처리 능력이 수만 배 빨라져도, 가늠할 길 없이 깊고 깊은 인간의 사고(思考)와 변화 다양한 섬세하기 그지 없는 감성은 인간만이 이해할 수 있다. 수학공식처럼 등호를 가운데 둔 좌·우항의 요소가 절대 등가를 이룬다 해도, 등가를 실행하는 주체가 인간이냐 아니면 기계냐에 따라 엄청난 차이가 있다. 기계의 확률은 인간이 입력해놓은 자료에 따라 조합되고, 이 조합의 규칙에 따라 번역기가 움직이지만, 인간이 번역할 경우엔 원문에서 번역문으로 옮겨오는 과정에 셀 수도 없이 많은 조합과 변수, 게다가 상상도 불가능한 다양한 환경의 영향을 받는다. 번역이 어려운 점은 바로 번역 자체가 기계적이거나 객관적일 수 없다는 원칙과, 번역이 항상 주관적인 작업이라는 성격 때문이다. 인간의 지·정·의(知情意)가 어우러져 이뤄내는 여러 행위 중의 하나인 번역 작업마저도 기계로는 불완전할 뿐인데, 과학은 인간을 통째로 복제하겠다고 큰소리치고 있다. 과학의 공허한 오만은 다가오는 바이오테크(Bioterials Technology, 생소재 기술) 시대의 종말을 이미 예언하고 있는 셈이다. 지나친 기계 의존증은 인간성의 상실과 인간 존엄성 파괴를 가져온다. 그리하여 불행한 사회를 부른다. 누가 불행하기를 원하는가? 다시 강조하지만, 번역계에서만큼은 인간존엄을 가꾸는 문화가 정착되기를 기대한다.

다음 원문은 출장여행중인 필자 제리가 6살난 마이클을 우연히 비행기에서 만나 생긴 얘기였다. 얼마 전에 부모를 모두 잃고 할머니 댁으로 가기 위해 혼자 비행기를 탄 마이클 옆자리에 제리가 앉게 되었다. 원문은 제리가 마이클을 공항로비에서 기다리는 할머께로 데려다주려고 복도를 걸어가고 있는 장면이다. 아주 감정이 풍부한 글이다.

[원문]
① "What's wrong, Michael? I'll carry you if you want."
② He opened his mouth and moved his lips, but it was as if his words were stuck in his throat. ③ When I knelt next to him, he grabbed my

neck. ④I felt his warm, wet face as he whispered in my ear. ⑤"I want my mama." ⑥Over and over, he gasped, "Mama."

부모를 잃은 6살난 아이의 두려움과 슬픔이 잘 나타나 있는 글이다. 이런 글은 보고 형식의 기사도 아니고, 공문처럼 사무적이고 형식적인 글이 아니라 인간의 감정이 섞여 있는 글이다. 따라서 이런 특별한 분위기를 살려주는 번역 어휘를 선택해야 한다. 원문 어휘와 번역문 어휘의 등가원칙은 단순히 1대1의 원칙이 아니다. 1대2, 혹은 1대3, 혹은 1대∞(무한대), 혹은 그 반대도 성립한다. 이 점 역시 기계번역과 인간번역의 중요한 차이점이다. 다음 번역을 보자.

[번역 1]
① "왜 그러니, 마이클? 원한다면 내가 데려다 줄게."
② 그는 무언가를 말하려 했으나, 그 말이 차마 나오지 않는 것 같았다.
③ 내가 무릎을 구부려 그와 마주하자 그는 나의 목을 감싸 안았다.
④ 나는 내 귀에 속삭이는 그 아이의 따뜻하게 달아오른 젖은 얼굴을 느꼈다.
⑤ "엄마가 보고싶어." ⑥가쁜 숨을 몰아 쉬며 그는 몇 번이고 말했다. "엄마?"

전체 번역이 무리 없고 큰 오역 없이 되었다. 의미 전달에도 큰 문제는 없다. 문제는 의미 속에 녹아 있는 감정 전달이 '기계번역' 수준에 머물러 있다는 점이다. 물론 기계는 이 정도 번역도 못한다. 원문 ①부터 살펴보자.

[원문] ① "What's wrong, Michael? I'll carry you if you want."
[번역 1] ① "왜 그러니, 마이클? 원한다면 내가 데려다 줄게."

영어에서는 이름과 함께 뭔가를 물을 경우, 보통 '질문 + 이름 혹은 호칭'의 순서로 표현한다. 한국어에서는 '이름 + 질문'이 자연스럽다. 'Hi, Young-hee'의 경우, 우리말에서는 '안녕, 영희'가 아니라, 당연히 '영희야, 안녕'이 맞다. 문장 ①의 첫 부분 'What's wrong, Michael?'은 따라서 '왜 그러니, 마이클?' 보다는 '마이클, 왜 그래?'가 더 자연스럽다. 이 표현을 '마이클, 무슨 문제 있니?' 라고 번역하는 경우가 있다. 무엇이 문제일까? 이 경우에는 비록 마이클을 앞에 썼다 해도 '무슨 문제 있니?' 라는 표현의 부적합성이 문제이다. 6살난 아이에게 쓰기에는 부적절한 직역 표현이기 때문이다. 누구를 향한 발화인가를 염두에 두고 번역해야 한다. 참고로 동사 'carry'에는 '나르다, 전하다, 휴대하다' 등의 뜻이 있으나, [번역 1]의 '데려다주다'는 논리적으로도 오역이다. 지금 데려다주고 있는 중인데 다시 물을 이유가 없다. 원문을 모르는 독자도 이런 경우 번역에 문제가 있음을 지적할 수 있는 부분이다. 여기서는 숙어 'carry a child in one's arm', 즉 '아이를 안고 가다'는 의미로 번역해야 한다. 문장 끝의 'if you want'는 극히 영어식 표현이다. 우리말에서는 '안 아줄까?'에 다 포함되는 사족이다.

[원문] ②He opened his mouth and moved his lips, but it was as if his words were stuck in his throat.
[번역 1] ②그는 무언가를 말하려 했으나, 그 말이 차마 나오지 않는 것 같았다.

문장의 뜻을 파악하고 의역을 한 점은 좋다. 하지만 작가가 아이 행동의 변화 과정을 하나하나 구체적으로 표현한 데는 다 나름대로의 의도가 있다. [번역 1] ②의 앞부분 '그는 무언가를 말하려 했으나'를 역번역(Back Translation) 하면, 'He tried to say something'이다. 원문 ② 'He opened his mouth and moved his lips'와는 너무도 다른 층위의 번역이다. 그리고 여기서 'He'는 마이클이다. 대명사 번역은 언제라도 주의해야 한다. 주어가 종종 생략되는 우리말의 법칙에 따라 생략할 건지, 이름으로 환원할 건지, 아니면 다른 형태의 대명사로 살려줄 건지를 결정해야 한다. 6살난 아이 마이클을 가리키는 대명사 'He'는 '그 아이는, 혹은 그 애는' 정도가로 번역하는 게 좋다.

[원문] ③When I knelt next to him, he grabbed my neck.
[번역 1] ③내가 무릎을 구부려 그와 마주하자, 그는 나의 목을 감싸안았다.

의문사, 부사이며, 접속사인 'when'은 '때'를 주로 뜻하지만, 여기서는 '~하자 곧'이란 뜻이다. [번역 1]은 이 점을 간파하고 번역했다. 문장 'I knelt next to him'은 영어와 우리말 표현의 차이를 드러내는 좋은 예이다. 영어의 전치사 구를 우리말로 번역할 때는 동사를 첨가해야 하는 경우가 많다. 다음 예문을 보자.

(1) I stood with my back to the fire.
　　나는 등을 불 쪽으로 **돌리고** 섰다.
(2) We sat down to a game of bridge.
　　브리지 게임을 **하기 위해** 자리에 앉다.
(3) He is in bed with a cold.
　　그는 감기가 **들어** 누워 있다.

세 문장의 줄친 부분은 모두 전치사 구이고, 뒤의 번역에서 굵은 글씨 부분은 전치사 구에는 없지만, 첨가한 동사를 가리킨다. 그러나 전치사 구를 번역할 때 첨가하는 동사는 원문에 이미 존재하는 동사를 결과로 이끄는 동사여야지, 원문 동사의 결과나 이후의 행위가 되는 동사여서는 안 된다는 원칙에 유의해야 한다. [번역 1]은 이런 법칙을 실천에 옮기고 있으나, 효과적으로 살려내지는 못했다. 원문에는 'next to, ~곁에' 인데, '그와 마주하자' 라는 지나친 첨가를 감행했다. 그리고 원문의 '아이 곁에 무릎을 꿇다' 는 행위 이후에 전혀 새로운 행위를 가리키는 '마주하다' 는 행위가 나온 셈이다. 원문에는 '마주하다' 는 행위를 가리키는 동사는 없다. 전치사 구를 번역할 때 첨가하는 동사가 원문 동사의 결과나 이후의 행위가 되는 동사여서는 안 된다는 원칙에 위배되어 원문의 정확한 전달이 불가능해졌다. 문장 ④와 ⑤를 함께 살펴보자.

[원문] ④I felt his warm, wet face as he whispered in my ear. ⑤ "I want my mama."
[번역 1] ④나는 내 귀에 속삭이는 그 아이의 따뜻하게 달아오른 젖은 얼굴을 느꼈다. ⑤ "엄마가 보고싶어."

접속사 'as'로 연결된 문장 ④의 경우, 두 문장의 행위 발생 동시성이 'when'의 경우보다 강하다. 하지만 [번역 1] ④는 우선 '~는, ~이는, ~른, ~은' 등의 '~ㄴ'을 반복함으로써 가독성이 떨어진 상태이다. 둘째, 주어와 동사 사이가 너무 멀고, 목적어를 수식하는 문장요소들이 무질서하게 연결되어 어색한 문장이 되었으며, 부적절한 수식어로 모순된 상황이 연출되었다. 긍정의 느낌이 강한 표현 '속삭이는, 따뜻하게 달아오른' 등이, 부정적 느낌을 주는 형용사 '젖은' 과 동시에 동일 대상인 '얼굴' 을 수식하는 문장이라서 어색함이 나타난 것이다. [번역 1] ⑤는 훌륭한 의역이다. 문장 ④의 어색함은 문장 ⑤의 도움을 받아 유연하게 의역하면 해결될 수 있다. 끝 문장 ⑥을 살펴보자.

[원문] ⑥Over and over, he gasped, "Mama."
[번역 1] ⑥가쁜 숨을 몰아 쉬며 그는 몇 번이고 말했다. "엄마."

바로 전 문장과의 연결을 생각하면서 [번역 1] ⑥의 어순을 재고해야 한다. 원문 끝에 나오는 'Mama'는 번역문에서는 위치 이동이 불가피하다. 동사 'gasped'는 직역하기보다 아이가 울고 있다는 상황과 연결할 수 있는 어휘를 선택해야 한다. 이제 번역을 정리하자.

> "What's wrong, Michael? I'll carry you if you want."
> He opened his mouth and moved his lips, but it was as if his words were stuck in his throat. When I knelt next to him, he grabbed my neck. I felt his warm, wet face as he whispered in my ear. "I want my mama." Over and over, he gasped, "Mama."

___
___
___
___

인간성에는 **감성과 이성**이 공존한다. 영화의 주인공인 기계인간 '터미네이터'가 흘리지 못한 **눈물**은 기계화, 컴퓨터화한 세상의 한계점을 나타내는 경계선이다. 그런데 왜 인간이 기계를 닮은 번역을 하는가? 기계번역의 효용성에는 정확한 한계가 있음을 알고, 번역은 언제까지라도 인간의 몫임을 알아야 한다.

part 03

일급 번역 장애물 Ⅲ

아무리 영어 없이 살 수 없는 세상이라 해도, 영어는 어디까지나 외국어요, 우리의 삶에 폭넓은 경험의 기회를 제공하는 '도구'일 뿐이다. 우리는 영어제국주의 만연상태에서 깨어나야 하며, '도구'로서의 영어를 지혜롭게, 훌륭하게 사용해야 한다. 동시에 우리말의 아름다움과 다양성을 지켜나가고 활용의 폭을 증대시켜야 한다. 가장 한국적인 것이 가장 세계적인 것이라는 자세가 진정한 세계화 시대를 사는 한국인의 모습이다. 번역문에 외국어가 많이 들어간다고 좋은 게 아니다.

| chapter 15 |

외래어 남용증 1

　언어는 한 나라의 문화적 특성을 표현하는 도구이며, 그곳에 속한 사람들의 정신적 산물이다. 언어를 통해 각 나라의 문화와 예술은 꽃을 피우고 나름대로의 독특한 향기를 발한다. 유력한 일간지 '전면광고' 면에 흥미로운 총천연색 광고가 실렸다(《조선일보》 2000년 9월14일(목)자 제16면). 초현대식 최신 기종의 사진기를 든 귀엽게 생긴 어린 남자아이 사진은 누구의 시선이라도 끌 수 있을 만큼 훌륭했다. 하지만 사진 밑에 적힌 광고 문안에는 문제가 있었다. 우선 광고주(외국기업)는 이 한국 어린이를 '디지털 발명가, 캘빈'이라 부르고 있었다. 캘빈(John Calvin, 1509~1564년)은 프랑스 태생의 스위스 종교 개혁자 '깔뱅'의 미국식 이름이다. 구세대에 종지부를 찍고 새로운 세상이 왔음을 알린 종교개혁 혁명가의 이름을 빌려, 또 다른 새로운 세상이 도래했음을 알리고자 하는 광고라는 추측까지는 가능했다. 그러나 분명 외모가 **우리나라 아이인데, 이름을 왜 캘빈이라고 붙여야 했나?** 하는 의구심을 떨칠 수가 없었다. 새로운 시대에는 아이들의 이름을 우리말이 아닌 외국어로 지어도 된다는 얘기인가! 이 외국기업은 새로운 유행을 선도하는 중인가? 왜 이러는가!

　아무리 우리가 영어 없이는 못 사는 세상을 살고 있다 해도, 영어는 어디까지나 외국어요, 우리의 삶에 폭넓은 경험의 기회를 제공하는 일종의 '도구'일 뿐이다. 우리는 엄청난 영어제국주의 만연 상태에서 깨어나야 하며, **'도구'** 로서의 영어를 지혜롭게, 또 훌륭하게 사용해야** 한다. 동시에 우리말의 아름다움과 다양성을 지켜나가고 활용의 폭을 증대시켜야 한다. 가장 한국적인 것이 가장 세계적인 것이라는 자세가 진정한 세계화 시대를 사는 한국인의 모습이다. 참고로 앞에서 말한 광고 밑에는 아주 작은 글씨로 다음과 같은 문구가 쓰여 있었다.

[원문 광고문안]
시드니의 역동적인 순간과 ○○디지털이미징솔루션이 만나는 ○○디지털포토페스티벌에 여러분을 초대합니다. ○○시드니포토리포터들이 잡은 생생한 올림픽현장과 ○○디지털이미징제품들을 공짜로 탈 수 있는 빅 찬스들이 기다리고 있습니다.

도대체 왜 이러는가? '시드니, 디지털이미징솔루션, 디지털포토페스티벌, 시드니포토리포터, 올림픽, 디지털이미징, 빅 찬스' 등의 외국어·외래어를 마구 섞어 쓰면, 더 유식해 보이는 줄로 착각하고 있는 광고 문구 작성자 (Copywriter)는 우리 나라 사람 맞나? **중증 외래어 남용증**이다. 게다가 '공짜로 탈 수 있는' 은 또 뭔가? 권위 있는 일간지 전면 광고 문구에 붙은 표현 치고는 너무나 저속하다. 때와 장소를 구별해 어휘 선택을 할 줄 알아야 한다. 번역에서도 마찬가지다. 일단 광고문을 고쳐보자.

[수정 광고문안]
시드니의 역동적인 순간과 고품격 ○○디지털 영상처리 기술이 만나는 ○○디지털 사진 대축제에 여러분을 초대합니다. ○○시드니 사진기자들이 잡은 생생한 올림픽 현장과 ○○디지털 영상제품들을 선물로 받을 수 있는 멋진 기회도 드립니다.

광고문안 작성자뿐 아니라, **번역을 하기 원하는 모든 분들은 언어환경 지킴이**의 의무가 있다. 번역은 곧 새로운 정보의 세계로 독자들을 이끄는 가교가 되며, 지침서가 된다. 이번 영어 원문은 외래어/외국어 남용과 직접 상관은 없는, 문학 작품 번역을 위한 예문이다. 해리 포터(Harry Potter) 시리즈 제4권 《해리 포터와 불의 잔(Harry Potter and the Goblet of Fire)》 영문판의 맨 마지막 장 'Chapter 37 : The Beginning' 의 끝 부분이다.

[원문]
① "Harry…thanks", George muttered, while Fred nodded fervently at his side.
② Harry winked at them, turned to Uncle Vernon, and followed him silently from the station. ③ There was no point worrying yet, he told himself, as he got into the back of the Dursleys' car.
④ As Hagrid had said, what would come, would come…and he would have to meet it when it did.

짧은 문장이지만 'what would come, would come…and he would have to meet it when it did' 같은 문장은 주인공 해리의 낙관적이고 모험을 즐기는 성격을 단적으로 잘 표현하고 있다. 어린이 동화를 넘어 이제는 새로운 경향의 문학 작품 반열에 오른 해리 포터 시리즈의 전체내용을 잘 모르면, 이 부분의 번역도 그만큼 생기를 잃는다. 하지만 때로 우리는 이런 단편적인 번역 연습도 필요하다. 다음 두 번역을 문장별로 비교해보자.

[원문] ① "Harry…thanks," George muttered, while Fred nodded fervently at his side.
[번역 1] ① "고마워, 해리." 프레드의 열렬한 반응과는 달리, 조지는 머

뭇거리며 그에게 말했다.

[번역 2] ① "해리야, 고맙다." 조지가 중얼대자, 옆에 있던 프레드가 맞장구를 치며 고개를 끄덕였다.

우선 [번역 1]은 원문의 문장부호와 세 인물의 위치에 좀 더 주의를 기울여야 했다. 해리는 지금 조지와 프레드를 마주보고 있다. 해리는 이 장면 직전에 너무나 놀랍게도 자기가 탄 상금을 모두 조지에게 주었다. 그리고 이제 작별을 고하는 조지 곁에는(at his side), 그 광경을 목격하고 흥분한 프레드가 나란히 서 있다. 현장을 눈으로 볼 수는 없지만, 독자는 글을 통해 늘 더 멋진 광경을 상상 속에서 즐긴다. 그래서 해리포터가 영화로 만들어지는 데 반대했던 사람들도 있다. 우리의 상상력의 안경 속에서 세 친구는 지금 방학을 맞아 떠나면서 작별인사를 나누고 있다. 원문의 또 다른 문장부호 '…'를 두 번역 모두 무시했다. 하지만 '해리야… 고마워' 정도로 살려주면 더 좋았겠다. 둘째로, 'while' 이후의 문장 번역과 주절과 종속절 연결 또는 분리의 문제를 생각해보자. 원문은 대화체가 들어 있는 한 문장인데, 두 번역 모두 두 문장으로 나누어 번역하고 있다. 상관은 없다. 하지만 [번역 1]의 'mutter'를 '머뭇거리며 … 말했다' 는 번역은 아주 좋다. [번역 2]는 오역이다. 다음 문장을 보자.

[원문] ②Harry winked at them, turned to Uncle Vernon, and followed him silently from the station.

[번역1] ②해리는 그들에게 윙크를 보낸 후 버논 아저씨쪽을 한번 돌아보곤, 역을 떠나 그를 조용히 따라갔다.

[번역2] ②해리가 그들에게 윙크를 하고서, 버논 이모부에게로 향했다. 그리고 역 앞까지 말없이 이모부를 따라갔다.

고맙다고 말하는 친구들과 작별을 하던 해리가 이모부를 따라 기차역을 떠나면서 살짝 눈인사를 보내는 장면이다. 외래어 '윙크'는 이제 모르는 사람이 없다. 그래서 [번역 1]에서는 '윙크를 보낸 후'로, [번역 2]에서는 '윙크를 하고서'로 모두 원문의 'wink'를 '원어발음 그대로 옮겨 쓰기(Transference)'를 하고 있다. 문화는 외국에서 배워온 것이라 할지라도 우리말에 엄연히 있는 걸 사용하지 않는 건 지나친 외래어 남용만큼 문제이다. 사전에도 '눈을 깜박이다. 눈짓하다' 등의 우리말 뜻이 나와 있다. 쉬운 것도 다시 점검해보는 꼼꼼함, 번역가가 갖춰야 하는 기본 자질의 하나이다. 외래어 표기 역시 번역가가 주의를 기울여야 할 부분이다. 'Uncle Vernon'은 '버논 이모부' 혹은 '버넌 아저씨' 등이 좋다. 다음 문장을 보자.

[원문] ③ 'There was no point worrying yet', he told himself, as he got into the back of the Dursleys' car.
[번역 1] ③해리는 더슬리의 차 뒷자석을 차지하고 앉아서 아직까지는 걱정할 게 없다고 스스로를 달랬다.
[번역 2] ③ "안심하기는 아직 일러!" 더즐리의 차 뒷자석에 앉으며 해리가 혼잣말을 했다.

[번역 2]는 해리포터 시리즈 번역본을 참고한 흔적이 있다. 좋다. 그래서 대부분의 고유명사와 호칭이 정확하다. 하지만 실수는 'the' + '이름s' 즉 예를 들어 'the Kims''는 '김씨 집안' 혹은 '김 선생 가족'을 뜻한다는 아주 간단한 상식을 무시한 데서 비롯됐다. 다시 말해서 'the Dursleys''는 버논 이모부의 성(姓)인 '더즐리 집안의' 혹은 '더즐리 가(家)의'로 번역하는 게 맞다. 전체 문맥을 이해하고 'he told himself'를 '스스로를 달랬다'고 번역한 [번역 1]의 시도는 훌륭하다. 하지만 'as he got into the back of the Dursleys' car'는 해리가 '더즐리 가(家)의 차 뒷좌석에 오르는' 순간을 표현한 문장으로 이해해야 한다. [번역 2]는 가기 싫은 이모부 집으로 가야만 하는 해리가 방학 동안

그곳에 머무르며 일어날 일들에 대해 미리 걱정할 건 없다고 혼잣말을 하는 표현인 'There was no point worrying yet'를 오역했다. 참고로 이 문장에서 'there'와 'yet'를 더욱 생생하게 번역하기 위해 '뭐, 아직은…' 식으로 표현해도 좋다. 이제 끝 문장을 살펴보자.

[원문] ④As Hagrid had said, what would come, would come… and he would have to meet it when it did.
[번역1] ④Hagrid가 무슨 일인가 다가오고 있다고 말해왔던 것처럼, 어떤 일 생긴다면, …해리가 그 일에 대응해야만 할것이다.
[번역2] ④해그리드가 말했던 것처럼, 무슨 일인가 벌어지고 있었다. 서서히… 그리고 해리는 그 일이 벌어졌을 때 반드시 맞닥뜨려야만 했다.

혼잣말을 하며 차에 오른 해리의 마음속에 일어나는 생각을 제3의 해설자가 대신 표현해주고 있는 문장이다. [번역 1]은 'Hagrid'를 영어 철자 그대로 옮기고 있다. 이런 식의 표기는 번역가의 금기(禁忌)다. 잘 모르는 정보나 미심쩍은 발음 등은 사전→백과사전→외국인 친구→미국문화원(02-397-4168) 또는 영국 문화원(02-3702-0674)에 전화해 알아보는 것도 한 방법이다. 모르면 물어야 한다. 그냥 지나치면 번역가만 손해가 아니라, 번역서를 읽는 모든 독자들이 손해를 본다. 고유명사 'Hagrid'는 '해그리드'라고 우리말로 표기해야 한다. [번역 1]은 띄어쓰기에 좀 더 신경을 써야 했다.
다음, 해리의 마음속에 떠오른 해그리드가 말한 내용은 크게 두 부분으로 나눠 이해해야 한다. 첫 부분 'what would come, would come'과 둘째 부분인 'he would have to meet it when it did'로 나누어 풀어야 한다. 첫 문장은 <u>주어 역할을 하는 명사절 + 조동사 would + 본동사 come</u>의 구조이며, 둘째 문장은 <u>주어 + 조동사 would + have to + 본동사 meet + 목적어 it + when</u>으로 이어진 종속절이다. 따라서 'what'을 '무슨' 보다는 '~것'으로 번역하는 게 좋다. 여기서 'would'는 'shall'의 뜻이 강하다. 즉 '올 것은 오고야 만다'와 '일이 생기면,' 그는 'would have to meet it', 즉 그 일에 대처해야만 한다는 의미이다. 또 한 가지 유념할 점은 영어의 'had + 과거분사'는 우리말로 번역할 때 '~었었다'가 아니라, 간단히 '~했다' 혹은 '~했었다' 정도가 좋다는 것이다. 그리고 'meet'는 뒤에 온 'came'을 가리키는 대동사(代動詞) 'did'와 연결해 번역해야 한다. 즉 '오기만 하면' 즉시 '만나주리라' 하는 의미가 내포된 번역해야 하며, 주인공 해리의 질긴 모험심과 어린아이로서의 장난기가 엿보이는 표현을 살려서 번역하면 성공이다. 이상의 모든 점을 감안해 번역을 정리해보자.

"Harry…thanks," George muttered, while Fred nodded fervently at his side.

Harry winked at them, turned to Uncle Vernon, and followed him silently from the station. There was no point worrying yet, he told himself, as he got into the back of the Dursleys' car.

As Hagrid had said, what would come, would come… and he would have to meet it when it did.

_____
_____
_____
_____
_____
_____
_____

이렇게 해리 포터 시리즈 제4권은 끝난다. 해리 포터 시리즈는 읽어도 또 읽어도 재미난 책이다. 그러나, 번역은 쉽지 않다. 특히 어려운 문장 번역보다 아주 쉬운 문장 번역에 함정이 있기에, 쉬운 번역일수록 실수를 많이 한다. 시사적인 글에서보다 동화에서 더 곤란을 겪는 번역가. 그래서 번역의 세계는 해리 포터의 '불의 잔' 보다 뜨겁고, '비밀의 방' 보다 은밀하다.

| chapter 16 |

외래어 과용증

 한국어는 크게 고유어와 한자어, 그리고 외래어로 구성된다. 외래어는 '들온말'로 고유어에 반대되는 개념인데, '외국어 중에서 국어 속에 들어와서 국어의 체계에 동화되어 쓰이는 단어'를 가리킨다. 주로 영어와 유럽어에서 들어온 낱말이 많은데, 텔레비전 · 스커트 · 하이힐 · 벨트 · 프로그램 등등 수도 없이 많다. 지나친 외래어 사용도 문제지만, 사실 더 큰 문제는 우리말 표현 속의 '외국어' 남용이다. 요즘은 특히 상호나 간판, 유행 의류나 장신구의 명칭, 잡지 속에 그런 종류의 내용을 소개하는 란이나 영화 등의 제목은 거의가 토씨만 빼고는 외국어 일색이다. 외국어를 사용하면 한결 멋져보이는 듯한 착각 내지는 사대정신에서 비롯한 경향이다. 한자어는 어떤가. 한자어(漢字語)는 중국의 한자를 바탕으로 하여 이루어진 말인데, 특히 우리말에서 한자어가 차지하는 비율은 무려 70%를 넘는다. 좀 더 정확히 말하면, 조용히에 근원을 둔 '종용(從容)하다'와 같은 한자어 어원 어휘까지 포함시킨다면, 75% 이상이 한자어이다. 여기에 영어권, 유럽어권 외래어까지 포함하면 85%가 된다. 결국 고유어는 15% 정도가 살아 있다. 하지만 요즘 추세로 보면, 30년 내로 한국어 내의 한자어와 외래어 점유 비율이 95% 정도로 늘어날 가능성이 있다. 이 말은 아주 기본적인 낱말과 토씨 정도만 고유어로 살아남고 모두 사멸할 위기에 놓일 수도 있다는 말이다.

인간은 언어 없이 사회 생활을 영위할 수가 없다. 특히 문자는 인간만이 가진 독특하고 고급스러운 사회생활의 수단이다. 문자는 인류를 다른 동물과 구별해주는 특징의 하나이다. 어떤 나라 어느 민족도 언어가 없는 족속은 없다. 언어는 나라와 나라를 정신적으로 구별하며, 그만큼 그 나라의 정신세계를 지배하는 가치기준이 된다. 한국어의 정체성을 어디에서 찾을 것인가? 아직까지는 알타이어족(語族)의 한 분파로, 그 중에서도 남방퉁구스어(語)와 가장 가까운 친족관계에 있다는 지형적 어족적 정체성을 찾을 수 있지만, 앞으로는 어디에서 찾아야 할까? 토씨와 어미에서? 세계화에 앞서려면 가장 한국적인 문화와 전통을 찾고 보존하고 확산해야 한다.

번역을 통해서도 나라와 '나랏말'을 구할 수 있어야 한다. 더욱 정확한 한국어를 사용하는 번역은 독자를 위해 또 한국어의 생존을 위한, 우리들의 정신 문화유산을 지키기 위한 시작이다. 가까운 중국을 보자. 중국은 새로운 외국어가 들어오면, 바로 중국어화 작업을 한다. 가장 유명하고 적절한 토착화의 예로 코카콜라를 커코우컬러[可口可樂]라고 부른다. 뜻과 소리가 적절히 번역되어 정착한 예이다. 최근의 국내 영어 열풍은 대단하다. 자칫 언어를 통한 한국인의 정신 문화 계승의 맥이 끊기지나 않을까 하는 우려마저 든다. 번역은 두 언어를 다 살리는 작업이다. 우리는 번역에서 모국어를 두 번 죽이는 일을 피해야 한다. 오역과 그릇된 표현을 바로잡도록 해야겠다.

다음 원문을 번역해보자. 곰돌이 푸우(Winnie-the-Pooh) 동화에 나오는 귀여운 곰과 그 친구인 어린 소년 로빈의 대화이다.

[원문]

① "A balloon?"

"Yes, I just said to myself coming along : ② 'I wonder if Christopher Robin has such a thing as a balloon about him?' ③ I just said it to myself, thinking of balloons, and wondering."

④ "What do you want a balloon for?" said Christopher Robin.
⑤ Winnie-the-Pooh looked round to see that nobody was listening, put his paw to his mouth, and said in a deep whisper : "Honey!"
⑥ "But you don't get honey with balloons!"
⑦ "I do," said Pooh.

대화체라 큰따옴표(" ")와 작은따옴표(' ')가 많이 나오며, 생기가 넘치는 문맥이다. 우선 원문을 완전히 읽고 소화한 다음 이 장면을 머릿 속에 그리는 작업(Visualization)이 필요하다. 특히 동화는 어린이를 대상으로 하는 문학 작품이기에 상황을 어린아이 시각으로 다시 보고 다시 쓰는 작업이 필수이다. 다음 번역을 보자.

[번역 1]
① 풍선?
응, 난 혼자 주얼 거렸다. ② 나는 크리스트 로빈이 풍선을 가지고 있는지가 궁금하다. ③ 나는 풍선을 머리속에 그리고는 궁금해하며 혼자말 했다.
④ "너는 풍선이 뭐라면 좋겠니?"라고 로빈이 말했다.
⑤ 위니더 푸는 듣고 있는 사람이 아무도 없나 하고 뒤돌아 봤다. 푸는 거친 팔을 입술에 대고 낮게 속삭이며 말했다. ⑥ '꿀' 이라고… "그러나 넌 풍선으로 꿀을 얻을수 없어"
⑦ 나도 그렇게 생각해.라고 푸가 말했다.

아주 먼 '옛날' 식 초벌번역이라고도 할 수 없는 수준의 번역이다. 요즘은 초벌번역도 아주 우수하기 때문이다. 편집실의 업무가 반으로 줄어들 수 있는 좋은 소식이다. 번역자들의 실력이 나날이 나아지고 나름대로 번역문에서 한국어 표현의 문제점 연구도 다양한 각도로 진행되고 있기 때문이다. 우선 [번역 1]에 줄친 부분을 기본적인 맞춤법과 띄어쓰기에 맞추어 고친 후에 내용을 살펴보자.

[번역 1-1]
① "풍선?"
② "응, 난 혼자 중얼거렸다. '나는 크리스트 로빈이 풍선을 가지고 있는지가 궁금하다.' ③ 나는 풍선을 머릿속에 그리고는 궁금해하며 혼자 말했다."
④ "너는 풍선이 뭐라면 좋겠니?"라고 로빈이 말했다.
⑤ 위니 더 푸는 듣고 있는 사람이 아무도 없나 하고 뒤돌아봤다. 푸는 거친 팔을 입술에 대고 낮게 속삭이며 말했다.
⑥ "꿀!"이라고…. '그러나 넌 풍선으로는 꿀을 얻을 수 없어!'
⑦ "나도 그렇게 생각해!"라고 푸가 말했다.

[번역 1-1]에서는 [번역 1]의 띄어쓰기와 맞춤법만 고쳤다. 이제 원문 번역의 구체적인 차원에서 [번역 1-1]을 고쳐보자.

[원문] ① "A balloon?"
"Yes, I just said to myself coming along:
[번역 1-1] ① "풍선?"
"응, 난 혼자 중얼거렸다.

따옴표 안의 말 "풍선?"은 로빈의 말이다. 대화체 번역에서는 해당 대화의 발화자가 누구인가를 가려내는 작업도 중요하다. 번역에 앞서 끝까지 읽어야 한다는 말은 그래서 중요하다. 특히 고전이나 현대 심리학적 소설은 화자가 누구인지 가려내는 작업을 잘못하기 쉽기 때문이다. 쉬운 번역에서 많이 연습을 해야 한다. 대화체 문장으로 '응, 난 혼자 중얼거렸다'의 서술형 어미는 적절치 못하다. 그리고 'coming along' 부분 번역이 빠졌다.

[원문] ② 'I wonder if Christopher Robin has such a thing as a balloon about him?'
[번역 1-1] ② '나는 크리스트 로빈이 풍선을 가지고 있는지가 궁금하다.'

큰따옴표 속의 작은따옴표는 흔히 생각이나 혼잣말을 나타낼 때 사용한다. 원문 ②는 모두 푸의 생각이다. 따라서 'I wonder if'는 '혹시 ~까' 정도로 간단히 번역하면 된다.

[원문] ③ I just said it to myself, thinking of balloons, and wondering."
[번역 1-1] ③ 나는 풍선을 머릿속에 그리고는 궁금해 하며 혼자 말했다.

큰따옴표 안에 계속되는 문장이다. 곰돌이 푸가 풍선을 생각하고 로빈에게 풍선이 있을까 없을까에 대해 혼잣말을 하면서 주욱 걸어왔다는 얘기를 계속하는 중이다. 동사 'wonder'은 '~일까, ~인지 아닌지를 생각하다'는 뜻으로 주로 자문(自問)할 때 쓰는 동사이다. 서술어미도 대화체로 써야 한다.

[원문] ④ "What do you want a balloon for?" said Christopher Robin.
[번역 1-1] ④ "너는 풍선이 뭐라면 좋겠니?"라고 로빈이 말했다.

완전히 오역이다. 의미를 확실히 하기 위해 일단 직역하면, "풍선으로 무엇을 하기를 원하는가?" 이다. 그리고 의문부호 다음에 나오는 'said'는 '물었다'로 번역해주는 것이 우리말에서는 더 자연스럽다. 여기서는 동화이니만큼 서술어미에 신경을 써서 번역해야 한다. '물어보았어요, 물어보았습니다, 물어보았단다' 등이 좋다.

[원문] ⑤Winnie-the-Pooh looked round to see that nobody was listening, put his paw to his mouth, and said in a deep whisper : "Honey!"
[번역 1-1] ⑤위니더 푸는 듣고 있는 사람이 아무도 없나 하고 뒤돌아봤다. 푸는 거친 팔을 입술에 대고 낮게 속삭이며 말했다.
"꿀!" 이라고….

모든 포유류 동물의 발을 'paw' 라고 부른다. 따로 '거친 팔' 이라고 밝힐 필요는 없다. 곰돌이 푸를 희화(戲化)하여 의인화(擬人化)동화이기에 여기서는 푸는 사람처럼 손으로 입을 가리고 말을 한다. 하지만 발을 발이니까 '팔'로 번역할 필요는 없다.

[원문] ⑥ "But you don't get honey with balloons!"
[번역 1-1] ⑥ "그러나 넌 풍선으로 꿀을 얻을 수 없어!"

대화체에서 'but'를 어떻게 번역하는 게 가장 자연스러울까. '그러나'는 문어체에 적합한 접속부사이다. 대화체나 구어체에서는 어떤 접속부사가 적당할까?

[원문] ⑦ "*I do*," said Pooh.
[번역 1-1] ⑦ "나도 그렇게 생각해!" 라고 푸가 말했다.

다시 오역을 했다. 푸의 대답에 나오는 "*I do*"는 원문 ⑥ "But you don't get

honey with balloons!"의 'don't get'에 대한 대동사이다. 즉 'I get'을 가리키며, 어조가 강하다는 점을 부각하기 위해 필기체로 표기되었다. 결국 자신은 꿀을 딸 수 있다는 것을 강조하는 표현이다. 이제 번역을 정리해보자.

"A balloon?"

"Yes, I just said to myself coming along : 'I wonder if Christopher Robin has such a thing as a balloon about him?' I just said it to myself, thinking of balloons, and wondering."

"What do you want a balloon for?" said Christopher Robin.

Winnie-the-Pooh looked round to see that nobody was listening, put his paw to his mouth, and said in a deep whisper : "Honey!"

"But you don't get honey with balloons!"

"*I do*," said Pooh.

동화를 많이 읽으면 상상력이 풍부해진다. 간혹 삶의 지혜도 얻을 수 있다. 풍선으로 꿀을 따려는 발상. 실패하든 성공하든 발상의 전환은 신선하다. 동화는 어린이든 어른이든 모두 어린아이의 언어로 읽는 글이다. 친절하게, 따뜻하게 번역하는 자세가 필요하다.

| chapter 17 |

외래어 · 외국어 혼용증

외래어에 관한 전 장의 논의를 부연설명하자면, 한국어에서 고유어란 어원이 순수한 국어인 낱말, 다른 나라 글자를 빌어 표기할 필요가 없는 고유한 모습에 고유한 의미를 담은 말을 의미한다. '하늘', '물', '바람', '별', '소리' 등이 고유어에 속하며, 이들은 한민족의 역사와 함께 변천 · 발달해온 언어이다. 고유어를 제외한 한국어는 외국어가 어원인 단어들로 구성된다. 가장 많은 비율을 차지하는 외국어는 어원이 중국어, 즉 한자어이다. 게다가 우리가 고유어인지 알고 사용하는 많은 단어들은 대개 한자어에서 비롯한다.

1999년 국립국어연구원(현 국립국어원)이 펴낸 《표준국어대사전》을 분석한 통계에 따르면, 주표제어 44만 개 중, 순우리말, 즉 고유어는 11만 개, 한자어는 25만 개, 외래어는 순수외래어 2만3천 개와 혼합외래어 4만 개를 합해 6만3천 개이다(〈새 국어생활〉 2000년, 제10권 1호, 국립국어연구원). 전체 주표제어 중, 순우리말은 약 25%, 한자어는 57%, 외래어는 14% 등의 비율이다. 그러나 순우리말 중에 어원상 한자어로 소급되는 경우까지 합치면 한자어 비율은 60~70%를 넘으리라 추정할 수 있다. 예를 들면, '苦+롭다→괴롭다', '不祥+하다→불쌍하다', '佛體+님→부처님', '先輩→선비', '褥→중세국어, 용→요', '依例→으레', '尺→중세국어, 잫→자', '笛→중세국어, 졓→저' 와 같이 고유어처럼 보이는 단어조차 단어의 일부 형태소가 어원상 한자어로 소

외래어 · 외국어 혼용증 | **121**

급되는 사례를 모두 합하면, 한국어 내의 한자어 관련 어휘는 75% 이상 되리라고 본다.

일본어 외래어, 예를 들면, 미싱(재봉틀)·소데(소매)·가라오케(녹음반주)·빠꾸(후진) 등이 여전히 한국어 내에 포함되며, 이제 일본어보다 영미(英美) 언어 및 서구어에 근원을 둔 외래어가 더 많아졌다. 여기에 컴퓨터 주변 용어 및 가상공간(cyberspace) 언어를 감안하면, 한국어를 구성하는 고유어의 비율은 극히 미약하다. 실제로 한국어는 [한자어 65% + 외래어(영·미·일 15% + 컴퓨터언어 5%) + 고유어 15%]의 비율로 구성되어 있는 셈이다.

번역물이 언어생활에 끼치는 영향도 나날이 증가하고 있다. 번역가가 고유어 지킴이의 사명까지 감당할 수 있어야 한다. 고유문화는 외래문화와 끝없는 마찰과 화합을 통해 발전하며 또 풍요로워진다. 그러나 정체성이 없는 고유문화는 세계문화 속에 흡수되고, 고유문화가 없는 나라는 국가의 정체성을 잃게 되며, 역으로 세계인으로부터 차별성의 매력으로 인한 관심을 받을 수 없게 되어 결국 국가 경쟁력을 잃어버리게 된다. 번역문 속에 스며든 외래문화와 외래어, 사용하기 전에 다시 한 번 생각해 보는 자세가 소중하다.

다음 영어 원문은 언론인 부부 샤리와 휘트니 스미스(Shari and Whitney Smyth) 부부가 처음 만나던 순간을 묘사한 글이다. 대화체에 유의해 번역해야 한다.

[원문]

①The new reporter leaned over my desk in the newsroom of the Lancaster Intelligencer Journal, my hometown paper. ② "Know any good restaurants?" he asked, his tie falling over my typewriter. ③ "I might," I said, blushing because he was cute. ④His name was Whitney Smyth and he was a sophisticated New Yorker who played squash and golf and slept in on Sunday.

샤리는 현재 남편인 휘트니가 처음 말을 걸었을 때 이미 그에게 호감을 갖고 있었다. 자기 고백체 산문이지만, 중간에 대화체가 섞여 있다. 문어체와 구어체 문장의 변화에 주의하며 유연하게 번역해야 한다. 다음 번역을 보자.

[번역 1]
①새로온 리포터가 내고향신문인 Lancaster Intelligencer 지사무실의 내책상에 기대앉았다. ②"괜찮은 레스토랑 아세요?"
그가 넥타이를 내타자기로 들이대며 물었다.
③난 그의 발랄함에 얼굴이 붉어져 "아마도요!" 라고 말했다.
④그의 이름은 Whitney Smyth 였고, 일요일에는 스쿼시와 골프를 치고 잠을 자는 세련된 뉴요커였다.

거의 초벌 '해석' 차원의 번역이다. 줄친 부분은 특히 띄어쓰기, 맞춤법 등의 기본적인 문제가 있는 부분인데, 일단 [번역 1]을 초벌 번역 차원 정도로 바꾸면 다음과 같다.

[번역 2]
①새로 온 **리포터**가 내 고향 신문인 Lancaster Intelligencer 지 사무실의 내 책상에 기대앉았다.
②"괜찮은 **레스토랑** 아세요?" 그가 **넥타이**를 내 타자기로 들이대며 물었다. ③난 그의 발랄함에 얼굴이 붉어져 "아마도요!" 라고 말했다. ④그의 이름은 Whitney Smyth였고, 일요일에는 **스쿼시와 골프**를 치고 잠을 자는 세련된 **뉴요커였다**.

굵은 글자 부분은 모두 외래어 혹은 외국어다. 거의 모든 문장이 외래어 혹은 외국어를 포함하고 있다. 자세히 살펴보자.

[원문] ①The new reporter leaned over my desk in the newsroom of the Lancaster Intelligencer Journal, my hometown paper

[번역 1-1] ①새로 온 **리포터**가 내 고향 신문인 **Lancaster Intelligencer 지** 사무실의 내 책상에 기대앉았다.

우선 외래어인 '리포터'는 '기자'로 바꾸고, 영어 철자로 쓴 신문 이름은 한글로 바꾸어 음역(音譯, Transliteration)해야 한다. 특히 신문 이름 'the Lancaster Interlligencer Journal'은 매체의 명칭임을 구별해주기 위해서 문장 부호 혹은 구두점 중에서 낫표(〈 〉 또는 「 」)를 사용해 '〈랭커스터 인텔리전서 저널〉지'로 표기해야 한다. 다른 예를 들면, 시사주간지 TIME의 경우는 '〈타임〉'으로, NEWSWEEK은 '〈뉴스위크〉'로, TIMEplus 는 〈타임연구〉로 표시해야 한다. 일간 신문인 The Times는 '〈더 타임스〉', The New York Times 는 '〈더 뉴욕타임스〉'로 표기한다. 신문은 보통 중앙지와 지역 신문으로 나누는데 전국에 산재한 독자를 대상으로 국가의 중심부에서 발행하는 중앙지와 각 지방별로 발행하는 지역 신문이 있다. 바로 'hometown paper' 즉 '고향 신문'은 자신의 고향 동네에서 발행하는 '지역 신문'이다. 그리고 신문사의 'newsroom'은 '뉴스 편집실'을 가리킨다. 숙어 'lean over ~'는 '~위로 상체를 구부리다'는 의미이다. 문장 ②를 보자.

[원문] ② "Know any good restaurants?" he asked, his tie falling over my typewriter.
[번역 1-1] ②"괜찮은 **레스토랑** 아세요?" 그가 **넥타이**를 내 타자기로 들이대며 물었다.

역시 외래어 '레스토랑'은 '식당' 혹은 '음식점'으로 고치는 게 좋다. 부사로 쓰인 'any'는 의문문에서는 '어느 정도, 얼마간의'의 뜻이다. 따라서 'any good ~'은 '좀 괜찮은 ~'이 된다. 숙어 'fall over'는 공격적인 느낌이 강한 동사인 '들이대며' 보다는 자연스럽게 '드리우며' 정도가 적당하다. 문장 ③을 살펴본다.

[원문] ③ "I might," I said, blushing because he was cute.
[번역 1-1] ③난 그의 발랄함에 얼굴이 붉어져 "아마도요!" 라고 말했다.

조동사 'might'는 'may' 보다는 약한 가능성을 나타내므로 '~인지도 모른다' 이거나 좀 더 정중한 허가를 나타낼 때는 '~해도 좋다'로 해석된다. 따라서 '아마도요'는 좋은 번역이다. 하지만 형용사 'cute'는 여자를 꾸밀 때는 '예쁜, 귀여운'으로 번역하면 되고, 남자의 모습을 가리킬 경우에는 '매력 있는' 혹은 '멋진, 귀여운'이 좋다. 문장을 쓸 때는 전체 문맥으로 살펴 논리적인지를 점검해야 한다. '발랄함에 얼굴이 붉어진다'는 표현은 논리적으로 문제가 있어 설득력이 약하다. 다음 문장!

[원문] ④His name was Whitney Smyth and he was a sophisticated New Yorker who played squash and golf and slept in on Sunday.
[번역 1-1] ④그의 이름은 **Whitney Smyth**였고, 일요일에는 **스쿼시와 골프**를 치고 잠을 자는 세련된 **뉴요커였다**.

남자의 이름 'Whitney Smyth'는 '휘트니 스미스'로 음역해야 한다. 운동인 'squash'와 'golf'를 받는 동사 'play'를 '치고'로 번역하면, '골프'에는 적합하지만 '스쿼시'에는 부적당하다. 따라서 둘을 다 만족시키는 동사이면서 'play'의 의미를 살리는 표현을 찾아야 한다. [번역 1-1] 문장 ④는 '일요일에 운동하고 나서 잠을 자는 사람'이라는 뜻으로 전달된다. 다시 문맥의 논리에 신경을 덜 쓴 결과 오역을 하고만 경우이다. 숙어 'slept in'은 문맥의 논리에 조금만 신경을 쓴다면 실수하지 않을 수 있는 간단한 표현이다. 단순히 '잠을 자는'이 아니라, '늦잠을 자다'는 뜻이다. 이제 번역을 정리해보자.

> The new reporter leaned over my desk in the newsroom of the Lancaster Intelligencer Journal, my hometown paper. "Know any good restaurants?" he asked, his tie falling over my typewriter. "I might," I said, blushing because he was cute. His name was Whitney Smyth and he was a sophisticated New Yorker who played squash and golf and slept in on Sunday.

_____

_____

_____

_____

_____

_____

한국어에 스며들어 한국어화한 외국어는 한자든 일본어든 영어든 모두 우리말이다. 하지만 고유한 우리말 표현을 경시하고 외래어 사용을 선호하는 태도는 위험하다. 문화의 정체성은 바른 언어 사용으로부터 시작한다. 우리가 비록 영어를 필요로 하는 시대에 살고 있지만, 영어는 영원히 외국어이다. 외국어 실력을 키우는 일은 중요하다. 그러나 모국어를 잘 해야 외국어도 잘 한다는 간단한 진리를 잊지 않는 번역 전문가가 되어야 하겠다.

| chapter 18 |

외래어 남용증 2 : 알레르기

우리는 각각 약점이 있다. 완벽한 인간이 없는 한 약점 없는 사람도 없다. 오늘 완전해 보이는 번역은 내일이면 더 완벽한 번역에 밀려날 수밖에 없다. 번역문의 약점은, 꽃가루 날리는 환절기에 이상(異常) 민감증(敏感症), 알레르기(allergy) 증세가 더 심해지는 신체의 약점처럼, 언어환경이 바뀌면 더 잘 드러난다. 특히 환경이 오염되면 더욱 그 증세가 심각하다. 재채기, 콧물, 기침, 고열, 두드러기 같은 피부질환 등등. '바른 우리말 표현 환경'이 갖가지 요인으로 오염될 때, 번역문에서 우리 글과 말은 왜곡되고 속된 표현으로 얼룩진다. 우리말 사이사이에 진드기처럼 붙어 기생하는 **영어와 일어에서 유래한 외래어, 국적 없는 외국어 등과 같은 알레르기 요인**을 찾아내 고쳐쓰는 일, 바로 번역 작업의 일부이다. 표현과 의미 사이에 정확성을 찾아 청결한 언어 표현을 습관화해야 한다.

인터넷 대화방에서는 이미 원칙이 되어버린 맞춤법과 어법 무시 현상 등 다양한 이유로 나날이 오염되고 있는 일상언어 표현 현실이지만, 번역가는 솔선하여 우선 자신의 번역글을 통해 바른 언어 구사를 습관화해야 한다. 거기에 예민한 단어 수용감각과 어휘 분석력, 정확한 영어 문장 이해실력 등은 번역가가 지켜야 하는 번역 십계명 중의 일부이다.

다음 원문은 새 직장에 들어가려고 원서를 낸 폐기의 이야기이다. 회사로부터 집에 와서 면접을 하겠다는 연락을 받은 페기. 모든 가족이 다 잘 협조를 해줘야 하는데… 페기는 걱정스러웠다. 드디어 면접관 트랙슬러(Mr. Traxler) 씨가 도착했다!

[원문]

①Mr. Traxler was gracious about the incident(1) and immediately began describing the nature of his job(2), which he clearly enjoyed(3). ②I had just started filling him in on my work experience when Paul burst in. ③Oblivious to our presence, he was dribbling a basketball with one hand and balancing an engine part that was dripping grease in the other. ④Mr. Traxler's eyes widened in wonderment as Paul dribbled across the room and out the far door so fast that not a drop of grease hit the floor.
⑤ "That was my brother, Paul." I said.
"He's into cars and basketball."

진지해야 할 면접시간에 벌어진 재미있는 상황을 편안한 영어로 잘 묘사한 글이다. 여섯 문장밖에 안 되는 글이지만, 등장인물은 셋. 필자와 면접관 트랙슬러 씨와 남동생 폴이다. 전문을 먼저 읽어보는 준비작업은 좋은 번역의 지름길. 외국 이름과 외래어가 적당히 섞인 글이다. 번역 과정에서 우리말에 알레르기성 요인을 제공할 가능성이 있는, 쉽지만 함정이 있는 원문이다. 두 번역문을 비교하면서 더 나은 번역, 알레르기 요인이 없는 번역문을 연구해보자.

[원문] ①Mr. Traxler was gracious about the incident(1) and immediately began describing the nature of his job(2), which he clearly enjoyed(3).

[번역 1] ①텍슬러 씨는 고맙게도 그 일은 접어두고 바로 일의 성격에 대해 설명 하기 시작했는데 그 일을 아주 좋아하는 것 같았다.

[번역 2] ①트렉슬러 씨는 그 때 일을 너그러이 넘어가 주셨다. 그리고 곧 일의 성격에 대해 설명해 주셨는데 트렉슬러씨는 그 일을 무척 즐기셨다.

첫째, 외국인명, 외국지명은 가능한 원어 원음에 가깝게 표기해야 한다. 우선 Mr. Traxler는 트랙슬러씨가 맞다. 둘째, 특별한 경우를 제외하고는 어미는 가능한 평서체로 한다. '주셨다,' '즐기셨다' 등의 경어체는 독자를 부담스럽게 한다. 특히 잡지기사나 신문기사, 논문 등을 번역할 때는 꼭 평서체를 써야 한다. 셋째, 한 문장이긴 하나 문장 (1)과 문장 (2)는 'and'로 연결되었고 전혀 다른 행위를 묘사하며, 문장 (3)은 문장 (2)의 'his job'을 설명하는 관계절이다. 어떻게 처리할까. **번역이란 나를 위한 작업이라기보다는 보이지 않는 독자를 위한 작업이라는 중요한 현실을 기억**하자. 정확한 의미 전달을 위해 [번역 2]처럼 한 문장으로 된 원문을 두 문장으로 나누어 번역해도 좋다. 하지만 원저자의 정확한 의도를 전하기 위해 가능한 원문의 형태를 살리면서 가독성(readability)있는 번역문을 연구해야 한다. [번역 1]의 '텍슬러씨는 고맙게도 그 일은 접어두고' 는 'was gracious about the incident'를 아주 자연스럽게 번역한 훌륭한 표현이다. 다음 문장을 살펴보자.

[원문] ②I <u>had just started</u> filling him in on my work experience when **Paul** <u>burst in</u>.

[번역 1] ②내가 막 직장경력에 대해서 말하려고 할 때 갑자기 폴이 들어왔다.

[번역 2] ②내가 막 지난 일 경력을 소개하려 하는데 폴이 갑자기 들어왔다.

첫째, 문장의 구성에 주의하자. 'I had…'로 시작하는 주절과 'when'으로 시작하는 종속절이 있는 문장이다. 둘째, 시제에 주의하라. 주절은 과거완료형인 'had just started'이고, 종속절은 단순과거 'burst'이다. 즉, 주절의 사건은 이미 시작되어 진행중이고 'when'절은 주절의 사건 발생 이후에 일어난 일이다. 따라서 [번역 1]의 '말하려고 할 때'나 [번역 2]의 '소개하려 하는데'는 모두 'was about to'를 번역한 셈이다. '막 설명을 시작했을 때'로 해야 정확하다. 원문 ③을 보자.

[원문] ③Oblivious to our presence, he was **dribbling** a basketball with one hand and balancing an engine part that was dripping grease in the other.

[번역 1] ③그리고선 우리가 방안에 있는 것도 <u>아랑곳없이</u>, 한 손으로는 균형을 잡으며 <u>기름이 뚝뚝 듣는</u> 자동차**엔진**을 들고, 다른 한 손으로는 **드리블하는** 것이었다.

[번역 2] ③폴은 우리가 있다는 사실을 모르고 한 손으로 **농구공을 튀기며** 다른 한 손으론 기름에 푹 젖은 **엔진**부품을 떨어뜨리지 않으려 애쓰고 있었다.

첫째, **외국어와 외래어를 가려 쓰자**. [번역 2]가 'dribbling'을 '농구공을 튀기며'로 번역한 것에 박수를 보낸다. 우리가 번역에 실수를 하고 어색한 외래어에 어미만 붙여 표현할 수밖에 없는 현실은 많은 경우 **영한사전의 부실함**에 그 원인이 있다. 단어 'dribble'를 영한사전에서 찾아보면 다음과 같이 설명하고 있다.

* dribble 물방울을 똑똑 떨어뜨리다. 공을 드리블하다. 소량. 가랑비. 드리블.

운동용어로 'dribble'에 대한 설명은 '드리블'이란 원음 한글표기밖엔 없다. 우리 독자들, 특히 운동엔 별 관심이 없는 독자들은 드리블이 뭔지 아는가? 운동용어라는 것 외엔 확실히 모르는 분들이 더 많다. 영영사전을 보자.

* **dribble** (in football, hockey, basketball, etc) to move the ball forward with repeated slight touches or bounces.

단어 'dribble'의 뜻은 공을 **가볍게 튀기면서 앞으로** 몰고 나아가는 행위이다. [번역 2]의 **'농구공을 튀기며'** 는 그래서 훌륭하다. 둘째, **정확성은 번역의 생명**이다. 'Oblivious to our presence'에서 'oblivious'의 의미를 살펴보자. 사전에는 첫 번째 뜻으로 '잘 잊는, forgetful'이 나온다. 그러나 여기서는 'insensible, 무신경의'란 뜻이다. 그러므로 '아랑곳없이'라 번역한 [번역 1]은 훌륭하다. 또 'dripping'을 '기름이 뚝뚝 듣는'으로 번역한 점도 좋다. 하지만 'an **engine** part'는 '엔진'이 아니라, [번역 2]의 '엔진 부품'이 옳다. 문장 ④를 살펴보자.

[원문] ④Mr. **Traxler**'s eyes widened in wonderment as Paul **dribbled** across the room and out the far door so fast that not a drop of grease hit the floor.
[번역 1] ④폴이 바닥에 기름 한방울 떨어뜨리지 않고 잽싸게 방안을 가로지르며 **드리블하는** 것을 본 **텍슬러**씨는 놀라 눈이 동그래졌다
[번역 2] ④폴이 기름을 한방울도 바닥에 흘리지 않고 공을 **드리블하며** 방을 지나 문밖 멀리로 잽싸게 나가자, **트랙슬러**씨는 놀라서 눈이 휘둥그레졌다.

첫째, 같은 단어를 같은 의미로 **번역할 때는 '일관성'을 지켜야** 한다. [번역

2]는 바로 전 문장에서 'dribble'을 '공을 튀기며'로 잘 번역했는데 이번엔 '드리블하며'라고 실수를 하고 있다. 둘째, 번역할 때 **함부로 생략하지 말자**. [번역 2]는 'out the far door so fast'를 '문 밖 멀리로 잽싸게'라 번역했다. 당연하다. 그런데 [번역 1]은 왜 이 부분을 생략했을까. 셋째, 가능한 **속어보다는 자연스러운 어휘**를 쓰자. [번역 2]의 '잽싸게'를 '재빨리'로 고치면 문장이 더욱 부드러워진다. [번역 1]의 '눈이 동그래졌다'는 표현보다는 [번역 2]의 '눈이 휘둥그레졌다'가 훨씬 부드럽다. 속어 역시 아름다운 우리말을 상하게 하는 요인이다. 문장 ⑤를 살펴본다.

[원문] ⑤ "That was my brother, **Paul**." I said.
"He's into cars and basketball."
[번역 1] ⑤ '제 동생 폴이에요." 내가 말했다. "차하고 농구에 미쳐있죠."
[번역 2] ⑤ "제 동생 폴이에요. 그 애는 차랑 농구에 푹 빠져 살아요." 내가 말했다.

첫째, 따옴표가 있는 **대화체는 줄을 바꿔 쓰도록** 한다. 원문처럼 말이다. 둘째, **저속한 표현은 가능한 피하자**. 'He's into'는 [번역 2]의 '푹 빠져 살아요' 정도가 자연스럽다. 게다가 지금 필자는 면접중이다. [번역 1]과 같은 저속한 말을 사용하면 어떻게 될까! 이제 번역을 정리해보자.

Mr. Traxler was gracious about the incident and immediately began describing the nature of his job, which he clearly enjoyed. I had just started filling him in on my work experience when Paul burst in. Oblivious to our presence, he was dribbling a basketball with one hand and balancing an engine part that was dripping grease in the other. Mr. Traxler's eyes widened in wonderment as Paul dribbled across the room and out the far door so fast that not a drop of grease hit the floor.

"That was my brother, Paul." I said. "He's into cars and basketball."

끝없는 전문 번역가로의 길. 그러나 실력을 키우는 데 요령은 없다. 왕도가 있다면, '인내와 노력' 뿐. 계절병이나 풍토병 요인이 없는 번역문, 외래어나 외국어가 남용되지 않은 번역문으로, 어법과 문법에 맞춰 바르게 표현하는 연습은 꼭 필요한 훈련이다.

| chapter 19 |

외래어 남용증 3 : 미완성 번역

번역이란 "외국어를 새로운 독자의 요구에 맞게 바꾸는 작업이다. 즉 한 언어로 쓰인 원본의 의미를 독자가 원하는 다른 언어로 옮기는 일이다(It is a transferring a meaning of a text from one language into another for a new readership. Peter Newmark 교수 강의 중에서)." 그런데 완벽한 번역은 정말 가능한가?

뉴마크 교수는 결코 완벽하고 이상적이며 완전한(perfect, ideal, complete) 번역은 없다면서 항상 거의 정확한(approximate) 번역만 가능하다고 지적한다. 왜? 타문화·타언어권 번역자의 원전 언어 이해력이 나날이 나아진다는 현실 때문이다. 오늘 새 번역이 나오면, 어제의 번역은 명예의 권좌를 내주고 역사 속으로 물러나 앉아야 한다. 지적받은 오역 부분에 대한 부끄러움을 안은 채 말이다. 그렇다면 언젠가 내줄 영예의 권좌와 언젠가 받아야 하는 오역의 오명이 걱정되어 번역하기를 두려워해야 할까? 아니다. 번역은 오역을 전제로 할 수밖에 없다.

언어학자이며 번역 전문가인 에티엔 돌레도 오역(誤譯)을 했고, 앙드레 지드(André Gide, 1869~1951년)는 셰익스피어(William Shakespeare, 1564~1611년) 번역의 어려움을 토로했다. 오역은 언어구조의 이질성을 넘어 문화적 낯설음 차원에서 발생하는 현상이다. 다음 세대에서 더 많은 연구와 자료 발굴이 이루어지면, 고전은 다시 번역되고 이전의 오역은 수정된다. 오역이 무서워 번역을 안 한다는 자세는 구더기 무서워 장 못 담그겠다는 소극적이고 안이한 자세이다. 수많은 실수 덕분에 오늘의 비행기가 만들어질 수 있었던 것처럼 실수로 세상은 발전하고, 번역은 나날이 완벽해진다.

그런데 우리 번역가들은 기존 번역을 뒤엎는 질적으로 우수한 새 번역에 대한 도전은 그만두고라도, 자신들에게 주어진 간단한 번역에 얼마나 성실한 자세로 임하는가! 또 '나랏말'의 발전과 특성을 함께 지켜나가야 하는 문화 전달자로서의 번역가 위상에 대한 긍지와 책임감을 얼마나 지니고 있는지! 지드가 밝혔듯이, "번역에 충분한 보상이 뒤따르지 않는" 점은 문제이다. 그러나 선구자에게는 늘 그렇듯이 희생이 필요하다. 부족한 물질적 보상을 핑계로 긍지와 책임감을 저버린 번역가는 추락하는 지식인의 전형이다.

또 한 가지. 부족한 번역 결과물을 양산하는 요즘 번역가들의 의존적이고 나태하며 언어 사대주의(事大主義)적인 태도에 대한 반성도 필요하다. 학문을 하는 교수로부터 기자, 작가, 매체 전문가, 의상 전문가, 이·미용 전문가, 미술가·음악가 그리고 영상 전문가에 이르기까지, 각 분야의 전문가들은 참으로 이 시대의 독자들에게 슬픈 잘못을 되풀이하고 있다. 전문 용어인 특정 외국어 혹은 아주 일반적인 외국어 표현을 그대로 한글로 옮겨 쓰는 잘못이 여전히 자연스러운 현실이다.

'포스트모더니즘', '텍스트성'이라는 외국어로 된 전문 학술용어에서부터 극장가에 붙어 있는 '식스 센스', '러브레터', '파이트클럽' 등등의 영화 제목의 국적은 어딘가? 검투사를 뜻하는 아주 어려운 단어인 'Gladiator'가 고스란히 '글래디에이터'로 음역(音譯)되어 극장가를 뒤덮었다. '내게 말해줘'보다는 '텔미섬싱'이, '2인의 경찰'보다는 '투캅스'가 이제는 더 자연스런 우리나라 영화 제목이 된 세월을 살고 있다. 영어 공용화가 되는 세상이 오더라도 번역가는 '나랏말'을 지켜야 한다. 물론 어쩔 수 없이 전 세계적으로 통용되는 외래어 사용은 지구촌 시대에서 불가항력적인 면도 있다. 예를 들어, 우리나라에서 출시되는 세계적으로 유명한 유행 의상 및 미용 전문 잡지 이름의 대부분이 원어인 것은 어쩔 수 없다. 하지만 그 안의 내용은 한 문단은커녕 단 한 문장을 다 읽어내리기가 거북할 정도로 외국어로 음역(音譯)된 전문용어 '투성이' 라는 현실이 문제이다.

자기 분야의 전문가는 모름지기 문화 전달자로서 전문 번역가의 위치를 공유한다. 순수 전문 번역가들, 문서 번역가나 영상 번역가들은 또한 이중언어 전문가로서, 두 문화의 교량으로서의 성실한 역할을 함으로써 신성한 사명을 다해야 한다. 영화 제목을 한국어로 번역해 내놓는 것이 왠지 시대에 뒤떨어지는 것 같아 원어로 쓴다는 생각은 번역가이기를 포기하는 시작점이며, 완전한 번역으로 가는 길에서 후퇴하는 행위이다.

완벽한 번역 표현에 유념하여 다음 영어 원문을 번역하자. 한 학교 버스 운전 기사가 늘 버스를 타던 어린 학생 라이언에 관한 이야기를 쓴 일기문이다. 특별히 할로윈 파티(Halloween party) 전후에 일어난 일을 기록한 내용이다.

[원문]
①Halloween came. Friday afternoon, the kids were in ②costume, ③high on sugar and anticipation. Ryan was made up like a vampire. It was a long run. ④"Lord, get me through this so I can go and take some aspirin." After my last stop, I scanned the bus for ⑤stowaways, and headed home.

I ⑤slept in on Saturday. When I ③finally got moving and ⑤settled down with my first cup of coffee and the newspaper, a story ④on page two caught my eye. There had been an accident at the YMCA Halloween party. ④A heavy piece of gymnastic equipment was ⑤turned over. A child was killed. ⑥It was Ryan.

번역은 해석과 다르다. 즉 문법에 따라 문장을 설명하는 차원과 다르다. 의미를 이해하는 차원을 넘어선 **번역 표현의 완전성**, 즉 우리가 평소에 사용하는 말처럼 표현이 자연스럽고 이해하기도 쉬워야 한다. 밑줄친 부분은 원전의 의미 전달을 위한 번역어 표현에 특히 조심해야 하는 부분이다. 다음 번역을 보자.

[번역 1]
①할로윈 날이었다. 금요일 오후, 아이들은 나름대로 ②복장을 하고 ③사탕을 얻을 일에 한껏 부푼 모습이었다. 라이언은 흡혈귀 복장을 하고 있었다. 정말 긴 운행이었다. ④"아저씨, 사탕 얻으러 갈 수 있게 여기까지 태워주세요." 마지막 정류장에서 ⑤안 내린 사람이 없나, 버스 안을 살핀 후에 난 집으로 향했다.
토요일에는 ⑤늦잠을 잤다. ②결국 ⑤몸을 추스려 모닝커피 한 잔과 신문을 들고 자리를 잡았다. 그런데 ④그 면의 기사에 시선을 멈추게 되었다. YMCA에서 ②주최한 할로윈파티에서 사고가 있었다는 기사였다. 체육관의 육중한 ④구조물 하나가 ⑤전복되어 한 어린이가 죽었다는 것이었다. ⑥그 어린이가 라이언이라니.

비교적 차분한 표현으로 번역이 잘된 경우이다. 특히 [원문 1]에 밑줄 친 부분을 큰 실수 없이 잘 번역한 예문이다. ① '할로윈'은 'All Saints' Day' (聖人들의 날) 전날인 10월 31일 저녁에 열리는 가면축제라고 할 수 있는데, 원래 켈트족(고대 인도유럽어족)이 지키던 축일이다. 아이들은 마녀나 유령으로 분장을 하고 집집마다 다니며 "Trick or treat(말썽을 피울까요 아니면 사탕을 줄래요)!" 하고 외치면서 사탕을 달라고 한다. 사탕을 주지 않으면 말썽을 부리겠다고 위협하면서 말이다. 지금은 주로 미국·영국·캐나다에서만 지키고 있는 축제일이다(※참고 : *Encarta, World English Dictionary*, Bloomsbury Publishing Plc., 1999년, 846면).

먼저 [번역 1]의 ②의 번역 표현들을 자세히 살펴보자. 모두 맞는 번역이다. 그러나 **완성도를 높이기** 위한 노력이 좀 더 필요했다. 할로윈 때 아이들은 옷만 특이하게 입는 게 아니라, 얼굴에는 가면을 쓰거나, 적절히 화장을 한다. 이런 축제의 특성으로 미뤄 'costume' 은 단순한 '복장' 보다는 '분장' 또는 '변장' 이 더 적합하다. 또 사전에서 'finally' 를 찾으면, 제일 먼저 나오는 뜻이 '최후로, 결국' 이지만, 이 글에서 필자는 금요일에 너무 지쳐 토요일 아침에 늦잠을 자고 일어나, '간신히' 혹은 '가까스로' 몸을 추스르고 있는 형편이다.

'YMCA에서 주최한 할로윈 파티' 라는 표현을 보자. '주최' 는 편안한 일기체 문장에서보다는 보다 공식적인 일반 신문 기사나 보도글에 어울리는 표현이다. 게다가 원문에 첨삭 없이 그대로 번역해도 의미전달에 어려움이 없을 때는, 원문에 없는 말을 구태여 부연할 필요가 없다. 그리고 'Lord' 이하의 문장(④)은 운전자인 필자가 혼자말로 피곤한 심신을 기도로 하소연하고 있는 부분이다.

두 번째 문장 'high on sugar and anticipation' 은 영어에 흔히 나오는 말장난 같은 구문이다. 두 단어 'sugar' 와 'anticipation' 은 'and' 로 함께 묶일 수 있는 비슷한 개념의 명사는 아니지만, 할로윈이라는 축일 특성상, 'high' 라는 형용사가 수식할 수 있는 명사가 됐다. 할로윈 날 아이들은 이미 집에서, 또 학교에서 다른 날과는 달리 사탕을 많이 먹었으리라. 미국에서는 아이들이 설탕류 음식을 많이 먹으면 부산스러워진다(hyperactive)고 믿는다. 하교길 아이들은 설탕 과다 섭취와 축일에 대한 기대감으로 다른 날보다 흥분한 상태다. 즉 몸 속에 설탕 농도가 높아(high)진 상태에다, 저녁 때 사탕 받으러 다닐 것에 대한 큰(high) 기대감으로 평소와 같은 하교길 풍경을 기대할 수 없는 상황이다. 버스는 엄청나게 소란스러웠을 것이고, 운전자는 그야말로 피곤이 겹쳐 다른 날보다 운행해야 하는 구간이 길게만 느껴졌을 것이다. 아이들은 단순히 사탕을 얻을 일에만 마음이 부푼 것(③)이 아니다. 따라서 번역자는 이런 상황이 잘 반영된 표현으로 번역해야 한다. 하지만 [번역 1]은 다른 초벌 번역자들에 비해 자연스러운 표현(⑥)과 번역(⑤)의 정확성이 훌륭하다. 이제 번역을 정리해보자.

> Halloween came. Friday afternoon, the kids were in costume, high on sugar and anticipation. Ryan was made up like a vampire. It was a long run. "Lord, get me through this so I can go and take some aspirin." After my last stop, I scanned the bus for stowaways, and headed home.
> I slept in on Saturday. When I finally got moving and settled down with my first cup of coffee and the newspaper, a story on page two caught my eye. There had been an accident at the YMCA Halloween party. A heavy piece of gymnastic equipment was turned over. A child was killed. It was Ryan.

생동감 있는 번역은 자연스런 번역의 일부이다. 완벽한 번역은 이상(理想)일 수 있지만, 외국어 음역과 외래어 남용으로 불완전한 번역은 존재의 의미가 없다. 번역 미완성증은 번역가의 총체적 실력 부족과 직결된다. 번역가는 끊임없는 언어 훈련과 지적 탐구와 독서, 그리고 글쓰기훈련 등을 통해 종합예술가로 거듭나야 한다.

| chapter 20 |

근시안 증후군

번역에는 근시안(short sight)이 없는 줄 알면 오해! 번역에 대한 바른 태도를 갖기 위해 '단어 근시안'은 치료돼야 한다. 근시안을 교정하지 않은 채 번역하면, 우리말 문장이 지극히 단순하고 획일화되거나 무척 어지러워지는 증세가 나타난다. 특히 멀리 있는 물체가 안 보이듯이, 본 적이 없는 단어에 대한 번역 실수가 빈발할 수도 있다.

국립국어연구원 초청으로 번역반 특강을 한 적이 있다. 강의실을 꽉 메운 분들은 모두 방학을 이용해 재충전하러 오신 중·고등학교 선생님들이었다. 선생님들이라 영어실력도 대단한 분들이 많았다. 그런데 이상한 일이 벌어졌다. 기본문장 번역 연습을 하면서 'active'가 무슨 뜻이냐고 물었더니, 놀랍게도 70여 명 거의 모든 분이 이구동성으로 '활발한!'이라고 대답했다. 다른 뜻을 물었더니, '활동적인, 활달한…' 여전히 '활' 자를 벗어나지 못하고 있었다. 그래서 'active'에는 '현실의, 실제의, 현역의' 뜻도 있음을 상기시켰다. 잠시 후 다른 문장을 연습하면서 혹시나 싶어 다시 'certain'이 무슨 뜻이냐고 물었더니. 이번에도 똑같은 목소리도 거의 모든 선생님들은 '확실한'이라고 확실하게 답했다. 맞는 답이다. 그러나 틀릴 수도 있다. 아니 틀릴 확률이 더 많다. 문장 속에서 'certain'이란 단어는 '확실한'이라는 의미로 쓰일 때도 있지만, 때로는 '어떤, 약간의, 일정한, 정확한, ~중의 몇 개, 필연적인…' 등을 뜻할 수도 있다. 그런데 왜, 꼭 사전의 맨 앞에 있는 뜻만 알고 매달리는가! 이것이 번역에서 나타나는 단어지식에 관한 근시안 중후군이다. 좀 멀리 보는 연습을 해야 한다. 쉽게 얻은 건 쉽게 없어진다. 번역가는 한 단어라도 깊이 넓게 확실히 알아보는 연습을 해야 한다.

  너무 많은 것을 단시간 내에 알아야 하다 보니, 영어를 10년 이상 배워도 외국인 앞에 서면 아직도 어지럽거나 당황할 때가 있지 않은가? 수많은 어려운 단어들이 어렴풋이 떠오르는데, 정작 써야 할 단어는 아주 쉬운 경우가 많다. 쉬운 단어를 확실히 알아두는 자세, 쉬운 단어의 A부터 Z까지 의미를 확실히 알고 넘어가려는 노력. 이런 노력으로 번역 근시안은 치료할 수 있다.

  다음 영어 원문은 체력단련 전문강사인 아름다운 도나 리처드슨(Donna Rich-ardson)의 고백체 기록이다.

[원문]

On ②a rack near the front on the store ④was every type of ③exercise video ①imaginable. Promises of slimmer thighs, flatter stomachs, ⑤stronger arms. Special ⑥programs for kids, seniors, pregnant women. ⑦But not one ⑧woman of color had her own ③workout video. ⑦Right then and there I made a promise to myself⑨: One day I will.

  참고로 우리나라에서는 체력관리·살빼기 운동을 하기 위해서 가는 곳을 '헬스클럽(health club)' 또는 '헬스 센터(health center)', 좀 어려운 말로는 '피트니스 클럽(fitness club)'이라 부르고 있다. 실내 '체력단련장'은 왜 어색하게 들리는 걸까? 유산소 운동을 가리키는 '에어로빅 체조(aerobic exercise)'는 줄여서 그냥 '에어로빅'으로 쓰고 있다. 'airconditioning'을 줄여서 '에어컨'으로, 'ready made concrete'를 '레미콘'으로 부르는 일본식 영어축약법을 그대로 차용하는 방식이다. 언어경제학적 측면에서는 문제가 없어 보이지만, 여전히 건강한 언어사용법은 아니다. 다음 번역 예문을 보자.

> [번역 1]
> 비디오 가게 ②앞쪽의 진열대에는 ①**있을 만한** ③다이어트 비디오는 다 ④있었다. 날씬한 허벅지, 날렵한 배, ⑤근육질의 팔을 보장한다는 비디오도 ④있었고, 아이들과 노인·임산부를 위해 특별 제작된 ⑥것들도 ④있었다. ⑦그런데도 ⑧유색인종의 여인이 출연하는 ③다이어트 비디오는 하나도 없는 ④⑥것이었다. ⑦그때, 거기서 나는 스스로에게 약속했다⑨,언젠가 내가 ⑥⑦그것을 만들겠노라고….

많은 경우, 항상 사전 맨 앞의 뜻만 보는 버릇에 충실해서 'imaginable'을 한결같이 '상상할 수 있는'으로 **해석한다**. 단어에 'imagin…'이 나오면 '상상' 외에는 전혀 다른 어휘를 상상하려 들지 않는 사람은 근시안 증세에 걸린 거다. [번역 1]은 놀랍게도 '①있을 만한'으로 번역했다. 고정관념을 깨고 새롭게, 더 정확하게 번역하려는 노력이 좋다. '상상'을 쓰더라도 우리말에서는 '상상할 수 있는 갖가지 운동 비디오'라는 표현은 어색하다. **부정형으로 바꿔 표현**해야 자연스러워진다.

단어 'front' 역시 많은 사람들이 실수하는 대목이다. 여기서는 '앞쪽'이나 '전방'이란 뜻보다는 우리 나라에서도 보편화된 외국어 '프런트', 즉 호텔이나 식당 등에서 계산을 하는 곳이란 의미로 쓰이고 있으니, '계산대'로 하는 게 좋다. 보통 상점의 계산대 옆에 빙빙 돌리면서 고를 수 있는 진열대가 서 있는데, 여기서도 ②는 비디오 진열대가 바로 계산대 근처에 있다는 의미이다. 원문이 'exercise video'인데, 다른 외래어 ③'다이어트' 비디오를 쓸 필요는 없다. ⑤'근육질의 팔'은 과장이다. 'muscular'란 단어가 '근육질의'란 뜻이니까. 여기서는 '단단한 팔' 혹은 '완력' 정도면 어떨까.

표현 ⑧woman of color를 유색인종으로 찾아낸 건 훌륭하다. 의외로 color를 잘못 이해하는 분들이 많다. 단어 'woman'은 누구나 다 아는 단어이지만, '여성'으로 혹은 '여인,' '여자,' '부인,' '가정부' 등등 **어감이 다양**한 호칭 중에서 원문 문장의 요구에 따라 가장 적절한 번역을 하려면 잠시 생각이 필요한 부분이다. 영어나 일본어에서는 소유격을 쓸 때 'of'나 'の(노)'를 즐겨 쓴다. 그러나 우리말에서는 생략할 때가 더 자연스럽다. ⑧유색인종의 여인에서 '의'를 빼면 좋다. '여인'은 '여성'으로 바꾸고!

그리고 늘 공통으로 실수하는 부분들. 겨우 다섯 줄 밖에 안 되는 문단인데, 반복되는 표현은 다양하게 바꾸도록 노력해야 한다. 또 한 가지 주의할 점! 영어에서는 문장 중간에 ⑨ ' : ' (콜론)이나 ' ; ' (세미콜론)을 쓴다. 하지만 우리글에서는 이를 잘 풀어 글로 소화해야 자연스럽다.

또 다른 번역문을 살펴보자. [번역 2]는 다음과 같다.

[번역 2]
가게 앞쪽 선반에는 상상가능한 모든 운동비디오 ⑩테잎들이 있었다. 날씬한 허벅지와 평평한 아랫배, 근육질의 팔을 보장하는 것도 있었고, 아이들, 노인들, 임산부⑪들을 위한 특별 프로그램도 있었다. 그러나 그 많은 비디오 ⑩테잎들 중에는 단 한 명의 유색인종 여성도 찾아볼 수 없었다. 바로 그때 즉석에 ⑫난 ⑫내 자신과 약속을 했던 것이다. 언젠가 ⑫내가 하고야 말겠다고···.

'운동비디오'로 바꿔 쓰는 시도도 좋고, 'Promises'를 '보장하는'이라고 번역한 점도 좋다. 테잎(⑩)을 비디오에 붙여준 시도는 좋으나, '테이프'로 표기해야 한다. 우리말에서는 '들(⑪)'과 같은 복수형은 가능한 절제하는 게 좋다. [번역 1]과 비슷한 실수를 하고 있지만, 어휘 선택이 훨씬 다양하다. 다시 한 번 말하지만, '나, 그, 것, ~었다' 등은 가능한 반복을 피하도록 하자! **단 한 번이라도 반복을 줄이면,** 그만큼 문장은 읽기 편하고 의미전달도 수월해진다. 이제 번역을 정리해보자.

> On a rack near the front on the store was every type of exercise video imaginable. Promises of slimmer thighs, flatter stomachs, stronger arms. Special programs for kids, seniors, pregnant women. But not one woman of color had her own workout video. Right then and there I made a promise to myself : One day I will.

오역은 번역을 배반하는 치명적 실수이다. 쉬운 단어를 폭넓게 이해하고, 쉬운 표현을 오역 없이 완벽한 우리말로 번역해내는 연습이 전문번역가로 가는 첫걸음이다. 천릿길도 한 걸음부터! 처음부터 뛰려 하지 말고, 차근차근, 쉬운 문장들을 선택해 많이 연습하는 게 좋다.

| chapter 21 |

우리말 재활치료

국어학자 권오운 씨와 번역가이며 소설가인 이윤기 씨의 일간지 지상논쟁(2000년 7월). 표준어 사용과 비표준어 사용에 대한 주장과 반박, 그리고 우리말 어휘 다양성 논란 등으로 지면이 따끈따끈했다. 우리말 사랑에 대한 선학들의 논쟁이 참 좋았다. 우리말이 이러하므로 작가들은 좀 더 가려 써야 한다는 학자의 주장도, 또 자신의 표현이 옳으므로 앞으로도 계속 그렇게 쓰겠노라고 반론하는 소설가의 고집도 좋다. 둘 다 옳다. 이 책은 번역의 이해와 연습의 장(場)이다. 바로 언어에 대한 지상토론의 장이며, 번역 비평의 현장이다. 우리말에 대한 이런 논쟁이 신문 · 잡지 · 방송 · TV 등에 매일 실려야 한다. 말은, 즉 언어(言語)는 우리의 생명이다. 한 민족문화의 시작이요, 과정이며 미래다. 그래서 과거 식민통치자들은 식민지의 언어말살정책을 우선 강행했다.

우리말을 바로 쓰고 바로 가르치는 사람들이 많아야 한다. 공해. 우리는 자연 훼손으로 인한 국토환경 오염에는 조금씩 눈을 떠가고 있다. 그러나 소중한 우리말인 한글이 오염되고 훼손되는 데 대해서는 아직도 미온적이다. 언어의 황폐화를 막고 새 기운을 불어 넣어주는 언어환경단체도 자꾸 생겨야 한다. 이 책은 언어환경 보존선언서의 작은 부분을 담당하고자 한다. 언어가 훼손되는 요인은 지구환경 오염의 경우처럼 다양하다. 요즘 들어 가장 두드러진 요인은 인터넷 언어로 인한 훼손이고, 그 외 다양한 매체들도 거의 모두 우리말 훼손에 일조를 하고 있다. 잘못된 어문정책, 특히 지나치게 어릴 때부터 강요하는 외국어 학습 역시 무시 못할 우리말 훼손 내지 파괴의 요인이다. 게다가 번역의 현실은 어떤가? 우리는 영어 학습의 방법으로 중·고교 6년과 대학 4년 이상 즉 10년여의 오랜 세월 동안 해석에 길들여졌고, 이 기간은 우리 표준말의 아름다움과 맛과 멋을 상실할 만큼 충분히 긴 세월이 된다. 이 책에서는 해석식의 번역으로 이상해지고 비틀어진 우리말을 바로잡고 있다. 해석의 습관으로 생긴 후천성 장애를 버리고, 아주 간단한 문장부터 더욱 완전한 우리말로 표현하는 훈련을 한다. 바로 장애가 생긴 우리말을 화학요법인 감성과 더불어 이성적 틀에 맞춰 재활(再活)시키는 물리치료 작업을 한다. 이 책은 성실한 번역 연습을 통해 우리말의 맛과 멋을 살려 올바로 써보는 공간이다.

이번 영어 원문은 그래서 '책 중의 책(the Book of books)', 《성경(*The Holy Bible*)》, 창세기(Genesis) 3장에 나오는 단락으로 선택한다.

[원문]
The woman saw how beautiful the tree was and how good its fruit would be to eat, and she thought how wonderful it would be to become wise. So she took some of the fruit and ate it. Then she gave some to her husband, and he also ate it. As soon as they had eaten it, they were given understanding and realized that they were naked; so they sewed fig leaves together and covered themselves.

이 원문의 원본인 《복음성경 : 오늘의 영어 역(*Good News Bible: Today's English Version, 1976*)》은 옛날 표현과 어휘로 이해가 어려운 《제임스 왕 역(*The Holy Bible : The King James Version*)》식 옛 영어를 탈피해 1970년대 현대 영어로 다시 번역한 성경이다. 그래서 의미 전달이 훨씬 선명하고 우선 쉽다.

그래도 본문의 근원은 동일한 성경 사본이다. 성경과 같이 특수한 목적이 있는 원문은 번역에 들어가기 전에 몇 가지 유념해야 하는 사항이 있다. **첫째, 독자가 누구**일까? 물론 누구나 독자가 될 수 있다. 그러나 역시 가장 많은 독자층은 교회에 있으리라. **둘째, 문화 차이 극복**이다. 히브리 문화와 그 언어에서, 혹은 그리스어에서 영어로 번역한 책을 다시 우리말로 번역하는 과정에서 번역의 가장 기본 문제인 오역이 나올 수 있다. **셋째,** 같은 《성경》이야기지만 교회용인가 학교 교재인가, 아니면 일반을 위한 것이냐 등 사용처에 따라서도 번역이 달라진다. 이 과정에서 **표현언어 선택도 중요하다. 고어(古語), 옛 표현을 살릴 건가, 아니면 현대어로 할 건가? 넷째,** 시제는 과거로 처리하겠으나, 숱하게 등장하는 **대명사는 어떻게 처리**할 건가? 이런 기본 문제를 고려해서 번역해야 한다. 다음 번역을 보자.

[번역 1]
여자는 정말 아름다운 나무와 먹기 딱 좋게 열린 열매를 보았다 그리고 생각했다, '지혜로와 지는것은 얼마나 멋진일인가,' 그녀는 열매몇개를 따고, 그것을 먹었다. 그리고 나서 남편에게도 몇개를 주었고, 남편도 그것을 먹었다. 그들이 그것을 먹자마자 그들에게는 지혜가 주어졌고, 그들이 벌거벗고 있다는 것을 알아차렸다. 그러자 그들은 곧 무화과 나무잎을 엮어 그들의 몸을 가렸다.

전체적으로 잘못 해석한 부분은 없으나 번역이라기보다는 직역에서 해석의 수준에 머문 문장들이다. **첫째, 기본 띄어쓰기와 맞춤법**조차 틀려 있는 상태다.

1. 지는것은 → 지는 것은
2. 멋진일인가 → 멋진 일인가

3. 열매몇개를 → 열매 몇 개를
4. 남편에게도 몇개를 → 몇 개를
5. 나무잎을 → 나뭇잎을

둘째, 영어 대명사에 충실한 나머지 우리말에 별 소용이 없는 **대명사 '그' 병**이 심각하다.

그리고, 그녀는, 그것을, 그러고 나서, 그것을, 그들이, 그것을,
그들에게는 지혜가,
그들이, 그러자 그들은, 그들의 몸을…

무려 **12번이나 반복해 '그'** 자를 썼다. 자신도 모르게 영어 원문에 충실하려다 자신도 모르게 저지른 실수이다. 하지만 전문가도 때로는 그런 실수를 한다. 1985년에 '생명의 말씀사'에서 출간한 《현대인의 성경》 번역문을 그대로 적어보면 다음과 같다.

[번역 2]
여자가 그 나무의 과일을 보니 먹음직스럽고 보기에도 아름다우며 지혜롭게 할만큼 탐스럽기도 하였다. **그래서** 여자가 그 과일을 따서 먹고 자기 남편에게 주니 **그도 그것**을 먹었다.
그러자 갑자기 **그들의** 눈이 밝아져서 자기들이 벌거벗은 것을 알게 되었다. **그래서 그들은** 무화과나무 잎을 엮어서 치마를 만들어 몸을 가렸다.

접속어의 '그'를 포함해 **'그' 가 무려 9번** 나왔다. 독자들은 이런 식으로 '그' 사용의 예를 자연스럽게 접하고 자신도 모르게 배운다. [번역 1]의 **세 번**

째 문제는 글의 종류와 상황에 맞지 않는 표현 사용의 문제이다.

1. 먹기 딱 좋게 열린 열매
2. 얼마나 멋진 일인가

《성경》의 시대적 배경으로 미뤄 위와 같은 표현은 지나치게 현대적이며 현실적이고 세속적이다. 다른 번역 중에 2를 '얼마나 환상적일까'로 번역한 경우도 있는데 역시 《성경》 속의 어휘로는 적당하지 않다.

넷째로 수동형 표현의 문제가 있다. [번역 1]은 'they were given understanding'을 '지혜가 주어졌고'라고 직역하여 말의 흐름이 어색하다. 우리말은 수동형보다는 능동형 표현이 자연스럽다. 참고로 접수된 다른 번역에서 'The woman'을 '이브' 혹은 '하와'로 번역한 분들이 있는데, 이는 잘못이다. 왜냐하면, 'Eve'라는 이름은 이후에 'Adam'이 자신의 아내를 그렇게 부르기로 한 다음부터 성경에 나온다. 오늘 우리가 공부하는 원문은 'Eve'라는 이름이 생기기 전의 상황이다(성경 창세기 3장 20절을 참고). 1989년에 성서공회에서 출간한 《개역 한글성경전서》 번역을 보자.

[번역 3]
여자가 **그** 나무를 본즉 먹음직도 하고 보암직도 하고 지혜롭게 할만큼 탐스럽기도 한 나무인지라 여자가 **그** 실과를 따먹고 자기와 함께 한 남편에게도 주매 **그**도 먹은 지라 이에 **그**들의 눈이 밝아 자기들의 몸이 벗은 줄을 알고 무화과나무 잎을 엮어 치마를 하였더라

위 [번역 3]의 특징은 우선 사본에 충실하기 위해 문장부호를 완전히 무시하고 있다는 점이다. 둘째, 서술어미가 '먹음직도 하고 보암직도 하고', '남편에게도 주매 그도 먹은 지라', '치마를 하였더라' 등으로 예스럽다. 셋째, 대명

사 '그' 사용을 절제하여 4회만 사용하고 있다. 넷째, 긴 내용을 단 두 문장으로 번역했지만 적절한 접속어미를 사용하여 글을 읽는 독자의 이해를 도왔다. 다섯째, 《The Good News Bible》뿐 아니라, 다른 원본을 사용해 번역한 경우라서 'they were given understanding'을 '그들의 눈이 밝아'로 번역해 자연스럽다. 그러나 '먹음직도 하고 보암직도 하고'와 '자기들의 몸이 벗은 줄을 알고', '치마를 하였더라'와 같은 표현은 여전히 어색하다. 더 최근에 출간된 번역 성경을 살펴보자

[번역 4]
여자가 그 나무를 본즉 먹음직도 하고 보암직도 하고 지혜롭게 할 만큼 탐스럽기도 한 나무인지라 여자가 그 **열매**를 따먹고 자기와 함께 **있는** 남편에게도 주매 그도 먹은지라 이에 그들의 눈이 밝아**져** 자기들이 벗은 줄을 알고 무화과나무 잎을 엮어 치마**로 삼았**더라
《성경전서/개역 개정한글판》, 대한성서공회, 1998.

[번역 3]과 차이가 있는 부분이나 혹은 변화한 부분은 굵은 글씨로 표시한 부분이다. 특히 [번역 3]에서 어색한 부분이었던 '자기들의 몸이 벗은 줄을 알고'와 '치마를 하였더라'를 '자기들이 벗은 줄을 알고 무화과나무 잎을 엮어 치마로 **삼았**더라'로 고쳐 한결 자연스런 번역이 되었다. 그러나 첫 문장 '그 나무를 본즉 먹음직도 하고 보암직도 하고 지혜롭게 할 만큼 탐스럽기도 한 나무인지라'에서 '먹음직'한 것의 주체는 '나무'가 아니라, '그 열매'라는 구분이 확실하지가 않아, 먹음직하고 탐스런 것이 구체적으로 '열매'가 아니라 '나무' 전체란 뜻으로 이해할 수밖에 없는 표현이 되고 말았다.
경전인 《성경》을 번역하는 일은 쉽지 않다. 그 목적과 독자층이 분명하기 때문이다. 독일의 종교개혁가 마르틴 루터(Martin Luther, 1483~1546년)는 《성경》 번역가에게 원어인 "히브리어를 버리시오. 그리고 당신들이 아는 가장 훌

류한 독일어로 **_그 뜻을 살려 자유롭게_** 번역하시오(let him drop the Hebrew words and express the meaning freely in the best German he knows)"라고 격려했다. 하지만 현대 번역비평가 제럴드 해몬드(Gerald Hammond, "English Translations of the Bible", in *The Literary Guide to the Bible*, 1989년)는 의견을 달리 한다.

해몬드는 현대 번역이 지나치게 창의력을 강조하고 독자를 의식한 나머지 원본의 직설적 번역 회피와 거침없는 생략 등으로 원본 의미를 왜곡 내지는 아예 누락하는 위험을 초래한다면서, 《성경》 원본 의미와 형식을 살려 번역하기를 권장하고 있다. 그렇다. 지나치게 고풍스러운 표현은 현대인 《성경》 독자들을 혼란스럽게 하고, 또 지나친 현대어로의 표현은 종교적 '경건함'을 해치는 문제가 있다. 이제 이 모든 문제를 유념하며 번역을 정리하자.

The woman saw how beautiful the tree was and how good its fruit would be to eat, and she thought how wonderful it would be to become wise. So she took some of the fruit and ate it. Then she gave some to her husband, and he also ate it. As soon as they had eaten it, they were given understanding and realized that they were naked; so they sewed fig leaves together and covered themselves.

현대의 번역가는 두 학자의 모순된 요구를 지혜롭게 해결할 사명이 있고, 이 책임을 완수하려는 노력으로 발전한다. **번역가의 희생과 헌신**으로 완성된 글을 접하는 독자는 더욱 자연스럽고 완성된 문장을 만남으로써, 자신의 언어 감각을 향상시킬 수 있는 **재활의 기회**를 얻게 된다. 아울러 사회에 통용되는 언어도 재활의 기회를 누리게 된다.

part 04

번역의 장애 요인과 극복

번역을 잘 하려면 '읽기'를 잘 해야 할까, 아니면 '쓰기'를 잘 해야 할까? 번역은 당연히 '읽기'와 '쓰기'를 통합한 작업이다. '읽기'와 '쓰기'는 번역 과정의 시작이며 끝이며, 기본이 되는 기술이다. '읽기'는 '쓰기'와 정반대 과정을 거쳐서 완성되는 인지행위다. 번역에서 '읽기', 즉 의미파악 없이 소리내어 읽거나, 눈으로 읽는 행위는 글자에 대한 인지뿐 아니라 의미에 대한 인지를 가리킨다. 즉 뜻을 해독해내는 작업이 포함된 '읽기'를 해야 번역을 할 수 있다.

| chapter 22 |

'읽기' 장애

 번역은 '읽기'인가 '쓰기'인가? 번역을 잘하려면 '읽기'를 잘해야 할까 아니면 '쓰기'를 잘해야 할까? 번역은 당연히 '읽기'와 '쓰기'를 통합한 작업이다. '읽기'와 '쓰기'는 번역 과정의 시작이며 끝이고, 기본이 되는 기술(Art)이다. 먼저 '읽기'란 무엇인가?
 '읽기'의 대상은 책을 비롯한 문자로 된 모든 문서이다. 문서는 문자라는 기호를 일정한 문법이란 틀에 맞추어 조작한 완성품이며, 문학 작품에서부터 광고 전광판에 이르기까지 문자로 이뤄진 모든 기록이다. 번역을 잘 하려면, 일단 두 가지 이상의 언어 지식을 갖추어야 한다. '읽기'의 과정에서도 두 가지 언어 지식은 꼭 필요하다. 번역 대상 외국어 작품이 정해지면, 일단 읽어내야 하는 작업이 기본이니 말이다. 번역 과정에서 '읽는다'는 행위는 모국어로 쓴 글을 읽을 때와 마찬가지로 외국어로 된 문서를 이해(理解)한다는 뜻이다. 즉 외국어 이해 실력(competence)에 따라 번역을 위한 '읽기' 능력의 수준이 결정된다. 외국어 실력은 곧 원문을 어느 정도 이해하느냐를 결정하는 요인이다. 번역을 잘하기 위해 우선 해당 외국어 실력을 쌓아가는 작업이 선행되어야 하는 이유가 여기에 있다.
 '읽기'는 '쓰기'와 정반대 과정을 거치면서 완성되는 인지(認知) 행위의 하나이다. 번역에서 '읽기', 즉 의미파악 없이 소리내 읽거나, 눈으로 읽는 행위는 글자에 대한 인지뿐 아니라, 의미에 대한 인지를 가리킨다. 즉 뜻을 해독(解讀)해내는 작업이 포함된 '읽기'를 해야 번역을 시작할 수 있다. 의미파악 없이 읽는 행위는 번역에 별 도움이 안 된다. 글자 모양 이해로부터, 글의 의미를 파악하기 위한 글의 목적 이해 과정이 필요하다. 요약하면 다음과 같은 과정이다.

(1) 어구(語句) 해부(parsing)
(2) 개념 회복
(3) 요점 파악(getting the gist)
(4) 원래 숨은 뜻 이해 등이 '읽기' 과정의 일부

이 과정을 생각하면서 다음 영어 속담을 읽고 해석(解釋)해 보자.

A creaking gate hangs long.

문자 그대로 읽고 '단어 대 단어'로 이해하면, '하나의, 삐걱거리는 문, 매달려 있다, 오래'이다. '읽기'의 (1)과정부터 (3)과정까지 무난히 잘 되었다. 그러나 제 (4)과정이 빠졌기에 완벽한 '읽기'를 했다고 할 수가 없다. 즉 숨은 뜻을 파악하지 못한 '읽기'를 한 것이다. 물론 'a creaking gate'는 '삐걱대는 문'이지만, 작가의 원래 의도는 'a creaking gate'를 'Persons in weak health'를 상징하기 위한 구(句)로 '쓰기' 위한 데 있다. 직역이 필요한 경우, '삐걱거리는 문은…'을 잘 정리해 '쓰기' 하면 되지만, 많은 속담의 경우, 의역이 필요하며, 이 속담의 경우에는 '허약한 사람이 더 오래 산다'는 뜻이다.

결국 '읽기'는 본문에 포함된 정보의 분석(Analysis) 과정이라 할 수 있다. 페덴(Sayers Peden) 교수의 번역 과정 이해에 대한 글에서 발췌한 내용을 이번 영어 원문으로 선택했다. 얼음 조각(the ice-cube)은 '원천 언어(source language)'를 가리키고, 녹는 과정은 '읽기(to read)', 그리고 다시 어는 상태가 '번역 (to re-write, to translate)'을 의미하는, 은유(Metaphor)에 주의하면서 원문을 이해해야 한다. 원문을 보자.

[원문]
①During the process of translation the [ice] cube is melted. ②While in its liquid state, every molecule changes place; none remains in its original relationship to the others. ③Then begins the process of forming the work in a second language. ④Molecules escape, new molecules are poured in to fill the spaces, but the lines of molding and mending are virtually invisible. ⑤The work exists in the second language as a new ice-cube-different, but to all appearances the same.

번역 과정을 얼음 조각(원천 언어/원문)이 녹았다가 모습은 같지만, 전혀 다른 얼음 조각(목표 언어/번역문)이 되는 과정으로 비유한 유명한 글이다. 다음 번역을 보자.

[번역 1]
①번역 과정에서 얼음 조각은 녹는다. ②액체 상태로 있는 동안, 모든 분자들이 자리를 바꿔서, 분자들간의 관계가 원래 그대로 남아있는 것이 없게 된다. ③그리고 2차 언어에서 그 작품을 형성하는 과정이 시작된다. ④분자들이 빠져나가고, 그 공간을 메우기 위해 새로운 분자들이 쏟아부어지지만, 그 형성과 수선 과정은 <u>시각적으로</u> 보이지 않는다. ⑤그 작품은 2차 언어에서 전과 다른, 하지만 모든 면에서 똑같은, 새로운 얼음조각으로 존재하게 된다.

번역 과정의 제1과정인 '읽기'는 분석 작업이며, (1)어구 해부, (2)개념 발견, (3)요점 파악, 그리고 (4)본래 숨은 뜻 이해 등의 단계가 있다고 이미 언급했다. 위 [번역1]에서 밑줄친 부분은 단어 이해를 잘못하여 어구의 해부 단계에서 실수를 범한 예이다. 이럴 경우 오역이 발생한다. 정확한 원문(여기서는 영어) 단어 실력은 오역 발생을 줄인다. 첫 번째 문장을 보자.

[원문] ①During the process of translation the [ice] cube is melted.
[번역 1] ①번역 과정에서 얼음 조각은 녹는다.

사전에는 'ice cube'를 냉장고에서 만드는 '각빙(角氷)', '각얼음'으로 정의하고 있다. 그렇지만 실제 번역에서 '각빙' 혹은 '각얼음'이 녹는다고 하면 독자들은 혼란을 일으킨다. 낯선 표현이기 때문이다. 실제로 'ice cube'를 칭하는 한국어는 '얼음덩어리', '얼음덩이', '얼음 조각' 등이다. 이 중에서 '덩어리'나 '덩이'는 영어에서 'a lump, a mass, a clod' 등에 해당하며, 크기가 제법 큰 얼음을 의미한다. 따라서 [번역 1] ①이 선택한 '얼음 조각'은 무리가 없다.

[원문] ②While in its liquid state, every molecule changes place; none remains in its original relationship to the others.
[번역 1] ②액체 상태로 있는 동안, 모든 분자들이 자리를 바꿔서, 분자들 간의 관계가 원래 그대로 남아 있는 것이 없게 된다.

액체 상태란 유동적인 상태를 말한다. [원문] ②에서 '원문이라는 얼음이 녹아 액체가 된다'는 말은 번역가의 인지작용을 가리키며, 인지한 원문의 내용이 와해되어 머릿속에서 번역문으로 바뀌면서 원문의 문법구조가 번역문의 문법구조로 바뀌는 단계에 대한 설명이다. 앞부분 번역은 'while'을 직역해

'~동안'으로 해도 좋지만, 원문 의미에 직접 영향을 주지 않는 한 '~에서'가 더 자연스럽다. 그러나 뒷부분 번역은 주어를 바꾸어 의역하여 원문이 강조하려는 부분이 약화되고 말았다. 의역의 문제점이다. 학술 이론에서는 특히 원문 저자가 강조하려는 부분을 살려 번역해야 한다. 앞 문장의 'every molecule'과 연관하여 뒷 문장의 'none'은 'not one of molecule'이다. 따라서 뒷 문장의 주어 역시 '분자'이지, '분자들 간의 관계'가 아니다. '읽기' 과정 중 '요점 파악' 단계를 소홀히 한 결과이다.

[원문] ③Then begins the process of forming the work in a second language.
[번역1] ③그리고 2차 언어에서 그 작품을 형성하는 과정이 시작된다.

주어가 생략된 문장이지만, 앞 문장과 연결해서 볼 때 주어가 'the molecule(분자)'라는 건 금방 알 수 있다. 따라서 구태여 주어를 밝힐 필요는 없으나, '능동형' 원문을 '~된다' 식으로 '피동형 문장'으로 만들 필요는 없다.

[원문] ④Molecules escape, new molecules are poured in to fill the spaces, but the lines of molding and mending are virtually invisible.
[번역1] ④분자들이 빠져나가고, 그 공간을 메우기 위해 새로운 분자들이 쏟아 부어지지만, 그 형성과 수선 과정은 시각적으로 보이지 않는다.

앞 문장은 'new molecules are poured in'이 '새로운 분자들이 쏟아 부어지지만'으로 직역되어 약간 어색하지만 무난하다. 뒷 문장은 어휘 분석 실패로 인한 오역이다. 부사 'virtually'는 '사실상, 실제로' 등의 뜻으로 전체 문장은 새로운 글로 탄생하는 '과정'이 '실제로 거의' 보이지 않는다는 뜻이다.

여기서 주의할 점은 어휘 선택이다. 한국어 '보이지 않는다' 와 영어 'are invisible' 의 무게 차이를 견주어 볼 필요가 있다. 한국어 '보이지 않는다' 와 무게가 비슷한 영어 표현은 'be unseen' 혹은 'is not seen' 정도이다. 영어 'are invisible' 의 묵직한 느낌을 살려줄 한국어를 찾아야 한다. 영어 단어 'visibility' 뜻에는 '가시도(可視度)' 란 뜻이 있다. 여기에서 암시를 얻어 'are virtually invisible' 를 멋지게 번역할 수 있다.

[원문] ⑤The work exists in the second language as a new ice-cube-different, but to all appearances the same.
[번역1] ⑤그 작품은 2차 언어에서 전과 다른, 하지만 모든 면에서 똑같은 새로운 얼음 조각으로 존재하게 된다.

주어인 'The work' 는 당연히 이런 변화하는 '작업의 결과물' 로 '새로 태어난 번역문장' 을 의미한다. 번역가는 실제 번역문에서 이런 의미를 어떻게 살려줄지 고민해야 한다. 작은따옴표를 붙여 '그 작품' 으로 분명히 구별해준다면, 단순한 직역으로 인한 전체 원문을 이해하는 데 생기는 어려움을 피할 수 있다. 번역의 기술은 작은 문장부호 하나를 선택해 사용하는 방법으로부터 관용구 번역에 이르기까지 다양하다. 영어 원문 구조와 다른 한국어 번역문의 '읽기' 과정에서 **(4)원래 숨은 뜻 이해** 단계를 충실히 거친다면, 이런 작은 기술을 놓치지 않고 적시적소(適時適所)에 활용할 수 있게 된다. 번역은 쉽지 않다. 누구나 할 수 있지만, 노력과 고통 없이 쏟아내는 번역물은 번역 출판 시장을 추락시키는 요인이다. 다시 한 번 강조하건대, '쓰기' 과정에 들어가기 전 과정인 '읽기' 의 단계에도 4가지 이상의 인지 작업이 존재한다. 단어를 이해해야 하는 **(1)어구 해부** 단계, 구(句)로 연결된 관용적 쓰임을 이해하는 **(2)개념 회복**의 단계, 문장 내 어순으로 인식하는 **(3)요점 파악**의 단계, 그리고 은유나 비유로 문장에 뒤섞여 있는 **(4)원래 숨은 뜻 이해**의 단계 등은 번역을 위한 첫 과정인 원문 '읽기'의 세부 단계들이다. 이제 번역을 정리해보자.

> During the process of translation the [ice] cube is melted. While in its liquid state, every molecule changes place; none remains in its original relationship to the others. Then begins the process of forming the work in a second language. Molecules escape, new molecules are poured in to fill the spaces, but the lines of molding and mending are virtually invisible. The work exists in the second language as a new ice-cube-different, but to all appearances the same.

번역 과정에서 한국어와 영어의 경우, 위의 말과는 상반되는 경우도 있다. '모든 면에서 전혀 다른 겉모습이지만, 원래의 속성은 꼭 같다'고 할 수 있다. 즉 '언어·문장구조·표현방법 등 겉모습은 전혀 다르지만, 의미는 같다'는 말이다. 원문이 어려울수록 번역하기가 쉽다는 말은 역설적 진리이다.

| chapter 23 |

'쓰기' 장애

　번역은 '읽기' 이며 '쓰기' 이다. 좀 더 정확히 말하면 번역은 원문 '읽기' 와 번역문 '쓰기' 를 통합한 작업이다. 전 장에서는 번역 과정에서 가장 기본이 되는 기술인 '읽기' 와 '쓰기' 중에서 '읽기' 란 무엇인가에 대해 알아보았다. 그렇다면 '쓰기' 작업은 어떻게 정리할 수 있을까?
　'읽기' 와는 달리 모든 '쓰기' 행위에는 특별한 목적이 있다. 한 언어의 문자 체계를 깨우친 사람은 대부분 자신의 의지와 상관없이 망막에 들어오는 모든 문자를 해독한다. 차창 밖으로 사라지는 간판·교통표지판은 물론, 신문·잡지·만화 등 문자로 이뤄진 모든 문서를 읽는다. 의미를 파악하며 읽기도 하지만, 전혀 무의미한 글자 나열에 대한 감지(感知, perception) 정도로 끝나는 경우도 많다. 바로 목적이 없는 '읽기' 의 흔한 예이다. '쓰기' 의 경우에서 '낙서(落書, scribbling)' 에 해당하겠다. 즉 목적이 없는 '쓰기' 의 결과는 '낙서' 다. 번역은 목적이 뚜렷한 '쓰기' 행위이다. '읽기' 의 결과를 종합해 다른 언어로 '적절히(properly ; appropriately)' 옮기는 행위이기 때문이다. 원문의 틀에 맞추어야 하는 제약을 제외하면, 어느 정도 자유롭고 창의성이 있는 문학 행위이다.
　'쓰기' 행위는 한 마디로 '통합' 혹은 '종합(Synthesis)' 하는 작업이라 할 수 있다. 앞에서 '읽기' 는 본문에 포함된 정보의 '분석' 과정이라 정의했다. 번역은 인지(認知) 행위의 기본인 '분석' 과 '종합' 의 과정을 포괄하는 문학 행위이기 때문이다. 해독해낸 원문, 즉 원천 언어 본문의 정보를 종합하여, 번역문 즉 목표 언어의 문자와 체계를 빌려 다시 정리하는 작업이기 때문이다.

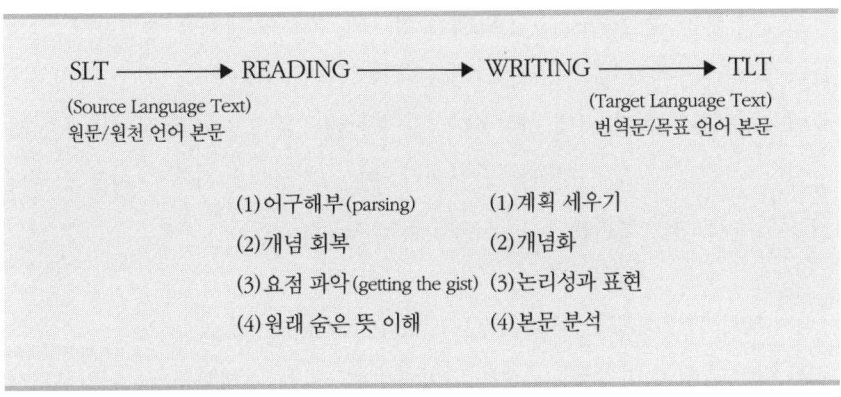

따라서 번역의 대상은 보통의 경우 '일'이나 '특별한 목적'에 의거해 주어지며, 번역문의 수준(scale)은 번역자의 이중언어 실력(bilingual competence)과 더불어 독자에 대한 파악, 수용자(register) 연구 결과에 따라 다양한 모습으로 결정된다. 그러므로 정보를 종합하는 첫 단계에서는 이러한 주변의 요구와 글의 형식을 분석하고 기획하는 **'계획 세우기(Planning)'** 작업을 수행한다.

계획을 발전시키려면 계획에 대한 **개념화(Ideation)** 단계가 필요하다. 그리고 '쓰기' 행위에서 주의해야 할 단계는, 정확한 단어 선택과 문서 전체 내용의 **'논리성' 확립**의 단계이다. 의미가 애매모호하다는 말은 단어 선택을 잘못했다는 의미이며, 앞뒤가 맞지 않는 글이라는 말은 바로 논리성이 부족한 글이라는 뜻이다. 글이란 자신만이 유일한 독자인 '비밀 일기'를 제외하고는, 불특정 다수의 독자를 전제하기 때문에 설득력의 강도를 증대시키기 위해서도 전체 글의 논리성은 필요조건이다. 글의 논리를 세우기 위해서는 **적절한 단어 선택**이 중요하다. 특별히 번역에서 논리성이란 번역문 '문법' 체계에 맞는 문장으로 옮겨 쓴다는 의미도 된다.

따라서 다음 단계는 '**표현**(Expression)'이다. 좀 더 정확히 말해 어법 연구 과정이다. 원천 언어 본문 읽기 과정에서 분석한 모든 정보를 종합하여, 목표 언어 문법체계에 맞는 문장으로 적절히 표현하는 과정이 번역이기 때문이다.

드디어 **본문 분석**(Parsing)**의 단계**에 이르면, 이상의 **단계를 종합**한다. 글의 논리성을 염두에 둔 채, 선별한 단어와 역시 선택한 구문 형식, 문장 순서 등을 종이 위에 혹은 화면 위에 실현한다. 번역한 내용물을 실제로 문자화하는 과정이다. 즉 '쓰기'를 실현하는 단계이다. 이상의 '쓰기' 과정을 실제 번역에서 실현하는 예를 살펴본다. 다음 예문을 보자.

[원문] It becomes part of our life and we accept it as such.
[번역 1] 이미 삶의 일부가 되어버린 그 일을 실제로도 삶의 일부로서 받아들이는 것이다.

간단한 문장이라서 영어 실력이 조금만 있다면 쉽게 이해할 수 있는데, 문제는 한국어 표현이 쉽지 않다는 데 있다. 이런 경우 흔히 '차라리 영어로 읽는 게 낫다'는 말을 한다. 번역가의 존재 위기를 경고하는 말이다. 원문 문장은 접속사 'and'로 연결된 평범한 중문이다. 단지 대명사 'It'와 'it'가 반복되어, 이 문장만으로는 의미 파악이 쉽지 않은 점은 있다. 문맥을 이해하기 위해 직전에 나오는 원문을 살펴볼 필요가 있다. 그것이 '계획 세우기'의 단계이며, 개념 파악과 정리를 위한 단계에서 이뤄지는 작업이다.

[이전 원문] In Modern parlance, we can get used to anything. The longer we have to put up with it, however irksome or unpleasant it may be, the more able are we to adapt ourselves to it.
[이전 원문 번역문] 현대어로, 우린 뭐든 익숙해진다는 말이다. 비록 괴롭고 불쾌한 일이라도 참아야하는 기간이 오래되면 될수록 그 일에 더

잘 적응할 수 있게 된다는 의미이다.

[이전 원문 문장]에서 문제가 되는 대명사 'It'는 '그 일'을 가리킨다. 개념을 구체화하기 위한 단어 대 단어 번역을 해보자.

It becomes part of our life
그것은, ~이 되다, 부분의, 우리의 삶

and we accept it as such.
그리고, 우리는, 받아들인다, 그것을, 처럼, 그러한 것.

단어 대(對) 단어 번역은 한국어 구문은 무시하고, 영어 원문 개념과 구성요소 파악 단계에서 실행하는 작업이므로 아직 원문을 떠나지 못한 상태이다. 이 상태에서 번역 계획의 수립, 개념화와 논리성 찾기, 표현의 문제 등이 한꺼번에 돌출한다. 이제 구문 대(對) 구문 번역을 실행해 보자.

It becomes part of our life
그것은 ~이 되다, 우리의 삶의 부분

and we <u>accept it</u> <u>as such.</u>
그리고 우리는 그것을 받아들인다, 그러한 것 그 자체로.

보통 해석이라고 부르는 단계이다. 원문 의미파악에 머문 단계이며 아직은 번역문으로 기능할 수 없는 불완전한 문장이다. 의미만 구체적으로 개념화한 표현이므로 정상적 의사소통이 불가능하다. 이제 목표언어인 한국어 문법에 맞는 표현으로 옮긴다.

It becomes part of our life

그것은 우리의 삶의 부분이 된다.

and we accept it as such.

그리고 우리는 그것을 그러한 것 그 자체로 받아들인다.

어떤가? 이 단계에서 무엇이 문제일까? 바로 번역의 중간 단계인 직역 (Direct Translation) 혹은 축자역(Literal Translation) 표현이 문제가 되는 번역문이다. 문법에는 맞지만, 관습 어법에는 맞지 않기에 번역문 특유의 어색함이 발생했다. 어떻게 해야 하는가? 수정 작업이 필요하다. 모든 '쓰기'의 마무리는 수정 혹은 개정(revision) 작업이다. 이쯤에서 [번역 1]을 다시 살펴보자.

[원문] ②It becomes part of our life and ②we accept it as such.
[번역 1] ①이미 ③삶의 일부가 ④⑤되어 버린 그 일을 **실제로도** ③삶의 일부로서 받아 ④⑤들이는 것이다.

[번역 1]의 문제점을 나열해보자.

(1) 부사어가 부적절하게 첨가되었다.
(2) 주어가 전혀 불분명하다. 영어의 주어 'It'와 'we'를 어디에서도 살려주지를 못했다.
(3) 표현을 반복하여 짧은 원문이 주는 간결함을 저해했다.
(4) 주체가 생략되었다.
(5) 불필요한 서술어미 형태가 첨가되어 역시 원문의 간결함을 저해했다.

이상의 문제점을 종합해 볼 때, [번역 1]은 부적절한 첨가, 주요 정보 생략, 원문의 특성 손상, 주체 불분명 등의 번역상 미숙함이 골고루 드러나는 문장이다. 어디로부터 잘못이 시작되었을까? 바로 해석인 직역의 다음 순간부터다. 번역은 직역부터 시작한다. 따라서 직역을 완성품이라 생각하는 건 큰 잘못이다. 다시 직역의 순간으로 돌아가보자.

[원문] It becomes part of our life and we accept it as such.
[직역] 그것은 우리의 삶의 부분이 된다.
그리고 우리는 그것을 그러한 것 그 자체로 받아들인다.

직역의 문제점은 뭘까? 불필요한 반복이다. '그' 표현이 지나치게 반복되고 있다. 줄여보자.

[수정 1] 그건 우리 삶의 일부가 **되고,** 우린 그걸 그렇게 받아들인다.

[수정 1]에서 접속사 'and'를 '~고'로 처리하여 두 문장을 한 문장으로 고쳤다. 문장 길이에 비해 '그~' 표현 사용 빈도가 여전히 높다.

[수정 2] **이젠** 우리 삶의 일부가 된 그 일을 있는 그대로 받아들인다.

[수정 3] 우리 삶의 일부가 되고만 그 일을 **이젠** 있는 그대로 받아들인다.

[수정 2]와 [수정 3] 정도면 완성에 가까운 번역이라 할 수 있다. 이제 전체 단락에 이 번역을 넣어 흐름을 보자.

[번역 1]

현대어로, 우린 뭐든 익숙해진다는 말이다. 비록 괴롭고 불쾌한 일이라도, 참아야 하는 기간이 오래되면 될수록, 그 일에 더 잘 적응할 수 있게 된다는 의미이다. [수정 2] **이젠 우리 삶의 일부가 된 그 일을 있는 그대로 받아들인다.**

[번역 2]

현대어로, 우린 뭐든 익숙해진다는 말이다. 비록 괴롭고 불쾌한 일이라도, 참아야 하는 기간이 오래되면 될수록, 그 일에 더 잘 적응할 수 있게 된다는 의미이다. [수정 3] **우리 삶의 일부가 되고만 그 일을 이젠 있는 그대로 받아들인다.**

두 번역 다 무난하다. 이전의 문장이 '~말이다', '~의미이다'로 종결되어 '받아들인다' 뒤에 '말이다' 정도를 첨가하면 더욱 자연스러워진다. 자연스러움을 더욱 살리기 위해 이 부분을 의역한다면,

[번역 3]

현대어로, 우린 뭐든 익숙해진다는 말이다. 비록 괴롭고 불쾌한 일이라도, 참아야 하는 기간이 오래되면 될수록, 그 일에 더 잘 적응할 수 있게 된다는 의미이다. [**수정 4**] **어느새 삶의 일부로 그 일을 받아들인다는 말이다.**

번역에서 '원문 대 번역문'은 '1 대 무한대'의 번역 가능성을 내포한다. 번역 과정에서 '읽기'와 '쓰기' 단계와 각각의 세부 단계에 존재하는 무한한 다양성 때문에 발생하는 가능성이다. 주의할 점은 이 가능성 속에 '오역(誤譯)'도 포함된다는 사실이다. 오역은 영어와 한국어 실력, 즉 번역가의 이중언어

구사 능력에 따라 결정되지만, 더욱 결정적인 실수는 번역 과정에서 발생한다. 즉 원문 '읽기'와 번역문으로 '쓰기'라는 과정에 있는 수많은 함정에 빠지기 때문에 발생한다. 그러므로 번역가의 성실성이 곧 번역 실력의 척도라 할 수 있다.

| chapter 24 |

영어 실력 부족증

영한 번역을 잘하기 위한 기본 요건은 뭘까? 하는 토론을 벌인 적이 있다. 남다른 언어 감각, 영미문화에 대한 교양 이상의 전문 지식, 한국어와 해당 외국어인 영어 실력 등이 필수요건이라고 모두들 입을 모았다. 여기에 덧붙여, 집필이 아니라 번역이므로, 오랜 시간 타자의 논리와 주장에 순응할 수 있는 이해력과 인내심이 있어야 하며, 기한을 지킬 수 있는 책임감, 일에 대한 자부심과 자긍심 등도 절대 필요한 부수적 요건이라는 데도 모두들 동의했다. 그렇다면 이 모든 요건들 중에서 그래도 가장 기본이 되는 요건을 꼽아야 한다면 뭘까? 여러분은 뭐라고 생각하시는가? 문화 감각? 인내? 우리말 실력? 물론 다 중요하다. 하지만 답은 **영어 실력**이다. 번역을 해야 하는 해당 외국어인 영어를 모르면 번역은 일단 시작도 할 수 없다.

번역가는 기본적으로 두 개 이상의 언어를 정확하게 이해할 수 있는 사람, 즉 뉴마크 교수의 주장처럼 지성인(an intelligent person)이어야 한다. 그래서 번역가는 전 세계를 통해 가장 손꼽히는 지식인 중의 하나이며, 빛나는 전문인일 수밖에 없다. 특별한 경우를 제외하고 두 개 이상의 언어를 이해하고, 또 자신의 이해에 대한 책임 있는 결과물로 번역을 정리하여 일반 독자들 앞에 '떳떳하게' 내놓을 수 있는 보통사람은 그리 흔하지 않다. 누구든지 번역할 수 있다는 말은 더 이상 오늘의 세계, 현실에서는 용납되지 않는다. 더구나 해당 외국어를 모르는 번역가란 말은 번역 논리적으로도 오류이며, 번역 윤리적 측면에서도 있을 수 없는 일이다. 따라서 더 이상 일본어에서 중역(重譯, Secondhand Translation)하는 손쉬운 상업주의적 번역물들은 이 땅에서 사라져야 한다. 특히 대형 영한사전류 번역에서 묵인되고 있는 중역은 우리나라 영한사전을 포함한 모든 사전 자체의 발전과 번역 발전을 저해하는 큰 요인이다. 왜 중역(重譯)을 할까? 편리성과 상업성 추구 원인도 있겠으나, 역시 그보다도 **영어 실력 부족증** 때문이다.

이 책에서는 번역 이전의 단계인 '외국어 원문의 이해 단계'를 설명하고, 또 '우리말을 이용한 올바른 표현법'을 반복해 제시하고 있다. 영어 원문 이해단계를 영한번역 과정의 초기단계로 설정할 때, **영어 실력 부족증**은 번역에 입문하는 모두가 극복해야만 하는 병이다. 번역 관련 이론서를 꾸준히 읽고, 실제 번역 연습을 하며, 영어 공부를 해야 한다. 다음 영어 원문은 이웃에 사는 사내아이 맥스의 엄마 제리와 오해를 풀고 다시 좋은 이웃사촌이 되는 패트리셔의 얘기다. 눈물을 흘리는 필자 패트리셔와 제리가 화해하며 끌어안는 장면이다.

[원문]

Jerri got off her bike, ①unbuckled Max and set him down on the grass, then put her ②arms around me. "I had no idea what you were going through," she said.

"I was keeping a stiff upper lip."

③"So was I."

"Maybe we're more alike than we know," I said as ④I wiped my face. ⑤Instead of reaching, I had withdrawn, and in a way so had Jerri. We were ⑥both feeling inadequate and had been unable to say it.

한국에서도 마찬가지지만 미국에서도 이웃은 가깝고도 먼 친구다. 좋을 때는 이웃사촌이라 친척보다 좋지만, 사이가 틀어지면 그냥 '남(타인)'으로 돌아가기 때문이다. 시공을 초월한 인간사회의 이러한 보편성이 바로 외국 문학이나 문헌의 번역 가능성을 제공한다. 우선 원문 전체를 이해하기 위해 원문을 간단히 요약해보자. 제리는 어린 아들 맥스를 자기 자전거 뒤에 앉힌 채, 방금 전까지 자전거를 타고 있었다. 잘못했다는 말을 서로가 미루다보니 오해가 불거졌다는 사실을 인정하자, 이웃의 두 친구는 이제 서로를 더욱 깊이 알고 이해하게 된다. 다음 [번역 1]을 살펴보자.

[번역 1]
제리는 자전거에서 내리고는 맥스를 자전거에서 ①끌어올려 땅에 내려다 놓고, 나의 ②어깨를 감싸안았다.
"전 당신에게 그런 일이 있었으리라고는 생각지 못했어요!"라고 그녀는 말했다.
"전 겨우 감추고 있었어요."
"저도 ③그래요."
"어쩌면 우리는 생각보다 공통점이 많을지도 몰라요"라고 ④얼굴을 긁적거리며 말했다.
나는 ⑤다가가려 하는 대신 뒤로 물러서려 했고, 어떤 면에서는 제리 또한 그랬다.
우리는 ⑥둘 다 자격지심을 가지고 있었고, 그것을 말하지 못했던 것이었다.

[원문]의 첫 문장에 나오는 'unbuckled Max'를 잘못 이해해서 번역 표현이 어색해졌다. **미국에서는** 어린아이를 자전거 뒤에 태우고 다닐 때 '필히' 안전벨트가 달린 자전거용 안전의자(safeseat)에 앉히도록 법으로 규정되어 있다.

자전거길(bike road)이 차도 가에 그려져 있기에 어린아이를 뒤에 태우고 멀리까지 갈 수 있어 편리하기는 하지만, 위험하기 때문이다. 따라서 'unbuckled Max'는 자전거에 달린 안전의자걸이를 풀었다는 의미이다. 그리고 나서 맥스를 의자에서 안아올려 잔디 위에 내려놓았다는 의미이다. 원문 표현 'put her arms around me'를 '②어깨를 감싸안았다'고 하면 상상이 너무 앞선 느낌을 준다. 원문에는 어깨(shoulder)라는 말이 없다. 단순히 팔로 필자 패트리셔를 감싸안은 상황이다. 허리인지, 어깨인지, 머리 혹은 얼굴인지 아무도 모른다. 번역에서는 원문 표현을 가장 정확한 우리말로 성실히 표현해야 한다.

시제(時制, tense)는 언제라도 주의해 번역해야 한다. 영어에서는 동사가 주어의 인칭과 사건발생의 시점에 따라 변한다. 우리말에서는 주어의 인칭 변화와 서술동사 사이에는 변화가 없으나, 사건발생 시점에 따라 서술동사의 어미가 달라진다. 즉 영어와 우리말 모두 시제는 일치시켜줘야 의미 전달에 오해가 없다. 바로 이전 문장에서 패트리셔는 과거진행형의 시제로 자신은 '감정을 누르고 표현하지 않았다(I was keeping a stiff upper lip)'고 털어놓았다. 그 고백에 대한 동감의 표시로 "So was I."라고 제리가 대답한 경우이므로 당연히 현재형인 "저도 그래요"(③)보다는 과거시제를 살린 표현 "저도 그랬어요"가 정확하다. 한편 어색한 표현은 언제라도 반갑지 않다. 원문 'Instead of reaching, I had withdrawn'을 번역한 [번역 1]⑤의 '다가가려 하는 대신 뒤로 물러서려 했고'에는 줄친 부분이 보여주듯이 쓸데없는 어미가 가독성을 떨어뜨리고 있다. 숙어 'instead of'는 늘 '~대신에'라는 사전(辭典) 위주 고정관념을 버리고 좀 더 넓은 우리말 표현의 바다에서 어휘를 찾기 바라는 표현 중의 하나이다. 그래서 "다가가기보다는 뒤로 물러섰다" 정도로 번역하면 훨씬 자연스러워진다.

[번역 1]에는 두드러진 오역이 두 군데 있다. 원문 'as I wiped my face'을 번역한 ④ '얼굴을 긁적거리며 말했다'와, 원문 마지막 문장 'We were both feeling inadequate and had been unable to'에 대한 번역문 ⑥ '둘 다 자격지

심을 가지고 있었고, 그것을 말하지 못했던 것이었다' 이다. 영어 실력 부족증으로 인한 오역이다. 눈물을 흘리던 필자 패트리셔가 눈물을 닦으려고 얼굴을 손으로 훔치는('wiped my face') 행동을 '긁적거리며'라고 할 수는 없다. 다음, 번역 ⑥은 바로 'feeling inadequate' 라는 표현 속의 'inadequate' 를 잘못 이해한 데서 기인한 오역이다. 영한사전에는 'inadequate' 를 '부적당한, 부적절한, 부적격의' 정도로 풀이하고 있다. 하지만 'inadequate' 에는 'inept', 즉 '어리석은, 터무니없는, 바보 같은' 등의 뜻도 있음을 다양한 단어 공부를 통한 '영어 실력 다지기'를 통해 알고 있었다. 이런 실수는 절대 안 할 것이다. '우린 둘 다 이건 어리석은 짓이야 하는 생각을 했으면서도…' 정도로 말을 풀어나갔으면 좋겠다.

 번역문을 하나 더 살펴본다. 역시 오역이 군데군데 발견되는 번역이다.

[원문]
①Jerri got off her bike, unbuckled Max and set him down on the grass, then put her arms around me. "I had no idea what you were going through," she said.
"I was keeping a stiff upper lip."
"So was I."
"Maybe we're more alike than we know," I said as I ②wiped my face. ③Instead of reaching, I had withdrawn, and in a way so had Jerri. ④We were both feeling inadequate and had been unable to say it.

[번역 2]
①자전거에서 내리자, 제리는 맥스를 풀밭 위에 내려 놓고 내게 와서는 두 팔로 날 감싸 안았다.

"네 사정은 전혀 몰랐어." 제리가 말했다. "말없이 줄곧 너한테 꿍하기만 했었잖아."
"그건 나도 마찬가지였지뭐." "생각보다 우린 닮은 데가 많은 것 같아." ②얼굴을 반짝이며 내가 말했다.
③그녀를 같이 껴안으려다 말고는 뒤로 살짝 몸을 빼자 제리도 따라서 한걸음 물러섰다.
④그렇게 우린 서로의 심정을 말로 털어 놓기 어려워 어쩔 줄 몰라했다.

[번역 1]과 비교해 차이가 나는 면은 등장인물들이 서로를 부르는 '호칭'을 과감히 친구 사이에 사용하는 평범한 표현으로 했다는 점이다. 하지만 발췌문의 원전 전체 내용을 모르는 한, 경어든 보통명칭이든 어느 경우라도 좋다. 하지만 문제는 언제나 오역이다. [번역 2]의 문장 ①에서는 원문의 'unbuckled'를 완전히 생략한 채 번역했다. 연극의 경우라면 한 가지 지문이 완전히 누락된 셈이다. 번역에서는 모르는 단어가 나오면, 끝까지 알아내는 끈기가 있어야 한다. 사전(국어·영한·한영·영영사전 등), 백과사전, 문화원, 친구, 스승… 등. 주변을 둘러보고 도움을 청할 줄 아는 것도 용기이다.

[번역 2] ②의 오역은 [번역 1] ④와 같은 맥락의 오역이다. 하지만 [번역 2] ③④는 일단 앞의 문장을 잘못 이해함으로써 실수가 계속 이어진 오역의 경우이다. 즉 이미 위 문장에서 한 번 감싸안았다면, 논리적으로 생각해도 이제는 서로를 피해 '한 걸음 물러설' 일이 없는 것 아닌가! 숙어 'reach out'에 '~와 접촉하다'는 뜻이 있다는 지식이 있었다면, 절대로 잘못 해석할 수 없는 문장이다. 접촉하기 위해 손을 내미는 행동인 'reached out'과 평행이 되는 행동이 바로 'withdrawn', 즉 움츠르드는 행동임을 번역어로, 즉 우리말로 표현하는 과정에서 찾아낼 수 있었으리라 생각한다. 이제 번역을 정리해보자.

Jerri got off her bike, unbuckled Max and set him down on the grass, then put her arms around me. "I had no idea what you were going through," she said.
"I was keeping a stiff upper lip."
"So was I."
"Maybe we're more alike than we know," I said as I wiped my face. Instead of reaching, I had withdrawn, and in a way so had Jerri. We were both feeling inadequate and had been unable to say it.

번역에 지름길은 없다. 있다면 남다른 노력이요, 자신만이 아는 숨은 노력의 결과로 찾게 되는 지름길이 있을 뿐이다. **영어 실력 부족증에는 영어 실력 보강을 위한 어휘공부·쓰기 연습·독서·문법공부에 이르기까지 끝없는 노력이 가장 좋은 치료제**이다.

| chapter 25 |

오역증

번역에는 언제나 오역의 위험이 따른다. 문제는 어느 선부터를 오역이라고 하는가 하는 문제다. 우선 **어휘(語彙)** 관점에서 실수할 경우에 발생한다. 문장 내에서 원문의 단어 뜻을 잘못 이해해 엉뚱한 번역어를 사용하는 경우를 비롯해, 관용어나 숙어에 대한 무지로 인해 틀린 정보로 번역문을 작성하는 경우가 있다. 예를 들면, 비즈니스 토론을 하면서, "That is outside my province"라고 말하는 경우, "그건 우리 지방 밖이다"라고 한다면 오역이다. 번역가는 단어 'province'를 지리적(地理的) 의미로 받아들였기 때문이다. 단어 'province'는 행정 구역인 '주(州)·성(省)·도(道)·지방'을 뜻하기도 하지만, 여기서는 '전문범위·영역·분야'로 봐야 하기에, "그건 내 영역 밖의 일이다"로 번역해야 적합(appropriate)하다.

둘째로, **통사(統辭)** 관점에서 실수하는 경우에 발생한다. 단어가 결합하여 형성되는 구(句)·절(節)·문장의 구조나 기능에 대한 문법을 잘못 이해하면, 당연히 오역이 생긴다. 문장 'He ate on and she drank on'을 '그는 위에서 먹었고, 그녀는 위에서 마셨다'로 번역하면 통사적 실수이다. 이 문장에서는 'on'을 전치사로 쓰지 않고 바로 앞의 동사 'ate'와 'drank'를 각각 수식하는 독립부사로 썼기 때문에, '그는 계속해 먹었고, 그 여자는 계속해 마셨다'로 번역해야 한다. 문장 구성요소간의 의미적 관계가 어떤 형태로 나타날 수 있는가를 파악하지 못하면 오역이 생길 수밖에 없다.

셋째로, **지시(指示)** 관점에서 실수이다. 특히 'He loves it too much' 처럼 영어 문장에 대명사가 들어간 경우, 평범한 문장이지만 'He' 혹은 'it'가 가리키는 사람이나 사물을 정확하게 알고 번역을 해야 한다. 무엇보다 한국어와는 다른 방법으로 사용되는 'sister' 혹은 'brother'를 번역할 때, 손위인지 아래인지를 잘 파악해 정확한 호칭을 사용해야 한다. 자칫 형과 아우가 바뀌는 실수를 범하기 쉽기 때문이다.

넷째로, **문화(文化)** 관점에서 실수이다. 각 언어의 문화적 배경과 관습을 감안한 번역을 해야 한다. 예를 들어 'My grandmother ate breakfast' 란 '대화체' 문장을 직역하면, '나의 할머니는 아침을 먹었다' 이다. 영어와는 달리 한국어에서는 존칭화법이 발달되어 있다는 점을 감안하고, '나' 보다는 '우리'를 사용하는 문화적 기호에 주의해야만 한다. 따라서 '우리 할머니께서는 아침을 드셨다' 로 옮겨야 한다.

다섯째, **전문(專門)** 관점에서 실수이다. 전문적 지식과 탐구 부족으로 저지르는 오역이다. 영국의 작가 찰스 디킨스(Charles John Huffam Dickens, 1812~1870년)의 유명한 장편소설 《*Great Expectations*(1861년)》의 한국어 제목은 《위대한 유산》으로 널리 알려져 있다. 그러나 19세기 영국의 금전만능주의를 비판한 소설이며, 가난했지만 순수하던 주인공 핍이 익명의 부호로부터 엄청난 돈을 받게 되어 런던으로 나가, 사교 생활을 즐기며 타락하고, 그 '위대한 유산' 조차 깊이 후회하고, 탈옥수가 준 것으로 판명돼 순수했던 마음을 되찾는다는 내용의 소설이다. 순수한 인간성 타락을 부른, '막대한' 유산 상속의 부작용을 내용으로 하는 책이란 사실을 제목에 정확히 실어줘야 하는데, 전혀 반대 의미인 '위대한' 을 제목으로 사용한 건 번역자의 전문가적 탐구 부족의 문제에서 야기된 결과이다. 단어 'great' 의 의미를 정확히 판단해 번역어 선택을 해야만 했다.

번역가는 당연히 외국어에 능해야 하지만, 그 이상으로 모국어를 잘 알아야 한다. 오역에 대한 심한 비판과 질타를 번역비평가들의 '심술'이라고 말한 앙드레 지드도 "프랑스에는 프랑스어를 잘 모르는 사람들이 너무 많아 번역을 하면 '악역(惡譯)'이 많다"고 불평했다. 깊이를 알 수 없는 오역의 바다! 우리는 이 외에도 여러 관점에서 오역을 한다. 문장 서술, 어순의 변환, 맞춤법과 띄어쓰기, 문장부호 누락과 과도한 첨가에 이르기까지 오역의 늪은 도처에 있다.

이번 영어 원문은 공상소설인 톨킨(J. R. R. Tolkien)의 《반지의 제왕(The Lord of the Rings, 1994/1954년)》에서 뽑았다. 개퍼(Gaffer)와 대디 투풋(Daddy Twofoot)의 대화를 듣고 있던 호빗족(the Hobbit) 무리들의 이야기가 드로고 배긴스(Mr. Drogo Baggins)의 익사사건에 이르자, 더욱 흥분하는 장면이다.

[원문]
①"Drowned?" said several voices. ②They had heard this and other darker rumours before, of course; ③but hobbits have a passions for family history, and they were ready to hear it again.
④"Well, so they say," said the Gaffer. ⑤"You see : Mr. Drogo, he married poor Miss Primula Brandybuck. ⑥She was our Mr. Bilbo's first cousin on the mother's side (her mother being the youngest of the Old Took's daughter) ; and ⑦Mr. Drogo was his second cousin."

구어체 대화문이 많이 섞인 글이다. 번역에서는 원문에 혼용되어 있는 구어체 문어체 표현 모두에 주의를 기울여야 한다. 특히 이번 원문에는 다양한 가계(家系)에 대한 내용이 담겨 있다. 영어에서는 세대별로 간단한 구분정도만이 있으나, 한국어에는 더욱 세분된 친족 호칭이 있음을 염두에 두고 번역을 해야 한다. 다음 번역을 보자.

[번역 1]

① "익사했**었**다고요?" 호빗들이 물어보았다. ②물론 지금 나올 이야기 말고도 '누구누구가 불행해졌다' 란 소문들이라면 이미 족히 들**었**던 것들이지만, ③워낙 남들 이야기라면 사족을 못쓰는 호빗들인지라 기꺼이 또 들으려 하고 있**었**다.
④ "어디보자, 그 호빗들이 그러는데." 개퍼가 말했다. ⑤ "알다시피 드로고 씨는 어떤 가난한 호빗 프리뮬라 브랜디벅하고 혼인했**었**잖아. ⑥아, 그 브랜디벅이 우리 빌보님의 외사촌이었다는 거 아니야! 어머니가 툭 노인의 막내딸이라지, 아마. ⑦그런데 드로고 씨도 빌보님의 사촌인 거야."

번역문을 자연스러운 대화체로 다듬은 노력이 돋보인다. 문제는 소설 번역에서 대화체를 강조하다보면 표현이 원문에 비해 저급해지는 경향이 있고, 각 낱말의 특별한 사용을 무시한 채 알기 쉬운 말로 풀어 표현하다보면 원래 원문의 분위기와는 차이가 나는 번역문을 독자에게 제공하게 된다는 것이다. 자연스러움을 살리는 번역과 원문의 특성을 지켜주는 노력은 번역의 이상(理想)이다. 따라서 쉽지는 않다.

우선 [번역 1]의 굵은 서체 부분에는 시제 표현상의 문제가 있다. 역사적·혈통적 사실은 구태여 '대과거' 형을 사용할 필요가 없다. 첫 번째 문장 번역을 보며 속속 치료해보자.

[원문] ① "Drowned?" said several voices.
[번역 1] ① "익사했**었**다고요?" 호빗들이 물어보았다.

이 원문은 'till he was drowned' 이다. 따라서 반문한 'Drowned' 는 과거완료 'had drowned' 에서 'had' 가 빠진 'drowned' 가 아니라, 수동형 'be drowned'에서 'be' 동사가 빠진 문장이다. 따라서 '익사하다'의 뜻이라기보다는 '익사 당하다'의 의미가 강한 반문이다. 통사적 이해 부족으로 시제를 혼동한 점도 문제이지만, 사건 자체에 대한 논리적 접근에도 실패한 번역이다. 익사(溺死)란 물에 빠져 죽는 일이다. 한번 죽으면 상황은 끝인데, '했었다'는 표현은 과거엔 그랬지만 현재엔 상황과 반대라는 암시를 담고 있다. 그러나 '죽음'과 관련된 사실은 부활이나 재생이란 특별한 경우를 제외하고는 훗날 반대 상황이 일어날 수가 없다. 따라서 '익사했었다'는 표현은 모순이다.

[원문] ②They had heard this and other darker rumours before, of course ;
[번역1] ②물론 지금 나올 이야기 말고도 '누구누구가 불행해졌다'란 소문들이라면 이미 족히 들었던 것들이지만,

줄친 번역 부분은 원문을 번역한 것이 아니라, 번안한 것이라 할 정도로 첨가하고 풀어 번역한 문장이다. 단순히 '더 암울한 다른 소문들'이라고 하면 되고, 그 외의 내용은 각주를 달아 따로 처리해야 하는 정보이다. 번역문 속에 이와 같은 해설을 직접 첨가할 경우, 원작가의 의도와 원문의 독특성은 완전히 사라지고, 원문에 대한 정보가 결핍된 번역가만의 다른 작품이 되고 만다. 번역가는 원작을 존중할 필요가 있으며, 아울러 목표 언어권 독자들에게 선의(善意)의 이질성을 경험할 기회를 줘야 한다. 세계 문학을 이런 식으로 풀어 번역하면, 까뮈와 셰익스피어의 차이나 밀튼과 톨스토이의 차이를 경험할 기회는 완전히 사라진다. 독자의 번역문 이해 부족을 탓하기 전에, 또 마구잡이식 해설 번역을 하기 전에, 번역가는 자신의 원어 혹은 모국어 실력 부족을 자성하며 실력을 보강하는 자세를 갖춰야 한다.

[원문] ③but hobbits have a passions for family history, and they were ready to hear it again.
[번역 1] ③워낙 남들 이야기라면 사족을 못쓰는 호빗들인지라 기꺼이 또 들으려 하고 있**었**다.

집안 이야기에 남다른 관심을 보이는 호빗족들의 특성은 《반지의 제왕》 전체 내용과 관련해 볼 때 아주 중요한 점이다. 그런데 'family history'를 단순히 '남들 이야기'로 번역을 하면, 소설의 전체 흐름은 혼란하게 되고 만다. 집안의 내력과 가풍에 남다른 자부심을 지닌 자긍심이 강한 사람들이 일시에 '남들 이야기'나 좋아하는 족속들로 추락하고 마는 상황을 초래한다.

[원문] ④ 'Well, so they say,' said the Gaffer. ⑤ 'You see : Mr. Drogo, he married poor Miss Primula Brandybuck.
[번역 1] ④ "어디보자, 그 호빗들이 그러는데." 개퍼가 말했다. ⑤ "알다시피 드로고 씨는 어떤 가난한 호빗 프리뮬라 브랜디벅하고 혼인했**었**잖아.

[원문] ① 'Drowned?'에 이어지는 대화이다. "익사당했다고요?" 라고 말하면서 긴장의 끈을 팽팽하게 하고 다가선 호빗들을 향해 대답하는 일성이 "어디 보자"는 어울리지 않는 응답의 서두이다. 밑줄 친 'they'는 구체적으로 호빗이라기보다는 '사람들이…' 그렇게 말한다고 해야 더 정확하면서도 광범위한 호기심을 유발할 수 있다. [번역 1]의 문장 ⑤ 서술부의 '했**었**잖아' 역시 과거의 사실과 상반된 현재, 즉 예전에 결혼했고 현재는 이혼 상태가 아닌 이상, '었'은 필요 없다.

[원문] ⑥She was our Mr. Bilbo's first cousin on the mother's side (her mother being the youngest of the Old Took's daughter);
[번역 1] ⑥아, 그 브랜디벅이 우리 빌보님의 외사촌<u>이었다는 거 아니야</u>! 어머니가 툭 노인의 막내딸이라지, <u>아마</u>.

복잡한 가계를 잘 번역해 냈다. 하지만 '아, 그…' 혹은 '…거 아니야?'는 약간 속된 표현이다. 만화에나 적합한 표현이며 문학 작품이나 소설엔 그다지 바람직한 표현 방식은 아니다. 역시 '~었'을 넣음으로 인해 영원한 사실일 수밖에 없는 친족 관계를 유한한 사실로 한정짓고 말았다. 문장 끝에 붙인 '아마'는 사족이 되었고….

[원문] ⑦and Mr. Drogo was his second cousin.
[번역 1] ⑦그런데 드로고 씨도 빌보님의 사촌인 거야."

친척 호칭은 쉽지 않다. 단순히 소유격 형태인 's'로 표현하는 영어와 달리 한국어에서는 더욱 쉽지 않다. 사촌(四寸)인 'cousin'은 원래 'first cousin'을 줄여 쓴 표현이고, 'second cousin'은 'first cousin'보다 두 관계 더 먼 위치인 '육촌(六寸)'을 가리킨다. 이제 번역을 정리해보자.

번역의 정도(正道)는 노력하는 사람에게만 보인다. 더 적합한 번역어 하나를 위해 몇 시간이라도 투자할 수 있어야 한다. 번역학자 폴 엥글(Paul Engle)은 "TRANSLATE OR DIE", 우리말로 "번역하라 아니면 죽음이다"라고 외치면서 이제 전 세계 각계 학자들이 해야 할 일은 번역이라고 선언한다. 제임스 조이스(James Joyce)의 《율리시즈(Ulysses)》가 미처 책이 출간되기도 전에 프랑스 문단에서 인정받게 한 번역전문가 발레리 라르보(Valery Larbaud, 1881~1957년)는 번역은 "삶과의 끊임없이 친밀한 접촉"을 통해 가능하다고 말했다. 번역 예찬가이며, 평생 신앙과도 같은 정열로 번역과 평론에 헌신한 라르보는 번역가라면 "창작이라는 허영심을 버리고 번역이라는 겸손한 행위"를 즐길 줄 알아야 한다고 지적하며, 번역에서는 결국 "오역을 하지 않는 것보다 나은 건 없다"고 고백했다. 실수도 실력이란 말이 있다. 오역도 실력이다. 실력을 쌓는 길만이 오역을 막을 수 있다.

"Drowned?" said several voices. They had heard this and other darker rumours before, of course; but hobbits have a passions for family history, and they were ready to hear it again.

"Well, so they say," said the Gaffer. "You see : Mr. Drogo, he married poor Miss Primula Brandybuck. She was our Mr. Bilbo's first cousin on the mother's side (her mother being the youngest of the Old Took's daughter) ; and Mr. Drogo was his second cousin."

| chapter 26 |

중역증

　원문에서 직접 번역문으로 옮기는 작업이 때로는 불가능할 때가 있다. 원작가의 모국어에 관한 정보가 거의 없거나 기존 번역의 전례가 없을 때, 흔히 다른 번역을 참고하며 번역하는 방식을 중역(重譯, Retranslation)이라 부른다. 우리나라 최초의 성경인 《구역(1911)》은 히브리어 원문 번역이 아니라, 영어 성경, 중국어 성경을 저본(底本)으로 한 중역이었다. 물론 그 이후 한역(韓譯) 성경은 모두 히브리어 원문과 헬라어 원문을 저본으로 했다. 라틴어 성경은 성 히에로니무스(Hieronymus, 347~420년 B.C.)가 5세기에 번역했는데, 물론 헬라어 성경 《70인 역(The Septuagint)》을 저본으로 한 중역(重譯, Retranslation)이었다. 중세 로마 교회의 성서로 채택된 《불가타 역(The Vulgate)》은 이후 르네상스 이전 초기 유럽 각국의 성서의 중역 저본이 되었다.
　《성경》에는 바벨탑(the Tower of Babel) 이야기가 나온다(〈창세기〉11장). 언어가 하나였던 시기의 이야기이다. 사람들이 고대 바빌로니아(Babylonia)의 옛 수도인 바빌론(Babylon)에 모여 회의를 한다. 그제까지 사람들은 모두 한 가지 언어를 썼기 때문에 어떤 일을 해도 의사소통의 문제는 없었다. 그날 회의 주제는 탑 쌓기. '쓸데도 없이' 하늘에 닿는 탑을 쌓기로 결정한 사람들은 '미련하게도' 엄청난 시간과 경비와 노동을 동원해 탑을 쌓는다. 이 탑을 쌓다가 모두 지쳐 죽을 지경이 된다. 그래도 쉬지 않고 역사(役事)는 계속된다.

보다 못한 하늘의 주인들은 사람들의 교만함도 미웠지만 탑을 쌓다가 곧 모두 죽을 지경인지라, 무모한 역사를 그쯤에서 저지해야만 했다. 이들이 다치지 않고 맘도 상하지 않게 하면서 '탑 쌓기'를 그만두게 하는 방법은? 바로 "서로 다른 말을 하게 하자"였다. 사전은 'babel(바벨)'을 'a confused noise, especially of voices. A noisy assembly. A scene of confusion'로 정의하고 있다. 우리말로 '특히 한꺼번에 여러 목소리들이 겹쳐 나는 소음. 소란스런 집회. 혼란스런 광경' 등을 뜻한다. 사람들은 번역 혹은 통역을 해야 의사소통이 가능하게 되었다. 발레리 라르보가 지적한 겸손과 번역의 관계는, 이렇듯 선사시대로부터 설정된 셈이다. 인간의 교만함을 저지하기 위한 바벨탑 중단 사건은 번역 행위를 불렀고, 비로소 사람들은 겸손할 줄 알게 되었다.

사람들은 번역을 왜 하냐는 질문은 안 한다. 번역가들의 땀과 피로 나오는 번역서들을 통해 해리포터도 만나고, 셰익스피어도 만나고, 생각의 속도의 빌 게이츠도 만나고, 〈타임〉지도 읽고, 또 문화충돌도 알고, 유전자 조작도 알게 되고, 김치 만드는 법을 세계에 가르쳐 주기도 하고, 월드컵도 유치하게 되었으니까…. 문제는 그리 수월치만은 않은 번역을 누구나 쉽게 할 수 있다고 생각하는 데 있다. 또 다른 교만이다.

번역의 도움이 없으면, 각국의 문화는 단절되고, 전혀 융합할 수가 없다. 그러나 야만적인 제국주의나 문화식민화를 위한 번역이 아니라, 서로의 아름다운 문화를 나누고 다양화 속에 세계 평화공존을 이루기 위한 목적으로 하는 번역이어야 한다. 이런 차원에서 번역은 교만이 아니라, 의무이다. 라르보의 말대로 겸손한 사람만 할 수 있는 작업이며, 엥글스의 '번역 아니면 죽음' 선언은 그래서 웃어넘길 일이 아니다. 우리 모두에게 가장 필요한 일을 너무도 적은 수의 사람들이 감당하느라 힘들어 하고 있다. 남아도는 고급인력들로 고학력 실업시대라고 한다. **번역계가 이들 고급인력들을 모두 다 흡수할 수 있기를 바란다.**

서고에서 빛을 볼 날을 기다리는 수많은 고전들, 오늘도 쏟아지는 세계 곳곳의 소설 · 시 · 연극 · 의학 · 물리 · 철학서적들, 그리고 IT와 관련한 혁명적인 서적들을 언제 다 번역할 것인가! 이제 국력은 번역 능력이다. "Translate or die!"의 시대이다.

이번 영어 원문은 《성경》에 나오는 아름다운 시 〈산상수훈(The Sermon on the Mount)〉의 일부이다. 우리나라 시인 윤동주의 시로도 잘 알려져 귀에 꽤 익숙한 시다.

[원문]

③ Blessed are the poor in spirit :
  for theirs is the kingdom of heaven.
④ Blessed are they that mourn :
  for they shall be comforted.
⑤ Blessed are the meek :
  for they shall inherit the earth.
⑥ Blessed are they which do hunger and thirst after righteousness :
  for they shall be filled.

(Matthew, Chapter 5 : 3~6, *King James Version*)

《성경》은 각 나라마다 수십 종의 번역본이 있다. 한국에서도 1911년 《구역성경》이 출간된 이래 수많은 번역 성경이 출판되었다. 교계나 사람들마다 다른 선호에 따라 번역자들이 다양한 번역서를 냈기 때문이다. 400여 년간 영역 성경의 권좌를 차지하고 있는 《제임스 왕 역(*King James Version*)》은 보통 《흠정역(*Authorized Version*)》이라고도 하는데, 1611년에 스스로 시인이었던 제임스 왕이 학자들과 더불어 완역해 출판한 공인(公認) 《성경》으로 영문학사와 세계사에 길이 남을 역서(譯書)다. 국가에서 좋은 서적 번역에 힘쓴 결과, 세계적으로 수백 년 동안 아직까지도 최고의 역서로 인정받는 책이 탄생한 것이다.

이번 원문은 시(詩, verse)이다. 시는 산문(prose) 번역과 다르다. 원천 언어(Source Language, SL)의 단어를 이해하고 문맥을 이해하고 나서 문장을 목표 언

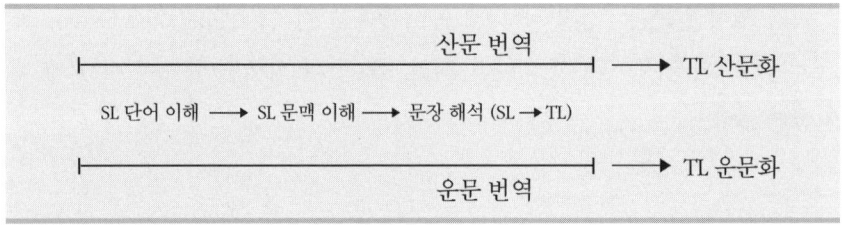

어(Target Language, TL)로 해석하는 과정까지는 다음 표처럼 동일하다.

운문화, 즉 시화(詩化)하는 작업에서는 우선 언어 선택부터 유의해야 한다. 그러고 나서 시를 시인이 원하는 모양으로 정리하는 작업도 필요하다. 다음 번역을 살펴보자.

[번역 1]
③심령이 가난한 자는 축복을 받으리니, 그들의 것이 천국에 있을 것이요.
④애통하는 자는 축복을 받으리니, 그들이 위로를 받을 것이요.
⑤온유한 자는 축복을 받으리니, 그들은 땅을 기업으로 받을 것이요.
⑥의로움 후에 배고프고 목마른 자에게는 축복이 있으니, 그들은 배부르게 될 것이다.

우선 조건문장 서술부를 '~리니, ~이요'로 처리해, 시적 특성을 살린 점과 어휘 선택에 유의한 점에서 훌륭한 번역이다. 시는 이런 면에서 서술부가 산문과는 다를 수 있다는 점은 중요하다. 산문, 즉 일반 문장에서 이런 식으로 '~리니, ~이요'라고 번역을 하면 어색하다. 그러나 시는 다르다. 그리고 영

원문	사전 풀이	번역어
Blessed	축성된, 신성한	축복을 받으리니
spirit	정신, 영혼, 망령	심령
heaven	하늘, 천국, 극락	천국
mourn	슬퍼하다, 애도하다	애통
be comforted	위안되다, 편하다	위안을 받다
meek	순한, 유순한, 기백없는	온유한
inherit	상속하다, 물려받다	기업으로 받다

어 단어를 우리 어휘로 바꿀 때도 시적 분위기에 걸맞는 어휘를 찾아야 한다.

이상과 같이 [번역 1]은 어휘 선택을 훌륭히 했다. 원문이 《성경》이며, 그 중에서도 축복의 시(詩)인 점을 감지하고, 특유의 시적 어휘와 《성경》 문체를 잘 살려 번역하고 있다. 문장 해석도 틀림이 없다. 문제는 전체 문맥 속에 있다. 줄친 부분이 보여주듯이, '그들 ~것'의 반복은 시를 재미없게 만든다. 게다가 3절에서는 '것'을 두 번이나 썼다.

③Blessed are the poor in spirit :
　　for theirs is the kingdom of heaven.
③심령이 가난한 자는 축복을 받으리니, 그들의 것이 천국에 있을 것이요.

시인은 시의 운율과 흐름을 위해 문장의 요소를 도치할 수 있다. 문장 'for theirs is the kingdom of heaven'은 'for the kingdom of heaven is theirs'로 이해하여 번역해야 했다.

④Blessed are they that mourn :

for they shall be comforted.
④애통하는 자는 축복을 받으리니, 그들이 위로를 받을 것이요.

⑤Blessed are the meek :
for they shall inherit the earth.
⑤온유한 자는 축복을 받으리니, 그들은 땅을 기업으로 받을 것이요.

흔히 옛날 시에서는 같은 구조의 문장을 후렴처럼 반복한다. 우리 시 '가시리'의 '얄리얄리 얄라셩 얄라리얄라' 처럼 말이다. 시(verse)는 노래(verse)와 같다는 생각을 했기 때문이다. 고전 영시(英詩)를 번역하고 나서 마무리하며 읽어보는 작업도 중요하다. 저절로 가락이 맞으면 더할 수 없이 좋은 번역이라는 증거이다. 이 두 구절에서는 'for they shall inherit the earth' 의 번역이 까다롭다. 직역하면, '땅을 상속하게 되리라' 라서 [번역 1]의 '땅을 기업으로 받을 것' 이란 번역이 나오기는 좀처럼 쉽지 않다. 물론 번역되어 있는 기존 《성경》을 참조한 번역, 즉 **중역(重譯)**이라 생각한다. 한역 성경들은 헤브라이어 사본은 물론, 영역 성경과 그리스어 성경 등을 참조하며 번역하기 때문에 영역 성경에 나와 있는 번역 내용보다 훨씬 많은 내용을 바탕으로 번역된다. 자신의 번역 실력으로 번역을 하되, 다른 번역을 참조하는 자세도 필요하다. 그러나 전적으로 다른 번역본에 의지해 스스로는 번역을 전혀 안하고 우리말만 고쳐 내는 교정작업만 하는 건 번역가의 윤리에 어긋나며, 만일 그런 경우에는 중역(重譯)임을 밝히고 저본(底本)들도 밝혀 주어야 한다. 참고로 에밀리 브론테(Emily Bronte, 1818~1849년)가 쓴 《폭풍의 언덕(*Wuthering Heights*)》의 경우, 60여 권의 한역(韓譯)서가 있지만, 오역된 부분은 항상 같다는 조사가 나왔다. **이는 많은 번역가들이 원본을 읽고 직접 번역하기보다는 일본역이나 기존 한역본을 중역(重譯)한다**는 증거이다. 번역가는 원문을 직접 읽고 번역해야 그 책임을 다하는 것이다.

⑥Blessed are they which do hunger and thirst after righteousness :
for they shall be filled.
⑥의로움 후에 배고프고 목마른자에게는 축복이 있으니, 그들은 배부르게 될 것이다.

단어 'after'는 부사 '뒤에, 나중에, 후에'의 뜻도 있지만, 여기서는 전치사로써 동사 'hunger'와 'thirst'에 붙여 숙어로 쓰인다. 즉 'hunger after'와 'thirst after'은 모두 '~을 갈망하다'는 뜻이다. 따라서 'hunger and thirst after righteousness'는 '공의를 갈망하고 목말라하다'는 의미이다. 이제 번역을 정리하자.

Blessed are the poor in spirit :
for theirs is the kingdom of heaven.
Blessed are they that mourn :
for they shall be comforted.
Blessed are the meek :
for they shall inherit the earth.
Blessed are they which do hunger and thirst after righteousness :
for they shall be filled.
(Matthew, Chapter 5 : 3~6, *King James Version*)

시 번역은 쉽지 않지만, 그래도 은유와 상징이 비교적 단순한 고전시는 언어의 구조를 파괴하는 현대시에 비해 덜 난해한 편이다. 개념의 모호성과 생략이 심한 현대시를 번역하기란 결코 쉽지 않다.

| chapter 27 |

지나친 의역증(意譯症)

출판시장의 당면 과제는 수없이 산재해 있다. 유통구조의 개선, 유능한 전문 편집인의 꾸준한 양성, 업무환경의 지속적인 개선 등. 그러나, 무엇보다 번역가들에 대한 대우는 여전히 문제가 되고 있다. 쏟아져 나오는 외국서적들, 외국영화, 인터넷 시장, 경제·사회·정치·학계 등 어느 한 곳도 직·간접 번역 행위가 필요치 않은 분야는 없다. 그런데 번역 노동에 대한 보상 규정은? 없다. 오역에 대한 책임은? 그것도 없다. 아니, 누구에게 있는지조차 모른다. 번역물 200자 원고지 한 장 당, 혹은 A4 한 장 당 번역료는 천차만별이다. 시청 앞 번역 시장으로부터 대학 교수의 번역에 이르기까지 그 편차는 아주 크다. 공인된 판정기준이나 원칙도 없이 나름대로 1등급 번역에서부터 최 하위 등급을 구별하고 있나본데, 이건 그야말로 원시적인, 주먹구구식 지식시장의 모습이며, 초현대식 호화판 건물 곁에 '겸손히' 자리잡은 '대장간'을 보는 듯한 현실이다. 하지만 한국 번역계가 함께 헤쳐나가야 할 현실이며, 정비해나가야 할 정책 사항들이다. 출판사와의 번역 계약 역시 일관된 원칙이 정해져야 한다. 그래야 번역가는 자신의 번역에 책임을 질 수 있으며, 출판사는 그에 합당한 훌륭한 번역물을 제공받을 수 있게 된다.

세월이 변하는 속도와 번역가의 일거리는 비례한다. 세월이 급하게 변할수록 번역은 더욱 더 절실히 요구되는 작업이다. 즉, 세월이 급하게 변하고 고도의 문명과 문화가 확산될수록 사람만이 할 수 있는 번역의 비중이 엄청나게 많아진다. 기계번역이 해낼 수 있는 번역과 살아 숨쉬는 사람이 만드는 번역의 차이는 언제나 있다. AI(인공두뇌) 인간의 세상이 온다면 모르지만. 번역가는 할 일이 점점 많아진다. 자신을 위해, 또 앞으로 번역전문가를 꿈꾸고 있는 번역가 꿈나무들을 위해 속히 구체적인 원칙들이 규례화되어야 하겠다. 번역가의 길, 실력 있고 사명감 넘치는 번역가의 길은 멀다. 번역가는 최고의 지식인으로, 또 지성인으로 존중받는 전문가이기 때문이다.

번역가를 위한 지침서 더글러스 로빈슨(Douglas Robinson)의《번역가 되기(Becoming a Translator, 1997년)》에서 로빈슨 교수는 다음과 같은 말을 하고 있다. 원문으로 본다.

(원문)
①The translator will stay up all night doing a rush job, cancel a pleasant evening outing with a friend, or translate a text reliably that s/he finds morally or politically loathsome. ②Professional pride in reliability is the main reason we will spend hours hunting down a single term. ③What is our pay for that time? ④Virtually nothing. ⑤But it feels enormously important to get just the right word(29쪽).

전문가로서의 긍지를 아주 정확하게 기술한 원문이다. 문장이 학술적이라 번역문으로 정리하기에 약간 어려운 편이다.

[번역 1]
①-1번역가는 분주하게 번역을 하느라 밤을 새고 친구들과의 즐거운 저녁약속을 취소할 것이다. ①-2또한 번역가는 자신이 도덕적으로나 정치적으로 싫어하는 원문을 정확하게 해석할 것이다. ②신뢰도에 있

어서의 전문가의 긍지가 한 단어를 정확하게 번역하려고 몇 시간을 소모하는 주된 이유일 것이다. ③그렇게 보낸 시간에 대한 보상은 무엇인가? ④사실상 아무것도 없다. ⑤그러나 정확한 단어로 번역을 하는 것은 엄청나게 중요하다고 생각한다.

[번역 1]의 밑줄친 부분을 먼저 살펴보자. 공통점? 바로 '~ㄹ 것이다' 병이다. 다섯 문장 번역문에 매번 '것'을 쓴 이유는 간단하다. 그런 번역문을 많이 접했기 때문이다. 표현 '것'은 유용하긴 해도, 우리말의 흐름을 한결 딱딱하게 만드는 요소이기에 사용상 절제가 필요하다. 한 문장인 원문 ①을 번역에서 ①-1과 ①-2로 나눈 시도는 좋다. 의미 전달상 정확성을 기하기 위해 번역문에서 원문 문장구조를 변경한 번역이다. 하지만 조동사 'will'은 '미래' 시제를 가리키는 조동사라는 원칙만을 지나치게 의식한 나머지 '~ㄹ 것이다'를 썼고, 그렇게 '오해'한 상태에서 문장을 나누어 번역하다 보니, 전체 흐름이 어색하게 되고 말았다. 문장을 나누면서 '밤을 새는' 일보다는 '저녁 약속 취소'가 시간의 흐름상 앞에 와야 하지 않나 하는 독자들의 기대감에 어긋나는 어색한 상황이 발생한다. 급히 끝내야 하는 일거리가 생겨 저녁 약속도 취소하고 밤을 꼬박 새운다는 순서가 논리적·시간적 흐름으로 봐서 옳기 때문이다. 따라서 원문 ①을 나누어 번역할 경우엔 [번역 1] ①의 '밤을 새고'와 '친구' 사이에 '~할 수도 있고, 혹은' 정도의 접속어를 사용하여 두 문장이 별개의 행동을 표현하고 있음을 명시해야 한다. 원문 ①의 'or' 이후 문장의 의미는 번역할 원문의 내용과 상관없이 번역가는 번역을 하며, 자신의 개인적인 '감정'을 객관화할 수 있어야 한다는 교훈 섞인 말이다. 그렇다면 [번역 1]의 문장 ②는 '~ㄹ 것이다'가 아니고, '~해야 하는'의 의미가 들어가는 마무리를 해야 한다.

[번역 1] ②를 살펴보자.

[원문] ②Professional pride in reliability is the main reason we will spend hours hunting down a single term.
[번역-1] ②신뢰도에 있어서의 전문가의 긍지가 한 단어를 정확하게 번역하려고 몇 시간을 소모하는 주된 이유<u>일 것이다</u>.

[번역 1] ③의 주부와 서술부는 '긍지가~이유일 것이다' 이다. 한번 읽어서는 도저히 이해가 안 되는 문장이다. 왜냐하면, 우리말에서는 '무생물'이 주어가 되면, 의미전달상 어색한 표현이 되기 때문이다. 더구나 원문에도 주어는 분명 'we'로 전문번역가를 가리키고 있다. 따라서 '~이기에, 우리는~' 식으로 표현하는 게 바람직하다. 원문 ③④의 번역을 보자.

[원문] ③What is our pay for that time? ④Virtually nothing.
[번역] ③그렇게 보낸 시간에 대한 보상은 무엇인가? ④사실상 <u>아무것도 없다</u>.

글이 막바지에 이르면서 속도감이 생기고 있다. 원문 필자는 반문법을 쓰고 있다. [번역 1] ③처럼 '보상은 무엇인가?' 하기보다는 간단히 '보상은?' 정도가 글의 속도감을 유지해준다. 이어지는 [번역 1] ④ 역시 '<u>아무것도 없다</u>' 식으로 늘어질 이유가 없다. '전혀 없다'는 식으로 간단히 표현하면 된다. 마지막 문장을 보자.

[원문] ⑤ But it feels enormously important to get just the right word
[번역-1] ⑤ 그러나 정확한 단어로 번역을 <u>하는 것은</u> 엄청나게 중요하다고 생각한다.

번역자는 부정사구 'to get'를 의역하여 '번역하는 것'으로 표현하고 있다. 하지만 원문 ⑤가 시사하는 바는 '일반적인' 주의사항이 아니라 아주 '구체적인' 경험이다. '정확한' 표현 한 마디('a single term')를 찾느라 몇 시간을 보내는 이유인즉은 '꼭 맞는 말을 찾아내는 일('to get just the right word'), 이 그만큼 소중하기 때문이라는 의미이다. 결국 번역문은 **의역으로 원문의미의 구체성을 상실**하게 된 좋은 예이다. 바로 원문이 지적하는 것처럼, 의역도 좋지만 **'just the right word,' 즉 '틀림없이 꼭 맞는 말'이 더 좋다**는 원칙을 잊지 말기 바란다.

참고로 원문 ①의 'translate a text'를 [번역 1]은 '원문을 (정확하게) 해석할 것이다'로 번역한 반면, 다른 초벌번역자 중에는 '화제(話題)를 번역하다', '어떤 교재를 번역하다' 등으로 한 분들이 있었다. [번역 1]의 '원문'이 'text'에 적합한 어휘이며, 'translate'는 '번역하다'가 일반적이며 정확하다. 이제 번역을 정리해보자.

> The translator will stay up all night doing a rush job, cancel a pleasant evening outing with a friend, or translate a text reliably that s/he finds morally or politically loathsome. Professional pride in reliability is the main reason we will spend hours hunting down a single term. What is our pay for that time? Virtually nothing. But it feels enormously important to get just the right word. (29쪽)

_____

_____

_____

_____

_____

번역전문가는 '신뢰도'에 의해 보상을 받는다. 정확한 말을 찾아 밤을 지새는 일에 대한 보상이 현실적으로 없다는 말은 사실이 아닐 수도 있다. 번역의 '신뢰도', 번역가의 전문인으로서 '실력'을 인정받기까지의 과정에서는 아마도 '보상(pay)'이 적거나 없을 수도 있다. 그러나 일단 '전문가로서 실력'을 인정받으면, 여러분은 아마도 잠을 잘 틈이 없을 정도로 넘쳐나는 일감에 비명을 지르게 될 것이다.

| chapter 28 |

과잉번역증

영국 시인이자 외교관인 와이어트(Sir Thomas Wyatt, 1503~1542년) 경은 외교관답게 번역에 많은 공을 들였다. 특히 이탈리아 시(詩) 번역을 즐겨했는데, 시 번역에서 고려해야 하는 **형식과 의미 전달의 충실성**을 지키기 위해 고심했다. 페트라르카(Francesco Petracas, 1304~1374년)의 연애시(戀愛詩)인 14행의 소네트를 번역하면서, 14행의 길이뿐 아니라, 매 시행의 끝소리(각운, Rhyme)를 정확하게 압운(押韻)시켰다.

번역문 속에서 원문의 의미를 유사한 형식으로 진솔하게 전달하는 일은 쉽지 않다. 특히 영어에서 리듬은 강세와 시간의 변화에 따라 결정되고, 운문(韻文)인 시에서는 음악의 경우처럼 강세와 시간의 문제에 더욱 매달릴 수밖에 없다.

> The long love that in my thought doth harbour.
> And in mine heart doth keep his residence
> Into my face presseth with bold pretence
> And therein campeth, spreading his banner.

와이어트는 귀부인에 대한 사랑과 욕망을 그린 이탈리아 연시(戀詩) 번역을 이렇게 멋들어지게 시작하고 있다. 시행의 끝단어의 모음에 대한 발음을 격식에 맞추는 각운도 '~vour', '~nner' 또, '~ce', '~ce'와 같이 abba 형식으로 맞추어 번역해 '이탈리안 소네트' 형식 혹은 '페트라르칸 소네트' 형식(abbaabba cdc dcd)에 충실하고 있다. 어떻게 외국시를 번역하며 운율까지 옮길 수 있었을까? 한국어로 번역하면 이런 형식을 살릴 수 있을까? 형식에 초점을 맞추기 위해 필자가 축자역(Literal Translation)을 해보았다.

    오래된 그 사랑은 내 생각 속에 정박해 있도다.
    그리고 내 마음속에 그의 거처를 지니고 있네.
    내 얼굴을 누르네, 대담한 요구로.
    그리고 그곳에 캠프를 치네, 깃발을 펼치며.

당연히 영시의 운율은 온데 간데 없이 사라지고 말았다. 와이어트의 비밀스런 기술(Art of Translation)은 무엇이었을까? 놀랍게도 영어와 이탈리아어에 있을 법한 '어떤' 언어형태론적 동질성을 발견한 걸까? 사실, 답은 간단하다. 와이어트가 시의 운율(韻律)까지 맞추고 생동감 넘치는 번역을 할 수 있었던 이유는 외국시인 이탈리아 연애시에서 소재를 취해 자신의 시로 '다시 쓰기(Rewriting)' 했기 때문이다. 와이어트의 번역은 바로 완전한 의역(意譯)이다. 한국어로 의역하면 이런 형식을 살릴 수 있을까? 형식과 의미를 살리기 위해 다시 필자가 직역(Direct Translation)에 가까운 의역(Natural Translation)을 해보자.

    내 생각이 정박해 있는 오래 전 사랑.
    내 마음에 그 생각 여전히 살고 있다네.
    내 얼굴을 당돌한 요구로 밀어붙인다네.
    깃발을 펼쳐 그곳에 주둔한 사랑.

한국시에서 영시의 각운(脚韻)을 살린다는 건 불가능하다. 그럼에도 불구하고, 이 경우(~랑, ~네, ~네, ~랑)에는 abba 각운을 맞출 수가 있다. 지나친 원문 존중 번역의 결과물이긴 하지만, 번역 목적과 독자층에 따라 시도할 필요가 있는 번역 방식이다. 나쁘진 않다. 그렇다면 다음 필자의 번역은 어떤가?

내 생각이 머물러 있는 옛 사랑이여.
마음에 그 생각 여전히 살아 있다네.
당돌한 요구로 내 얼굴을 밀어붙이고는
깃발을 펼쳐 그곳에 주둔한다네.

시 형식만 갖춘 자유역(自由譯, Free Translation)이다. 의미는 당연히 분명해졌고, 우리말 고전시의 빈번한 운율(3/3/4, 혹은 4/3/3)에도 훨씬 가까우며, 시적 감흥도 더하다. '자신을 정복한 사랑'을 그리기 위한 원문 시인의 시상(詩像, Poetic Image)이 '전쟁'이기에 '당돌한 요구', '깃발을 펼쳐' 등의 **표현이 낯설기**는 하다. 여기가 시 번역의 경계이다. 엘리엇(Thomas Stern Eliot, 1888.9.26~1965.1.4)의《황무지(荒蕪地, The Waste Land, 1922년)》를 감수·편집한 시인이며 번역자이고 평론가인 에즈라 파운드(Ezra Loomis Pound, 1885.10.30~1972.11.1)가 "**번역은 글자(letter)의 문제가 아니라, 영혼(spirit)의 문제**"라고 언급했듯이, 번역에는 때로 의미가 앞선다. 그래도 원문의 외침은 어딘가에 살아 있어야 한다. 우리가 유의해야 할 점은 지나친 첨가와 설명으로 '**과잉번역(Overtranslation)' 할 경우 발생하는 왜곡이다.** 원문의 의미와 함께 형식도 드러낼 수 있는 번역도 아름답다. 낯설음에 대한 새로운 경험은 언제나 즐겁지 않은가!

다음 원문은 삶을 어떻게 바라보느냐에 따라 삶이 달라진다는 내용의 고백체 글이다.

[원문]

①As for me, I don't worry so much anymore. ②I used to sit in the parking deck thinking life was dark, bleak and unyielding, just like the mass of cold gray stone around me. ③Things looked that way because that's why I was looking at them. ④We all go through changes, good and bad, but that's just life. ⑤How we face those rough patches is what living is all about.

원문은 산문체이며 고백체이다. 형용사 'dark, bleak and unyielding, cold gray' 등이 작가의 심경을 잘 표현해주고 있다. 고백체의 글을 번역할 때는 일단 원작자의 심리 상태를 잘 파악해야 글의 내용이 좀 더 선명해진다. **번역가는 진지하게 정독(精讀)하는 독자**가 되어야 한다. 글에 다각적으로 접근하는 것 또한 번역에 많은 도움이 된다. 다음 번역을 보자.

[번역 1]

①난 말야, 더 이상 심각하게 고민하지 않아. ②-1한때는 주차장에 앉아서 인생이란 어둡고, 침울하며 절망적이라고 생각하곤 했었어. ②-2날 둘러싼 차가운 회색 빛 도시처럼 말야. ③내가 그런 식으로 생각하자 모든 사물이 정말 그렇게 보였어. ④-1우린 모두 좋기도 하고, 나쁘기도 하는 변화를 겪게 돼. ④-2그게 바로 인생이지. ⑤그런 힘든 상황들을 이겨내는 것이 바로 인생의 전부인 거야.

산문 고백체 원문을 대화체로 바꾸어 번역해 생동감이 있다. 그러나 원문이 잡지에 실리는 글로 대상이 불특정 다수의 독자일 경우, [번역 1]식의 서술형 어미는 곤란하다. 원문이 다섯 문장인데, [번역 1]은 일곱 문장으로 번역한 점은 무리가 없다. 몇몇 문제점만 지적한다. 번역 ②-1은 'used to~' 구문이다.

부사어 'once'를 떠올리게 만드는 '한때는 ~하곤 했었어'로 번역하기보다는 막연한 옛날, 혹은 과거 시간을 지칭하는 '예전엔 ~하곤 했었어'가 어떨까? 본문의 의도와 어휘 선택의 의미를 최대한 살리는 번역을 하도록 노력하자.

형용사 'dark, bleak'에 이어지는 'unyielding'은 어떻게 번역해야 할까? [번역 1]은 '어둡고, 침울하며'의 분위기에 어울리는 연속선상의 어휘 '절망적이라고'를 선택했다. 그러나 'unyielding'은 영영(英英)사전 정의에 따르면, '1. Not bending; inflexible. 2. Not giving way to pressure or persuasion; obdurate', 즉 '구부러지지 않는, 굽힐 수 없는' 혹은 '압력과 설득에 포기하지 않는, 완고한'의 뜻이다. 다시 말해 주차장 벽면의 잿빛 콘크리트의 또 다른 특성인 '단단함', '무너지지 않음' 등의 의미를 구현하고 있는 형용사이다. 필자의 힘으로는 무너뜨릴 수도 막을 수도 바꿀 수도 없는 실체가 인생이라고 보았다는 얘기이다. 따라서 그런 사실의 결과로 감정적인 단어인 '절망적이라고'를 사용한 것은 **과잉번역**의 또 다른 예이다.

[번역 1]의 문장 ②-2' 날 둘러싼 차가운 회색 빛 도시처럼 말야'에서는 '회색빛 도시'가 문제이다. 원문 'just like the mass of cold gray stone around me'의 'stone'은 어디로 갔나? 과잉번역(Overtranslation)하여 왜곡이 일어난 경우이다. 작가는 건물 벽으로 둘러싸인 주차장에 앉아 있곤 했다. 바로 그 회색 콘크리트 벽의 'cold gray', 즉 '차가움과 잿빛' 느낌이 자신의 삶에 대한 감성이었다고 고백하고 있는 것이다. [번역 1]③을 좀 더 자세히 살펴보자.

[원문] ③Things looked that way because that's why I was looking at them.
[번역 1]③내가 그런 식으로 생각하자 모든 사물이 정말 그렇게 보였어.

역시 동사 'look'을 의역해 번역 문장 자체는 유려하고 자연스럽다. 그러나 작가는 인생을 바라보는 '눈' 이라는 시각적 측면에서 자신이 취한 자세를 고백하고 있는데, [번역 1]은 인생을 어떻게 생각하느냐의 관점으로 접근하고 있다. 특히 이 문장은 필자는 주절과 종속절에 동사 'look'를 반복 사용함으로써, 자신이 인생을 바라보는 관점에 문제가 있었다는 사실을 고백하고 있는 중요한 문장이다. 단순히 정적이며 소극적인 '생각'이 아니라, 원문에 분명히 나와 있듯이, 동적이며 실제로 행했던 사실로서 'look' 이라는 점을 유의해 번역했어야 했다. 특히 이전 문장에 나온 형용사 'cold gray stone'은 감각적이며 시각적인 형용사로서 이미 동사 'look'의 출현을 어느 정도 예상하고 있기도 하다. 단어 하나 선택에도 민감해야 하는 번역가의 사명 또한 중요하다.

문장 ④에서 'good and bad'는 'changes'를 꾸미는 형용사이다. 문장 자체도 간단 명료하다.

[원문] ④We all go through changes, good and bad, but that's just life.
[번역 1] ④-1 우린 모두 좋기도 하고, 나쁘기도 하는 변화를 겪게 돼.
④-2 그게 바로 인생이지.

[번역 1]에서는 앞부분에서 '좋기도 하고, 나쁘기도 하는' 표현을 사용함으로써, 문장 전체의 명료함과 속도감이 둔화되고 있다. 원작가가 명사를 수식하는 이 형용사를 뒤로 빼어 콤마(comma) 두 개 사이(,~,)에 넣음으로써 강조한 이유는 이 문장에서는 문법보다는 의미의 선명함을 소중하게 생각하고 있다는 증거이다. 간단히 '좋든 나쁘든' 정도로 번역하면 된다. [원문] ⑤에서는 'How'를 살리는 번역을 해야 한다.

[원문] ⑤How we face those rough patches is what living is all about.
[번역 1] ⑤그런 힘든 상황들을 이겨내는 것이 바로 인생의 전부인 거야.
[번역 1]은 단순히 '~하는 것이' 식으로 번역해서 '방법' 즉 'How'가 소중

하다는 원문의 의미를 희석하고 있다. 원문은 살아 있다. 눈앞에 펼쳐진 현실이다. 부정할 수 없는 사실이다. 원문을 번역하는 번역가는 원문에 대한 자신의 이해를 다시 쓰기보다는 그 이해를 바탕으로 원문이 말하고자 하는 내용을 똑바로 옮겨야 하는 의무가 있다. 이제 번역을 정리해보자.

> As for me, I don't worry so much anymore. I used to sit in the parking deck thinking life was dark, bleak and unyielding, just like the mass of cold gray stone around me. Things looked that way because that's why I was looking at them. We all go through changes, good and bad, but that's just life. How we face those rough patches is what living is all about.

| chapter 29 |

장르 혼돈증

윌리스 반스토운(Willis Barnstone, 1993 : 271)은 《번역의 시학(*The Poetics of Translation*)》에서 "번역은 XEROX가 아니라, X-RAY 촬영이다"라고 말하면서 "시 번역가는 외국인 혹은 외국의 문화와 풍습에 매료된 사람(Xenophiliac)"이라고 정의한다. 시를 번역하는 사람이 꼭 시인일 필요는 없지만, 시를 번역할 때 번역자는 그 과정을 통해 시인으로 거듭날 수밖에 없다. 외국인, 즉 원천 언어 시에 매료되고 원천 언어권 문화와 풍습에 빠지는 과정을 통해 진정한 번역 시가 탄생한다는 말이다. 수전 배스넷-맥과이어(Susan Bassnett-McGuire)는 시 번역을 위해 '번역과 해석'의 과정이 동반되어야만 한다고 자신의 저서《번역학(*Translation Studies*)》에서 주장한다. 2003년 1월 한국을 방문한 번역학(Translation Studies)의 대가이자 시인인 배스넷 맥과이어 교수는 시를 번역하는 방법론으로 앙드레 르페브르(Andr'e Lefevere)의 7가지 전략을 택하기를 적극 권장하고 있다. 르페브르는 저서《시 번역하기, 7가지 전략과 청사진(*Translating Poetry : Seven Strategies and a Blueprint*, 1975년)》에서 다음과 같은 7가지 시 번역 방법을 제안했다.

1. 음소론적 번역(Phonemic T.) : 원문의 발음까지 살려 번역하는 방법
   → 결과물 : 원작 느낌을 상실한 이상한 번역

2. 축자역(Literal T.) : 단어 대(對) 단어 번역

    → 결과물 : 원작 느낌 상실 및 어색한 어구 출현.

3. 율격번역(Metrical T.) : 원작의 율격(律格)을 되살리는 번역 방법

    → 결과물 : 전체 작품의 가치 상실.

4. 산문번역(Poetry into Prose) : 장르 혼동 번역

    → 결과물 : 원작의 느낌, 의미, 어구 배열 상의 왜곡 발생.

5. 운율번역(Rhymed T.) : 운(韻)과 율(律)을 살리는 번역

    → 결과물 : 이중 속박으로 서툰 모사품 산출.

6. 무운(無韻)번역(Blank Verse T.) : 고차원의 축자역

    → 결과물 : 구조적 제한으로 원시(原詩)의 심층 의미 상실.

7. 해석(Interpretation) : 해석 번역 방법

    → 결과물 : 형식을 버리고 내용만 살린 개작(改作)과 제목과 작가의 의도만 살린 모사(模寫) 번역시 출현.

(* T. = Translation)

르페브르가 제안한 이상의 7가지 방법은 각각 문제점을 안고 있다. 그러나 7가지 면에서 고민하며 번역하는 자세가 중요하다. 이 중 단 한 가지 방법만을 선택한다면 번역시의 유기적 통일성을 기대하기는 어렵다. 따라서 좀 더 나은 시번역을 위해, 모든 번역시는 또 다른 독립된 시라고 주장하는 포포빅(Anton Popovic)의 주장이나, 번역에서는 모방이 불가능하며, 원문의 날조나 위조만 가능할 뿐이라고 말하는 반스토운의 역설적 시 번역 방법론에도 귀를 기울일 필요가 있다. 다음의 원문은 영국 낭만주의 시대의 유명한 시이다.

[원문]

My heart leaps up when I behold

   A rainbow in the sky :

So was it when my life began ;
So is it now I am a man ;
So be it when I shall grow old,
　Or let me die!
The Child is father of the Man ;
And I could wish my days to be
Bound each to each by natural piety. (1802/1807년)

바이런(George Gordon Byron, 1788~1824년)은 별이 수놓인 하늘이야말로 가장 아름다운 시 그 자체라고 말했다. 영국 낭만주의(Romanticism) 시인다운, 시에 대한 정의이다. 율격에 맞춰 기계처럼 써야 했던 고전주의에 반항하여, 시에 '자유'로운 숨결을 넣어보고자 하던 시대인 낭만주의 시기는 곧 도래(到來)할 자유시(free verse)의 물결을 일찍이 예고했다. 아직은 자연을 자유롭게 찬미하는 서정시(lyric)가 풍미하던 이 시기를 대표하는 낭만주의 시인은 단연 위의 시를 쓴 장본인인 윌리엄 워즈워스(William Wordsworth, 1778~1850년)다. 낭만주의 시는 현대시에 비해 비교적 번역하기가 수월하다. 많은 분들이 시 번역을 보내주었다. 특징 있는 몇 편을 살펴본다. 우선 다음 번역을 보자.

[번역 1]
하늘의 무지개를 볼 때면 내 마음 설레어라. 나 태어났을 적에도 어른이 된 지금에도. 늙어진 후에도 그러하라. 아니면 죽어도 좋으리라. <u>세 살 버릇 여든까지 간다고 하니</u> 내 살아가는 나날이 자연의 경건함으로 엮이길 바랄 수 있을지니.

시 번역의 7가지 방법에 의거하면, [번역 1]은 '시'라는 장르, 즉 형식을 무시한 번역이다. 장르 혼동증이 발생하면, 결과물은 원작의 느낌과 의미, 어구 배열상의 혼란을 초래한다. 따라서 줄친 부분처럼 원문과 전혀 다른 의미를 담은 구절을 번역시에 첨가하는 실수마저 저지르게 된다. 이 구절 'The Child is father of the Man;'은 고금동서를 통해 많은 사람들의 마음을 울린 워즈워스의 유명한 시구(詩句)다. 다른 오역으로는 '어린아이들은 인류의 아버지이다', '아이들은 남자들의 아버지이다' 등이 있었다. 전체 내용에 대한 진지한 해석과 이해의 과정에 시간을 좀 더 투자했다면, 있을 수 없는 실수이다. 그럼 다음 번역을 보자.

[번역 2]
하늘의 무지개를 **주시**할 때
내 마음은 **도약**한다 :
내 삶이 시작되었을 때도 **그러했다 ;**
내가 어른이 된 지금에도 **그러하다 ;**
내가 노인이 될 때도 **그럴 것이다,**
그렇지 않다면 죽게 하소서!
어린아이는 어른의 아버지이다;
그러기에 나는 내 삶이
본래의 경건함으로 점점 **약동하기를 바란다.** (1802/1807년)

 서술어미가 낭만시라는 사실을 살려주기에 다소 경직된 감이 없지 않으나, 시라는 장르를 잘 살린 번역이다. 굵게 표시한 **'주시, 도약'** 역시 정확한 번역이긴 하지만, 시의 전체적 흐름에 걸림돌이 되는, 다소 무거운 어휘이다. [번역 2]의 번역가에게는 **정확함과 자연스러움의 조화가 공존하는 번역**을 하기 위한 노력이 필요하다. 3·4·5 행의 서술을 '그러했다', '그러하다', '그럴 것이다'로 마무리한 점도 시의 재미와 긴박감을 감(減)하는 삼단논법식 산문투의 번역이다. 역시 장르 혼동 증세이다. 시(a poem ; lines ; verse ; an ode ; poetry)

는 노래(a song [민요] ; a ballad [시가] ; a poem ; a verse ; an ode [송시] ; poetry)이다. 특히 서정시란 'lyric', 즉 'lyre(수금)'에 맞춰 부르는 노래에서 나온 단어라서, 'the lyre'라 부르기도 한다. [번역 2]의 서술형 어미로는 읽으며 노래가 나오기 힘들다. 마지막 행은 오역!

And I could wish my days to be
Bound each to each by natural piety. (1802/1807년)

동사 'bind'가 'to be'에 걸려 과거분사/수동형인 'bound' (의무가 있는; 속박된 (by))가 된 것을 '튀어오르다, 뛰다' 등의 자동사로 오해한 결과이다. 많은 서정시의 경우, 시인은 문장구조에 맞는 시구(詩句)를 쓴 후에 운율에 맞춰 구문을 도치한다. 따라서 흩어진 시구를 잘 응시하면, 거의 모든 경우 문장의 성분이 다 드러난다. 모든 번역에서 번역가는 우선 원문의 성분을 확인해야 해석이 가능함을 알아야 하고, 구문 해독을 한 이후에야 전체 문장을 이해할 수 있다는 사실을 깨달아야 한다. 번역시에서도 이 점을 적절히 살려주면 더 좋다. 다음 번역은 어떤가?

[번역 3]
하늘에 있는 무지개를 보면 내 마음이 ①두근(요동)거리네.
내 삶이 시작했을 때도, 한 남자로 살고 있는 지금도,
②더 나이 들어 **백발이 허옇게 서릴 그때도** 그럴 것이네.
③그렇지 않으면 난 이미 이 세상 사람이 아니네!
아이들은 ④남자들의 아버지이다.
그리고 난 내 날들이 자연의 경건함에 의해 ⑤서로서로에게 귀속되길 바라네.

산문성이 농후한 번역으로 원래 시의 특성을 50% 정도 포기한 번역시라고 볼 수 있다. 번호를 매겨 줄친 문장은 문제를 제기할 수 있는 부분이다. ①은 두 어휘 중 하나를 싫든 좋든 선택해야 하는 번역가의 최종 의무를 잊은 번역이다. 그러나 '두근거리네'는 적절한 표현이다. ②는 시 전체를 완전히 이해한 사람만이 해낼 수 있는 번역이다. 하지만 굵은 글자 부분은 창작이지, 번역이 아니다. 시의 보편적인 특성 중의 하나는 생략이다. 번역을 하면서 번역가 개인이 이해한 내용을 다 풀어 해설한다면, 시 번역을 따로 할 필요가 없다. 함축, 신비, 낯설음 등은 시의 덕목이다. 번역에서도 당연히 살려줘야 한다. 문장 ③의 번역문과 원문을 보자.

[원문] ③Or let me die!
[번역 3] ③그렇지 않으면 난 이미 이 세상 사람이 아니네!

응모된 다른 번역들을 살펴보자.

- 만약 그렇지 않다면 나를 죽도록 내버려두게나!
- 날 그대로 죽게 내버려둬라!
- 그렇지 않으면 난 이미 이 세상 사람이 아니네!
- 아니면 죽어도 좋으리라.

자, 어느 번역이 이 시의 절정 부분에 어울리는 구절이 될까? 이제 워즈워스의 시 '하늘의 무지개를 바라보면' 번역을 정리하자.

My heart leaps up when I behold
　　A rainbow in the sky:
So was it when my life began ;
So is it now I am a man ;
So be it when I shall grow old,
　　Or let me die!
The Child is father of the Man ;
And I could wish my days to be
Bound each to each by natural piety. (1802/1807년)

　　시 번역은 새로운 시의 창작이다. 번역시는 당연히 원문이 있는 시이므로 온전한 창작시라고 하기는 어렵다. 원문이 있는 번역시를 원래 시와 동일하다고 할 수는 없다. 그러나 시 번역을 위해 번역가에게는 어느 장르에서보다 창의성이 필요하다. 창의성을 발휘한 번역시와 창작시를 비교해 우월을 가릴 수도 없다. 어떤 면에서 창작시보다 쓰기 어려운 시가 번역시이기 때문이다.

창의적 사고의 자유를 **원문의 단어와 구문과 작가의 은유(隱喩, Metaphor)로 속박하고 있기 때문**이다. 시 번역상의 어색함에 대해서는 이런 관점에서 산문의 경우보다 한결 너그러울 수 있다는 점은 시 번역가에 대한 아량으로 보면 되겠다.

part 05

국어실력 향상법

번역을 잘 하려면, 국어실력을 점검해야 한다. '번역에 대해 논하라는 질문'에는 논리적이고, 어법에 맞게 답안을 쓰더라도, 실제로 번역을 하라는 실전문제에 대한 답안은 무슨 소린지 알 수 없을 정도로 형편없는 글을 쓰는 학생이 많다. 우리말을 훌륭히 구사하는 사람들이 번역 현장에서 헤매는 이유는 꼭 영어 실력이 부족해서만은 아니다. 언어 구조의 차이와 그 차이를 의미 이해의 단계로 끌어올려 소화한 후에, 문장을 다듬는 작업에 익숙해지도록 국어실력을 다듬지 않았기 때문이다.

| chapter 30 |

국어실력 부족증

　영한(英韓) 번역을 잘 하기 위한 두 번째 기본 요건은 뭘까? 물론 영어 실력 키우기는 중요하다. 그렇다면 영어 실력이 있는 사람은 누구라도 영한 번역을 '잘' 할 수 있을까? '누구라도'는 아니다. 영어 실력은 미국 본토 초등학교 어린이들이 한국 성인 대학생들보다 훨씬 낫다. 여러분의 영어 실력은 번역을 할 수 있는 필요조건이지, 충분조건은 아니다. 번역을 위한 필요충분조건은 탄탄한 영어 실력을 표현할 수 있는 **우리말 실력**이다.

　영어 실력이 어느 정도 갖춰진 후에는 **국어 실력**을 점검해야 한다. 내가 과연 우리나라 말을 잘 하고 있는지를 점검해야 한다는 말이다. 강의실에서 번역을 가르치다 보면, 흔히 부딪히는 일이 있다. 번역에 대해 논하라는 질문에 대한 답안 작성은 논리적으로, 이론적으로, 그리고 어법에 맞춰 훌륭히 쓸 수 있는 대학원생들도, 번역을 실제로 하라는 문제에 대한 답안에는 형편 없는 해석으로 무슨 소린지 알 수가 없는 글을 쓰는 경우가 허다하다는 점이다. 우리말을 훌륭히 구사하는 사람들이 번역 현장에서 당황하는 이유는 꼭 영어 실력이 부족해서만은 아니다. 언어구조의 차이와 그 차이를 의미 이해의 단계로 끌어올려 소화한 후에, 마치 소가 되새김질하듯 문장을 다듬는 작업에 익숙하지 않기 때문이다. 초보번역가는 **'문장 다듬기'** 작업과정에 시간을 넉넉히 할애해야 한다. 다시 말해 번역일을 좀 더 잘 해내려면, 넉넉한 영어와 한국어 실력은 물론, 충분한 시간적 여유를 갖고 작업에 임해야 한다는 말이다.

요즘은 초등학교 고학년만 되어도 우리말 어휘력이 상당하다. 쉽게 접할 수 있는 매체들이 산재하기에 아이들 말 실력이 확실히 예전과는 다른 수준과 속도로 발전하고 있다. 하지만 통신잡담방(internet chatting-room)에 들어가는 순간 사람들은 심하게 변형되고 왜곡된, 우리말 아닌 우리말로 대화를 시작한다. 멋대로인 통신언어 확산과 이를 이용한 젊은 세대들 간의 무리 없는 의사소통은 세대를 구별짓는 신기한 현상이다. 바로 성의 없이 번역한 **번역서를 읽을 때 느끼는 어색함과 이질감**이 통신언어에도 존재한다. 우리말인데 괴물처럼 쓰인 말들! 간신히 이해가 되긴 하지만, 더 많은 사람들과 원활하게 소통하기에는 문제가 있는 문장들. 모두 **우리말 실력 부족증, 자신감 부족증**에서 비롯한다.

물론 **우리말 실력 부족증** 역시 이 책을 통해 고칠 수 있다. 열심히 치료를 받거나, 혹은 다른 사람들이 치료받는 걸 열심히 연구하다 보면, 모두가 기본으로 잘 하는 국어가 번역 현장에서 맥없이 흔들리는 걸 막을 수 있다. 원인 치료에 의해서 말이다. 통신언어에서 무너지고만 우리말의 원칙을 바로 세우는 작업도 필요하고, 무엇보다 더 많은 수요가 있는 번역서에서 휘청거리는 우리말 원리와 질서를 되찾는 작업도 절실하다. 더 나아가 모국어의 풍요로움에 기여하는 번역으로서의 위치를 다잡아야 한다. 아름다운 우리말을 찾는 작업은 **국어 실력 부족증** 치료로부터 우선 시작하자.

다음 원문은 전쟁 포로 얘기이다. 탈옥을 시도하다 실패한 작가는 독방에 갇히고 만다. 아주 간단하고 사실적인 문장이지만, 몇 군데 **우리말 실력**을 시험하는 표현이 나온다.

[원문]
① "Fourteen days!" snapped the camp commander. ②For two weeks I lived in that crate with nothing more than a pallet, a tattered blanket and a tin can for a toilet. ③No light, no heat. ④The cold seeped into

my bones, and the lice ate at me. ⑤Daily rations were a canteen of weak coffee and a chunk of stale bread. ⑥Worst of all was the torture of staring into pitch-black nothingness day after day. ⑦I was afraid I'd lose my mind.

절망적인 포로생활을 7개 문장 안에 어둡게 표현한 글이다. 앞뒤를 모르는 짧은 글을 번역하기는 쉽지 않다. 그런 만큼 글 전체를 더 잘 읽고 나서 의미를 파악한 후 번역에 임해야 한다. 해석의 차원에 머물지 말고, 번역은 이타적(利他的)이라는 현실에 순응하기를 바란다. 즉, 번역은 나뿐 아니라, 제3자, 혹은 독자를 위한 작업이라는 말이다. 다음 번역이 얼마나 이기적인 해석의 차원을 멀리 못 벗어나고 있는지 살펴본다.

[번역 1]

① "14일" 이라고 포로수용소 소장이 말**했다**. ②두 주일 간 나는 누추한 잠자리에 허름한 담요와 변을 위한 깡통으로 그 판자집에서 살**았다**. ③전기도 없고 난방시설도 **없다**. ④추위는 나의 뼈 속에 사무쳤고 이는 나를 깨물**었다**. ⑤일용할 양식은 묽게 탄 커피 한 잔과 딱딱한 빵 한 조각이었다. ⑥그 중에 가장 극악한 고문은 날마다 응시할 만한 곳이 없는 데 **있다**. ⑦나는 미칠 것만 **같다.**

우선 이 번역은 시제의 일치를 무시하고 있다. 굵은 글씨로 표시한 부분을 잘 보라. '했다, 살았다' (과거) → '없다' (현재) → '깨물었다' (과거) → '있다, 같다' (현재). 위 글처럼 과거의 사건을 기술하는 글도 때로는 현장감을 위해 현재로 번역할 수는 있다. 하지만 어떤 경우라도 시제는 일치시켜야 한다. 한 단락 내에서 서술어미에 과거형과 현재형을 혼합해 쓰는 것은 영어 실력과 **국어 실력 부족중**으로 빈번하게 일어나는 증세이다.

둘째 문제는 오역(誤譯)이다. 필자가 갇힌 곳은 '그 판자집(→판잣집)'이 아니라, 분명 '독방'이라고 미리 정보를 주었다. 번역할 때는 문장만 붙들고 있기보다는 모든 사전 정보 수집에도 신경을 써야 한다. 큰 나무 상자 정도 밖에 안 되는 'that crate', 즉 '독방'에 갇히는 장면이다. 그리고 지금 독방에서 마음이 절박한데, 'Daily rations'을 성스럽게 '일용할 양식'으로 쓸 수 있을까? 그리고 'Worst of all was the torture'를 '가장 극악한 고문'이라고 한 것은 '일용할 양식은'이라는 표현과 전혀 어울리지 않게 너무 절박하고, 또 실제 원문의 뜻보다 너무 강하다. 번역 ⑥은 전체적으로 오역이며, ⑦은 확실한 정보를 무시한 서툰 번역이다. 짧지만 필자의 심리상태를 정확하게 표현한 원문을 그대로 살리는 번역을 해야 한다.

그리고 셋째로, 번역을 하면서 **사전을 좀더 잘 찾는 습관**도 중요하다. '딱딱한 빵 한 조각'이란 표현이나, "이는 나를 깨물**었다**" 등은 모두 사전을 잘 찾는 노력을 했다면 좀더 잘 번역할 수 있는 문장들이다. 사전에 따르면, 'stale'은 음식이 상한 경우에 사용하는 형용사이다. 영영사전에서는 'stale'을 "esp of food) no longer fresh and often tasting or smelling unpleasant : stale biscuits/bread/cake" (*Oxford Advanced Learner's Dictionary*, 1199면), 즉 "특히 음식을 표현할 때 쓰는데, 더 이상 신선하지도 않고 주로 맛이 간 음식이나 상한 냄새가 나는 음식의 상태를 뜻한다"고 설명한다. 우리말 사전엔 '곰팡내 나는'과 '딱딱하게 마른' 등으로 나온다. 그렇다면 위 상황에서는 어떤 표현이 더 적절할까? 결정은 항상 번역가 자신에 달렸다. 그러나 번역가의 선택은 곧 '타자(他者)'를 위한 것임을 잊어서는 안 된다.

번역자가 선택한 표현으로 원문을 모르는 독자는 번역자가 준 정보를 공유하게 된다. 영원히! 표현 선택에 더 유의할 필요가 있다. 지금 독방에 갇힌 상태이다. 그것도 전쟁포로이며 독방의 환경은 열악하다. 벌레가 들끓고, 빛도 열도 없는 캄캄한 곳. 과연 어떤 표현이 상황의 절박함을 더욱 정확하게 전해 줄까? 단순히 '딱딱한 빵 한 조각' 정도가 아니라, 딱딱하면서도 '곰팡내가 풀풀 나는 빵'이 더 좋다. 원문 ④의 'the lice ate at me'를 '이는 나를 깨물었다'로 하면 너무 약하다. 단어 'ate(eat)' 역시 사전을 자세히 살펴보면, '해충들이 마구 먹어대다'는 풀이가 있다.

넷째, 선택한 표현이 다른 표현들과 서로 어울리는지를 살펴야 한다. '사무쳤고'와 '깨물었다', '일용할 양식'과 '딱딱한 빵 한 조각', '가장 극악한 고문'과 '응시할 만한 곳' 등이 서로 잘 어울리는 표현들인지 생각해봐야 한다. 번역자는 나름대로 **표현의 수위(水位)를 정하고 전체 분위기에 맞는 표현을 선택**해야 한다. 즉 전문 번역가는 풍부한 우리말 어휘 실력과 문장을 읽으면서 필자의 심리까지 읽어내는 해독 능력이 있어야 한다. 한마디로 **한국어 실력**이 좋아야 한다. '이(?)'가 깨물기만 하는 상황이 아니다. 자신을 'ate', 즉 '먹어대고' 있는 상황이다. 어둠·냉기·고독이, 실제로 '이'가 주인공을 물어뜯고 있다. 그렇다면 문장 ①을 '"14일"이라고 포로수용소 소장이 말했다'고 번역하는 건 너무 맥빠진다. 좀더 절박한 상황을 정확히 전달하기 원한다면, '"14일!" 수용소 지휘관이 소리쳤다' 정도가 좋다. 상황이 급박할수록 우리말은 짧아진다. 다른 번역을 보자.

[번역 2]
①-1 "14일이야!". ①-2주둔지의 지휘관이 날카롭게 외쳤다. ②2주 동안 난 깔판 용도에 지나지 않는 큰 상자에서 해진 담요와, 용변을 위한 깡통 하나만으로 살았다. ③빛도 없고, 난방도 되지 않는 곳에서. ④추위가 뼛속깊이 스며들었고, 벌레들이 날 공격했다. ⑤하루 식량은 묽은 커피와 상한 빵 한 조각뿐이었다. ⑥무엇보다 비참한 것은 매일매일 암흑 속의 공허함을 응시해야 하는 고통이었다. ⑦난 정신을 잃을까 두려웠다.

[번역 1]과 비교해볼 때 여러 면으로 신경을 쓰며 해낸 번역이다. 특히 [번역

2)는 원문 ①을 문장 ①-1과 ①-2로 나누는 변화를 시도했다. 좋은 시도이다. 의미를 파악하고 분위기를 살려 번역한 좋은 예이다. 첫 문장을 [번역 1] ①처럼 늘리지 않고, 간단히 처리한 결과, 포로생활의 긴박감과 포로 귀에 들리는 절망이 표현 속에 생생히 나타나고 있다.

하지만 문장②의 '난 깔판 용도에 지나지 않는 큰 상자에서'는 무슨 뜻인지 확실하지가 않고, 글의 전체 분위기와도 잘 맞지 않는다. 사람이 들어가 살고 있는 '큰 상자'라는 표현은 왠지 뚜껑이 없는 상자라는 느낌을 준다. 게다가 '깔판 용도'라는 전제가 그런 느낌을 더욱 강하게 한다. 우리말의 특성상 우리에게 다가오는, 어쩔 수 없는 어휘의 느낌 때문이다. 그렇다면 독자에게 틀린 정보를 준 셈이 되고 만다. 필자가 갇힌 곳은 단순한 자리 정도가 아니라 독방이며, 당연히 밀폐된 곳이다.

원문 ③ 'No light, no heat'는 독방의 현실을 간결 생략체로 표현해 의미 전달이 한결 생생하다. [번역 2] ③ '빛도 없고, 난방도 되지 않는 곳에서'. 역시 좋다. 하지만 욕심을 내보자. 원문 'No light, no heat' 번역을 형식등가의 차원으로 수준을 높여보자. 다시 말해 **좀 더 원문에 가까우면서도 문장구조까지 닮은꼴**로 만들어보자는 말이다. '우리말로 가능한가?'를 먼저 생각하고 노력을 하면 좋다.

Y대학 번역연구회 연례 학술회에 참석한 적이 있다. 한 교수가 셰익스피어 번역에 대한 발표를 듣고 질문을 했다. 문호(文豪)의 말장난(pun)을 어떻게 번역하면 좋으냐는 것이었다. 마침 질문한 단어가 'conception'이었는데, 이 단어는 '개념, 생각'의 뜻뿐 아니라, '임신, 수태'의 뜻이 있다. 셰익스피어가 'conception'으로 두 의미를 포괄하는 말장난을 한 경우, 어떻게 번역하면 좋으냐는 내용의 질문이었다. 발표자는 정확하고 훌륭한 답을 했다. "생각이나 임신의 경우에 다 해당되는 단어를 찾으십시오. 예를 들면 착상 같은 우리말에는 아이가 생긴다[着床]란 의미와 동시에, 생각을 한다[着想]는 뜻도 있으니까요!" 번역의 기쁨! 이런 데서 온다.

원문 'No light, no heat' 정도는 충분히 문장구조까지 닮은꼴을 우리말에서 찾을 수 있다. 어떻게 하면 될까? 이제 번역을 정리하자.

"Fourteen days!" snapped the camp commander. For two weeks I lived in that crate with nothing more than a pallet, a tattered blanket and a tin can for a toilet. No light, no heat. The cold seeped into my bones, and the lice ate at me. Daily rations were a canteen of weak coffee and a chunk of stale bread. Worst of all was the torture of staring into pitch-black nothingness day after day. I was afraid I'd lose my mind.

우리말 실력은 많이 읽고 많이 쓰면 늘게 된다. 물론 그 전에 많은 생각이 필요하겠지만…. 매년 새 봄이 오면 서점에는 겨우내 수고해 펴낸 많은 책들이 나와 있다. 새 책을 사서 많이 읽자! 독서가 여러분의 어휘력을 풍부하게 해주리란 것은 두말할 필요가 없다. **우리말 실력 향상은 여러분의 독서량에 달렸다.**

| chapter 31 |

번역과 해석의 습관성 혼동증

 번역(Translation)을 처음 할 경우, 번역과 해석의 차이를 구별하지 못한 채 번역하는 경우가 많다. 번역은 목표언어(Target Language)권 대상독자들을 위해 원전(Source Language Text)을 의미상 왜곡 없이, 좀 더 자연스러운 목표언어로 옮기는 작업이다. '자연스러움'을 살리는 것이 번역의 이상(Ideal)이라면, 해석은 외국어의 의미를 어느 정도 이해하는 학습자를 위한 외국어 독해 (Comprehension) 훈련의 과정이다. 해석에서는 모국어가 그릇되게 표현되고 문법구조상 완성도가 어느 정도 떨어져도 아무도 불평하지 않는다. 읽어내야 할 분량이 많은데, 누가 신경을 쓸까?
 그러나 번역문을 접할 대상은 해석이나 독해 학습의 대상과 다르다. 번역문은 원천언어인 해당 외국어를 잘 모르거나, 어쩌면 전혀 모르는 일반을 독자로 하고 있다. 완전하고 자연스런 모국어로 표현하지 않으면, 독자는 원문의 의미를 이해하지 못하거나, 잘못 이해하게 된다. 어느 누가 번역을 잘못하고 싶겠는가! 그러나 번역가의 실수로 인해 독자는 본의 아니게 틀린 정보나 지식을 평생 지니고 살 수도 있다. **번역은 외국어인 원천언어에 익숙지 않은 일반 독자들을 위해 완전한 목표 언어로 표현해야 함**은 물론, 이 과정에서 원천언어의 형식과 특성이 무시될 수도 있다. 시(詩) 번역이나 특별한 경우(사업상 문서나 계약서, 혹은 법조문 등)를 제외하고는 번역에서 중요한 건 '의미(meaning)' 이지, 형식이 아니기 때문이다.

　물론 형식(form)까지 생생하게 살려 번역할 수만 있다면 얼마나 좋을까! 그러나 언어를 포함한 두 문화가 완전히 일치할 수 없듯이, 우리는 형식상의 차이를 인정해야만 한다. 외국어 형식에서 과감히 탈피해 아주 자연스런 모국어로 원전의 의미를 살려 표현하는 작업이야말로 전문 번역가가 택해야 하는 길이요 사명이다. 그렇게 하려면 우선 부단한 원전 외국어 공부가 우선되어야 하며, 아울러 아름답고 자연스러운 우리말(모국어) 표현 훈련 역시 무시해서는 안 된다. 가장 고유한 것이 세계적이라는 진리가 번역에도 통한다.

　응모된 아래 원문의 번역문들을 살펴보면서 해석과 번역 혼동증의 심각성을 느꼈기에, 서론이 길어졌다. 원문은 다음과 같다.

> [원문]
> ①As the big males toss the 50kg females around like beach toys, my first thought is that male fur seals have not yet embraced feminism. ②Springer, though, has no time for such anthropomorphic musing. ③The Colorado State University scientist is there to retrieve dead pups, which he gingerly extracts from the seal-covered shore by snagging them with a noose on a long pole. ④He'll take the tiny corpses back to a lab for autopsies. ⑤The work will tell him what ailed the pups when they died-and give him clues to the health of the entire fur-seal population. (TIME, August 16, 1999).

　위 원문은 〈타임(*TIME*)〉지 1999년 8월 16일자에 나왔던 기사이다. 나날이 황폐해가는 지구 환경을 걱정하는 기사 첫머리 부분인데, 세 종류의 번역을 비교해 본다. 잘된 번역의 선발 기준은 언제나 같다. 가능한 **정확한 원문의 '의미'** 를 **'자연스러운 우리말'** 로 얼마나 잘 표현했는가이다.

원문의 구조, 시제와 의미 등을 이해한 다음에 생각할 점은 번역문을 읽을 독자층이 누구인가하는 것이다. 〈타임〉지는 세계적인 시사주간지이니만큼 우리나라에도 독자층이 다양하며, 보편적으로 지적 수준이 높은 독자층을 형성하고 있다. 기사문이므로 문학 작품과는 다른 표현이 필요하다. 다시 말해 상상이나 추측·암시보다는 현실적이고 사실적인 표현이 좋다. 참고로 [번역 3]은 〈타임연구〉의 번역문이다. 첫 문장을 보자.

[원문] ①As the big males toss the 50kg females around like beach toys, my first thought **is** that male **fur seals** have not yet embraced **feminism**.

[번역 1] ①마치 바닷가에서 장난감을 가지고 노는 것마냥, 커다란 **숫놈**들이 50kg짜리 암놈들을 공중으로 던져 올리는 것을 보았을 때, 나는 **숫놈** 물개들에게 아직 남녀평등이라는 개념이 없구나 하고 **생각했다**.

[번역 2] ①덩치 큰 **숫놈**들이 50kg짜리 암놈들을 해변 **놀이개**처럼 던져 대는것을 보면서, 맨 먼저 떠오른 생각은, **숫놈** 물개들은 아직도 여권주의를 받아들이지 않았구나 하는 **것이었다**.

[번역 3] ①커다란 수놈들이 50kg짜리 암놈들을 마치 해변에서 가지고 노는 장난감처럼 공중으로 던져대는 **것**을 보고 내 머리에 처음 떠오른 **것**은, 수놈 물개들은 아직 페미니즘을 받아들이지 않았구나 하는 생각이다.

어휘를 살펴보자. 먼저 'fur seal'이 우리가 보통 생각하는 '물개'이며, 'seal'은 '바다표범'을 가리킨다는 점을 알고 번역을 시작해야 한다. 이 기사는 물개(fur seal)에 대한 기사이다. 다음은 'feminism'. 《타임》지를 읽는 독자 정도면, 페미니즘(Feminism)을 굳이 '여권확장주의', 혹은 줄여 '여권주의'로 번역하지 않아도 이해한다. 그러나 '여권주의'라는 표현이 있는 한 '페미니

즘만'을 고집할 일은 아니다.

이런 점에서 또 번역을 학습하는 사람으로서 [번역 1]과 [번역 2]의 시도가 좋다. 틀린 맞춤법은 다 된 밥에 재 뿌리는 격이다. [번역 1]과 [번역 2]의 굵은 서체 부분은 '숫놈' → '수놈', '놀이개' → '노리개' 로 고쳐야 한다. [번역 2]와 [번역 3]은 문장 뒷부분을 영어 원문 형식대로 무생물 주어(主語)를 써서 '해석'했다. [번역 1]은 무생물 주어를 피하기 위해 '나는' 이란 주어를 넣어 문장 형식을 우리말 형식에 맞게 '번역' 했다. 따라서 [번역 1]은 [번역 2]와 [번역 3]의 '여권주의를 받아들이지 않았다' 보다, 훨씬 자연스런 '~개념이 없구나' 하는 표현을 쓸 수 있었다. 하지만 [번역 1]과 [번역 2]는 'is', 즉 현재 시제를 감안하지 않는 실수를 범하고 말았다. 원문 ②를 살펴보자.

[원문] ②Springer, though, has no time for such **anthropomorphic musing**.
[번역 1] ②그렇지만 스프링어는 그런 **인간적인 사고**를 할 수 있을 만큼 한가하지 못했다.
[번역 2] ②하지만 스피링어는 이런 **의인화적 감상**에 잠겨있을 겨를이 없다.
[번역 3] ②그렇지만 스프링어는 그런 **의인화된 생각**을 할 겨를이 없다.

원문 ②에서는 'anthropomorphic musing' 만 해결하면 된다. [번역 1]을 '역번역(逆飜譯, Back Translation)' 하면, 'human musing' 이 되고, [번역 2]와 [번역 3]은 정확하게 'anthropomorphic musing' 이다. 그렇다면 원문 의미전달의 정확성에 의거해 [번역 2]와 [번역 3]이 좋다. 줄친 부분은 기왕이면 다양한 말을 사용하자는 의도에서 표시한 것이다. 원문 ③을 보자.

[원문] ③The Colorado State University scientist is there to retrieve dead pups, which he gingerly extracts from the seal-covered shore by snagging them with a noose on a long pole.

[번역 1] ③콜로라도 주립대학의 이 과학자가 이곳에 온 이유는 긴 막대기 끝 에 달려 있는 올가미를 이용해 물개들로 가득 찬 해변에서 죽은 새끼물개들을 조심스럽게 건져내기 위해서이다.

[번역 2] ③이 콜로라도 주립대학의 과학자가 여기에 온 것은 물개 떼로 뒤덮인 해변에서 긴 막대기 끝에 올가미를 달아 이것으로 죽은 물개 새끼를 걸어 조심스럽게 건져내기 위해서이다.

[번역 3] ③콜로라도 주립대학교의 과학자가 이곳에 온 것은 긴 막대기 끝에 달려 있는 올가미를 이용해 물개로 뒤덮인 해변에서 조심스럽게 죽은 새끼 물개들을 낚아 건져 올리기 위해서이다.

우리나라에서도 '대학교/university' 와 '대학/college' 은 다르지만, 요즘은 주로 '~대' 정도로 통일해 쓴다. 줄친 부분은 '올가미가 달린 긴 막대기' 가 어떤가? 우사체로 표시한 부분을 보자. [번역 3]은 부사어 '조심스럽게' 를 '죽은 새끼 물개들' 앞에 썼기에, 독자는 '새끼 물개가 조심스럽게 죽은' 의미로 오해할 수 있는 표현을 한 셈이다. 굵은 글씨 부분은 역시 반복을 피할 수 있는 노력이 필요하다는 지적을 한 것이다. [원문] ④는 아주 간단하다.

[원문] ④He'll take the tiny corpses back to a lab for autopsies.

[번역 1] ④(A)그는 죽은 그 새끼 물개들의 시체를 연구실로 가져가 부검을 할 것이다.

[번역 2] ④스프링어는 조그마한 물개 새끼 사체를 연구실로 가져가 부검할 것이다.

[번역 3] ④스프링어는 작은 새끼 물개 사체를 연구실로 가져가 부검을 할 것이다.

사람의 주검은 '사체나 시체 혹은 송장'이, 동물의 주검은 '사체'가 적합하다. 그리고 우리말 '새끼'에는 이미 'the tiny'란 의미가 당연히 내포해 있으므로 '조그마한 사체', 혹은 '물개새끼 사체', 혹은 '새끼 물개 사체'가 좋다. 마지막 원문 ⑤를 살펴보자.

[원문] ⑤The work will tell him what ailed the pups when they died- and give him clues to the health of the entire fur-seal population.
[번역 1] ⑤**그리고 그는** 부검을 통해 새끼물개들이 죽은 이유와 전체 물개들의 건강상태에 대한 단서도 얻어낼 것이다.
[번역 2] ⑤이를 통해 새끼 물개들이 무엇으로 고통받다가 죽게 되었는지 알 수 있을 **것**이며, 물개 전체의 건강에 대한 단서도 얻게 될 **것**이다.
[번역 3] ⑤부검을 하면, 새끼 물개들이 죽은 이유를 알게 될 **것**이고, 전체 물개들의 건강에 대한 단서도 잡힐 **것**이다.

'The work'를 단순히 '이 작업'이라고 번역하면 좋겠다. '부검'이란 말이 바로 앞에 나왔고, 또 'work' 자체가 '부검' 뿐 아니라, 위험을 무릅쓰고 물개 서식지인 바닷가 절벽을 돌아다니며 물개 생태를 관찰하는 스프링어 교수의 연구 과정 전체를 가리킬 수도 있기 때문이다. 우사체 부분 또한 '사인(死因)'이란 간단한 표현으로 충분하다. 이제 좀 더 완성된 번역문으로 정리해보자.

As the big males toss the 50kg females around like beach toys, my first thought is that male fur seals have not yet embraced feminism. Springer, though, has no time for such anthropomorphic musing.

The Colorado State University scientist is there to retrieve dead pups, which he gingerly extracts from the seal-covered shore by snagging them with a noose on a long pole. He'll take the tiny corpses back to a lab for autopsies. The work will tell him what ailed the pups when they died-and give him clues to the health of the entire fur-seal population. (TIME, August 16, 1999).

_____

_____

_____

_____

_____

_____

_____

_____

완전한 번역은 없다. 늘 '완전 번역'으로 가는 과정이 있을 뿐이다. 그러나 이 글의 원문을 해석의 차원에서 번역의 차원으로 바꾼 [번역 1], [번역 2], [번역 3]은 모두 열심히 노력한 번역이라는 면에서 훌륭하다.

| chapter 32 |

문법맹종증

우리는 번역을 통해 새로운 정보를 전달한다. 전혀 다른 문화적 배경 하에 살아온 사람들이 상대방을 이해하기 위해 우선 갖추어야 하는 자세는 타문화에 대한 '열린 마음'이다. 따라서 번역가는 당연히 이(異)문화를 '열린 마음'으로 받아들여야 한다. 각 문화의 특성은 그 나라의 언어에 잘 반영된다. 타국 문화의 '1차 전달자'인 번역자는 특히 두 언어구조상의 근본적인 차이를 알아야 큰 실수, 즉 오역 없이 올바른 정보를 독자에게 전할 수 있다. 두 언어구조상의 근본적인 차이를 구별하는 능력은 각 언어의 문법을 이해하는 노력으로부터 시작한다. 분명 확실한 문법 실력은 틀림 없는 번역의 기본 요건이다. 하지만 문법 규칙 맹종(盲從)은 정보에 대해 '열린 마음'을 닫아버리고 모국어의 자유로운 표현을 오히려 위축시켜, 결국 넓은 의미의 오역이라 할 수 있는 심각한 번역투 표현이라는 결과물을 낳는다. 번역투를 오역이라 일컫는 이유는, 번역투의 모국어 문장을 역번역(逆翻譯, Back Translation) 혹은 '되번역'하여 점검해보면, 분명히 엉뚱한 원문으로 변하기 때문이다.

'문법 맹종형' 번역은 영어교육의 한계를 드러내는 증거이기도 하다. 살아 있는 번역은 규칙에 얽매이기 전, 무질서하게만 보이는 듯한 언어의 자연스러움을 체험한 사람만이 해낼 수 있는 작업이다. 인간의 언어행위란 언어행위 자체를 틀에 맞춰 분류한 문법 이전의 문제이다. 셀 수 없이 많은 표현방법을 수

집해 틀을 만들고 분류해 규칙이란 이름을 붙여 정리한 문법이, 언어활동 앞에 설 수 없으며, 언어학습의 기본이 되어서도 안 된다. **영어의 자연스런 변화와 굴곡과 엉뚱한 생략과 비약과 단순성** 등등 소위 **살아 있는 영어**의 맛을 본 사람만이 영한번역-한영번역을 제대로 할 수 있다는 말이다.

현장에서 영어를 가르치는 교사들도 살아 있는 영어를 직·간접으로 체험하는 기회를 찾아야 한다. 어느 때보다도 영특한 요즘 학생들은 살아 있는 영어와 문법이란, 틀 혹은 관(棺) 속에서 썩어가고 있는 영어의 냄새를 정확히 구별한다. 따라서 **살아 있는 영어를 가르치고 배우는 학교는 좋은 번역의 요람**이 된다. 살아 있는 언어교육을 체험한 사람은 언젠가 살아 있는 번역을 할 수 있기 때문이다. 언어감각이 틀 속에 갇힌 사람은 영원히 번역을 할 수 없다. 아니 번역을 해서는 안 된다. **번역은 번역가 자신을 위한 작업이 아니라 타자인 '독자'를 위한 작업**이기 때문이다. 도대체 어느 독자가 썩은 언어로 전하는 정보를 수용하겠는가! 고질적 **번역투 문장**은 모국어의 건강한 발전에 저해가 되며, 번역투 문장으로 인한 미숙한 정보 전달은 언어세계에 심각한 무질서를 초래할 수도 있다.

이번 원문은 이솝우화에 나오는 유명한 〈여우와 포도(The Fox and the Grapes)〉 이야기를 약간 변형한 내용이다. 원문을 보자.

[원문]

①A fox and his younger sister came upon a vineyard laden with the ripest and most fragrant grapes they had ever encountered. ②The grapes, however, were too high on the vines for the foxes to reach. ③After much jumping to no avail, the younger fox said, ④ "Those grapes look too sour to eat. I think I'll go home and see what Mother has for lunch. Are you coming?" ⑤Her brother, motivated by sibling rivalry, answered, ⑥ "No, indeed. You know very well that you are just rationalizing your inability to reach those grapes. But I am a realist and willing to face the fact."

자기의 잘못이나 실수에 그럴듯한 구실을 붙여 당연한 결과인 양 둘러대는 행위가 합리화(Rationalization)이다. 이루지 못한 일을 합리화하기 좋아하는 사람의 속성을 꼬집은 이솝(Aesop, 620(?)~560년(?) B.C.)의 유명한 '신포도(Sour Grape)' 우화에 주인공 여우와 함께 여우의 누이동생이 등장하고 있다. 다음 번역을 보자.

[번역 1]
①한 마리의 여우와 그의 어린 동생은 전에 보지 못했던 가장 잘 여물고 가장 향기로운 포도들로 뒤덮인 포도 농장에 왔다. ②그러나, 그 포도들은 여우가 따기에 너무 높이 매달려 있었다. ③아무런 **쓸모 없는** 많은 도약 이후에, 어린 누이가 이렇게 말했다. ④ "저 포도들은 너무 시어보이니깐 먹을 수 **없을 거야.** 나는 집에 가서 엄마가 점심으로 먹을 것을 **알아볼 거야. 오빠도 갈 거지?**" ⑤누이의 경쟁에 의해 자극을 받은 그녀의 오빠는 이렇게 대답했다. ⑥ "아니야, 됐어. 너도 알다시피 너는 저 포도를 따려는 너의 무능력에 **그럴 듯한** 설명을 붙이고 있지만, 난 현실주의자고 그러한 사실에 기꺼이 부딪혀 **볼 거야.**"

번역을 단순한 해석의 수준으로 생각한다면 큰 잘못이다. 번역은 서론에서도 말했듯이 타자(他者), 즉 독자를 위한 작업이다. 자신의 번역을 독자가 편하게 읽을 수 있도록 자연스러운 표현을 하는 노력은 물론, 우선 **한글 맞춤법에 따라 바른 낱말 사용, 띄어쓰기 등을 실천**해야 한다. 게다가 번역 일은 훌륭한 수입원도 된다. 따라서 책임감 있는 번역가의 성실한 자세는 안정된 일감을 지속적으로 보장받기 위해서도 필수적이다. [번역 1] 전문에서 굵은 글씨로 된 부분은 모두 맞춤법과 띄어쓰기에 문제가 있어 고친 부분이다. 한 문장씩 자세히 살펴보자.

[원문] ①A fox and his <u>younger sister</u> <u>came upon</u> a vineyard laden with <u>the ripest and most fragrant</u> grapes they had ever encountered.
[번역 1] ①한 마리의 여우와 그의 <u>어린 동생</u>은 전에 보지 못했던 <u>가장 잘 여물고 가장 향기로운</u> 포도들로 뒤덮인 포도 농장에 <u>왔다</u>.

밑줄친 부분을 주의해서 보자. 우선 'younger sister'는 단순히 어린 동생이라기보다는 '누이동생'이 좋다. 번역에서는 필요에 따라 표현 생략과 어휘삽입을 할 수 있다. 그러나 원문에 명시된 기본 정보는 정확하게 옮겨줘야 한다. 그리고 숙어 'come[came] upon'은 단순히 '오다[왔다]'가 아니라, '우연히 만나다,' 혹은 '우연히 보게 되다'의 뜻이 있다. 원문은 여우 남매가 길을 가다가 우연히 잘 익은 포도송이를 보게 된 상황을 표현하고 있다. 그리고 과일인 포도에는 '잘 익다'는 표현이 더 어울린다. '여물다'는 곡식 낟알이 단단하게 익은 경우에 쓰는 표현이다. 정확한 어휘 선택을 위한 노력. 훌륭한 번역으로 가는 지름길이다. 다음 문장을 보자.

[원문] ②<u>The grapes</u>, however, were too <u>high on the vines</u> for <u>the foxes</u> to reach.
[번역 1] ②그러나, <u>그 포도들은</u> <u>여우가</u> 따기에 너무 <u>높이 매달려 있었</u>다.

숙어 'too ~to' 용법을 잘 번역했다. 아쉬운 점은 영어에서는 복수명사를 쓰지만 우리말에서는 복수형 조사 '들'을 잘 안 쓴다는 점을 간과했다는 것이다. '여우가'는 단수를 써서 자연스러웠다. 그리고 'high on the vines'에서

덩굴을 빼고도 의미 전달은 가능하지만, 원문의 구체적인 표현을 살려 번역해 주는 친절도 필요하다.

[원문] ③After much jumping to no avail, the younger fox said,
[번역 1] ③아무런 **쓸모없는** 많은 도약 이후에, 어린 누이가 이렇게 말했다.

짧은 문장이지만 번역은 간단하지 않다. 우선 문장 첫 부분 '아무런 **쓸모없는** 많은 도약 이후에'를 다듬어 보자. '~런, ~는, ~은' 등 '~ㄴ'을 연속해 반복 사용함으로 표현이 어색하다. 숙어 'to no avail'은 '도움이 되지 않고, 헛되이'의 뜻이므로 그대로 사용하지는 말고 가장 자연스럽고 정확한 표현을 찾아야 한다. 명사를 꾸미는 '쓸모없는'은 '쓸만한 가치가 없는' 사물을 수식하는 형용어로 적합하다. 따라서 '뛰어오르는' 행동을 수식할 경우에는 '쓸데없이'나 '소용없이' 등이 더 좋다.

[원문] ④ "Those grapes look too sour to eat. I think I'll go home and see what Mother has for lunch. Are you coming?"
[번역 1] ④ "저 포도들은 너무 시어보이니깐 먹을 수 **없을 거야**. 나는 집에 가서 엄마가 점심으로 먹을 것을 **알아볼 거야**. 오빠도 **갈꺼지?**"

대화체 문장 번역이다. 생동감과 현장감을 살려야 한다. 어미를 대화체로 살린 점은 좋다. 하지만 오역은 언제라도 조심하자. 줄친 부분은 오역이다. 문장 'see what Mother has for lunch'는 원래 'see what Mother has for lunch **for us**'이다. 전치사와 대명사를 추가해 구문을 이해한 후에, 번역에서 이해한 내용을 정확하고 자연스럽게 표현해야 한다.

[원문] ⑤Her brother, motivated by sibling rivalry, answered,
[번역 1] ⑤누이의 경쟁에 의해 자극을 받은 그녀의 오빠는 이렇게 대답했다.

동생 덕분에 포도를 맛볼 줄 알았는데 실망한 오빠. 속이 편하지 않은데, 누이동생은 자신의 포기에 대해 그럴싸한 변명을 둘러대며 똑똑하게 말한다. 이래저래 오빠 속은 편치가 않았으리라. [번역 1]의 ⑤는 직역이다. 남매이든, 형제이든, 서로를 의지하며 자라지만, 동시에 끝없이 경쟁을 한다. 동생의 약삭빠른 포기와 합리화에 속이 상한 오빠의 모습을 머릿속에 그리며 번역하자. 동사 'motivate'의 의미를 잘 새기자. 영영사전에는 'cause a person to act in a particular way or stimulate the interest of a person in an activity' 즉 '어떤 특별한 방식으로 행동하도록 누군가를 유도하거나, 어떤 행위를 하도록 사람을 자극한다'는 뜻으로 풀이되어 있다. 수동태인 'motivated'는 따라서 'prov-oked', 즉 '약오르다'는 뜻으로 이해하면 된다. 마지막 문장을 보자.

[원문] ⑥ "No, indeed. You know very well that you are just rationalizing your inability to reach those grapes. But I am a realist and willing to face the fact."
[번역 1] ⑥ "아니야, 됐어. 너도 알다시피 너는 저 포도를 따려는 너의 무능력에 그럴듯한 설명을 붙이고 있지만, 난 현실주의자이고, 그러한 사실에 기꺼이 부딪혀 볼 거야."

극단적 직역이다. 특히 줄친 부분은 영어문법 규칙에 의거해 성실히 해석한 문장이다. 그러나 쉽사리 그 **의미가 독자에게 전달되지 않는다. 번역에서는 항상 이 점이 문제다.** 설정된 상황의 긴박감에 따라 어휘의 선택이 완전히 달라진다. 원문⑥은 단순한 우화에 나오는 한 문장이요, 또 간단명료해야 하는 대화체이고, 상황은 속도감이 있는 '말다툼'의 현장인 점을 번역가는 감안해야 한다. 우화라서 간혹 큰 의미의 단어가 불쑥 나오는데, 'a realist(현실주의자)'가 그 중에 하나다. 어떻게 번역할까. 우선 가상(假想)독자의 지적 수준이 높을 경우, '현실주의자'도 좋다. 하지만 어린이를 위한 우화로 번역하는 경우라면, '핑계를 대지 않고 상황에 따라 대처하는 사람'이 현실주의자임을 감안해 번역하면 좋다. 그리고 'face'는 '직면하다'는 뜻보다는 'Let's face it!', 즉 '우린 그걸 받아들여야 해(We must accept it as true)'에서와 같이 '받아들이다'의 의미가 강하다. 이제 번역을 정리해보자.

A fox and his younger sister came upon a vineyard laden with the ripest and most fragrant grapes they had ever encountered. The grapes, however, were too high on the vines for the foxes to reach. After much jumping to no avail, the younger fox said, "Those grapes look too sour to eat. I think I'll go home and see what Mother has for lunch. Are you coming?" Her brother, motivated by sibling rivalry, answered, "No, indeed. You know very well that you are just rationalizing your inability to reach those grapes. But I am a realist and willing to face the fact."

쉬운 문장 번역에서 실수를 더 많이 하는 이유는 문법 맹종증 때문이다. 문법 실력은 어려운 문장해석을 수월케 해준다. 하지만 간단한 문장은 문화적 차이를 파악하고 일상 언어 감각을 키움으로써 쉽게 풀린다. 숙어와 상용구를 많이 알아두는 것도 번역을 더 잘하기 위한 지혜이다.

| chapter 33 |

어색증

　멀쩡하던 우리말이 번역문에서는 왜 이상해지는가? 중학생으로부터 대학 교수에 이르기까지 번역문에서는 이상한 한국어를 사용한다. 외국어, 특히 영어를 한국어로 바꾸는 번역의 과정에는 모국어 문장을 이상하게 뒤틀어 어색하게 만드는 요인이 있다. **첫째, 문장 구조상의 이유** 때문이다. 우리말은 '나는 모자를 썼다' 처럼, '주어-목적어-동사' 의 어순이 자연스럽고, 영어는 'I wore my hat' 처럼 '주어-동사-목적어' 가 자연스럽다. 우리말을 영어 어순에 맞춰서 '나는 썼다 모자를' 로 표현하면, 바로 어색(語塞)증의 증후인 것이다.
　둘째, 문장 구성요소의 차이 때문이다. 친구와의 대화중에 영어 표현 'My father ate his breakfast' 를 했다고 가정하자. 이를 한국어로 직역(直譯)하면, '나의 아버지는 아침밥을 먹었다' 이다. 이 표현이 거북하게 들려야 어색증에 민감한 사람이다. 이 번역이 어색한 원인은 영어에는 존칭조사가 없고, 우리말에는 있다는 차이를 무시하고 번역했다는 데 있다. 어른에게 경어(敬語)를 써야 하는 문화적 어법의 습관으로 한국어에는 존칭조사가 있다. 친구와의 대화에서는 당연히 '아버지께서' 라고 해야 한다. 심각한 전자 매체로 인한 언어 황폐화로 한국어의 구어체 전체가 흔들리고 있는 요즘이니만큼, 번역자들의 올바른 언어 사용은 어느 때보다도 절실히 필요하다. 소위 반(半)말인 '밥을 먹었다' 가 아니라, '아침밥을 잡수셨다' 혹은 '아침밥을 드셨다' 정도로 말해야 한다.

첫째 요인을 언어학적 요인이라 하면, 둘째 요인은 문화적 요인이라 할 수 있다. 우리는 참 변화도 많고 다양성도 많은 세상을 함께 살아가고 있다. 이렇게 상이점이 많은 세상이 언어를 매개(媒介)로 문화의 교류를 할 수 있다. 외국의 문화를 받아들이고 자국문화를 수출하여 두 문화가 섞일 때, 주의를 해야 하는 점은 서로의 특성을 인정하는 자세이다. 원문의 언어 형식이 의미보다 중요한 경우를 제외하고, 번역은 의미를 목표 언어(Target Language, 번역어)의 형식, 즉 어법에 맞춰 정확하게 번역해야 한다. 말을 배우는 어린아이 때부터 바른 표현 연습은 중요하다. 특히 요즘처럼 "'엄마!' 라는 말을 하면 영어를 배워요!" 하는 이상한 광고가 나오는 세상에서는 특히 더 바른 국어 연습이 중요하다.

이번 원문은 눈보라에 갇혀 사경을 헤매던 카렌 넬슨(Karen Nelson)에 대한 얘기에 나오는 몇 문장이다. 어색증 증세가 있는 부분에 주의하면서 번역문을 살펴본다. 전체 원문을 보자.

[원문]

①I'd been stranded for 40 hours in temperatures that plummeted to 40 below zero. ②Yet my body temperature was 97 degrees ; I hadn't suffered frostbite or hypothermia. ③I was weak from hunger and slightly dehydrated, but I'd be fine. ④Some folks called it a miracle.

눈보라에 갇혔던 사고 당시를 회상하는 짤막한 네 문장의 글이다. 비록 짧은 글이긴 해도, 전체 분위기에서 어려움을 이기고 살아난 사실에 대한 감격과 잔잔한 감동을 느낄 수 있다. 원문 'I hadn't suffered frostbite or hypothermia' 를 '동상에 걸리거나 체온이 갑자기 떨어지는 것으로 인해 고생하지는 않았다' 로 번역하기 쉽다. 또한 여러 초벌 번역 중, 'Some folks called it a miracle' 을 '어떤 이들은 내가 산 것을 두고 기적이라 말했다' 라고 번역하는 경우도 있었다. 가까운 두 문장 "I'd been stranded for 40 hours in temperatures that plummeted to 40 below zero. Yet my body temperature was 97 degrees"를 "나는 영하 40도까지 떨어진 기온 속에서 40시간 동안 고립되어 있었습니다. 게다가 체온은 97도까지 올라간 상태였죠"라 번역한 경우는 어색증이 심화되어 오역으로 퍼진 경우이다. 영하 40도인데 체온이 어떻게 97도까지 올라간단 말인가! 그리고 도대체 정상이 섭씨 36.5도인 인간의 체온이 어떻게 97도까지 올라갈 수 있단 말인가! 다음 번역을 살펴보자.

[번역 1]
①갑자기 영하 40도로 곤두박질 쳤던 추위 속에서 나는 40시간 동안 꼼짝없이 갇혀있었다. ②아직 체온은 36도로 동상이나 체온저하로 인한 고통은 겪지 않았다. ③나는 굶주린 탓으로 몸이 쇠약한 상태였고 가벼운 탈수증상도 있었으나, 괜찮을 것이다. ④어떤 이들은 내가 산 것을 두고 기적이라 말했다.

원래 번역에서 맞춤법과 타이핑 실수를 고칠 필요가 있다. 훈글로 작업하면 100% 모두 정확하지는 않지만, 기본적인 맞춤법 오류는 빨간 줄로 표시된다. 맞춤법에 서툴면, 최소 이 지시에 맞춰 고치는 마무리 작업이 중요하다. [번역 1]의 문제를 살펴보고 구체적으로 고쳐보자.

[원문] ①I'd been stranded for 40 hours in temperatures that plummeted to 40 below zero.
[번역 1] ①갑자기 영하 40도로 곤두박질쳤던 추위 속에서 나는 40시간 동안 꼼짝없이 갇혀있었다.

영어권에서는 보통 온도를 일컬을 때 화씨(Fahrenheit)를 사용한다. 섭씨(Celsius, 혹은 Centigrade) 0°는 화씨 32°, 섭씨 100°는 화씨 212°이다. 화씨 눈금과 섭씨 눈금을 각각 F, C 라고 하면, 서로 수학적으로 다음과 같은 관계가 있다.

$$F = \frac{9}{5} \times C + 32 \quad \text{혹은} \quad C = \frac{(F-32) \times 5}{9}$$

우리나라에서는 보통 섭씨를 사용하는 만큼 영어 원문의 화씨를 가능한 섭씨로 바꿔주면 좋다. 섭씨로 변환하지 않을 경우에는 최소한 화씨라는 사실을 밝혀야 한다. [원문 1] ①에서 영하 40도라는 말은 당연히 화씨를 의미한다. 공교롭게도 영하 화씨 40도는 섭씨로 환산해도 40도이다. 동사 'strand'를 시제에 맞춰 '꼼짝없이 갇혀 있었다'로 번역하고, '폭락하다'는 의미동사 'plummet'를 '곤두박질 쳤던'으로 문학성을 살려 번역한 점은 좋다.

[원문] ②Yet my body temperature was 97 degrees ; I hadn't suffered frostbite or hypothermia.
[번역 1] ②아직 체온은 36도로 동상이나 체온저하로 인한 고통은 겪지 않았다.

문장 ①에서는 섭씨로 전환하지 않았으나, ②에서는 전환하고 있다. 많은 경우 화씨 체온(體溫)을 그대로 써서 '체온이 96도'라고 번역하기 쉽다. **문화 차이를 정확히 파악**하지 않고 번역해 오역(誤譯)한 것이다. 섭씨 영하 1~2도로 내려간 상태에 10시간 정도만 노출되어도 당연히 동상에 걸릴 수 있다. 따라서 보통 36.5도가 정상인 사람의 체온도 그 이하로 떨어질 수 있다. 이것이 '저체온증(低體溫症)', 즉 'hypothermia'이다.

[원문] ③I was weak from hunger and slightly dehydrated, but I'd be fine.
[번역 1] ③나는 굶주린 탓으로 몸이 쇠약한 상태였고, 가벼운 탈수증상도 있었으나, 괜찮을 것이다.

40시간이라면 거의 2일 정도 되는 기간이다. 그동안 음식을 전혀 먹고 마시지 않은 상태라 당연히 탈수증세([was] dehydrated)가 왔으나, 'slightly', 즉 아주 가벼운 증상이었다는 의미를 잘 살린 번역이다. 그러나 원문의 'was weak from'은 2일 간의 사건으로 인해 생긴 '일시적인' 증상이다. [번역 1] ③에서 '몸이 쇠약한 상태'란 '원래 몸이 약해 자주 병을 앓는 몸의 상태'를 의미하므로 문맥상 맞지 않아 어색함을 일으키는 번역 표현이다. 일시적으로 '힘이 빠진' 상태를 나타내는 표현을 써야 한다. 마지막 부분의 'I'd be fine'은 'I would be fine'으로 앞에 'I knew'가 생략된 표현이라 생각하고 번역하는 게 좋다.

[원문] ④Some folks called it a miracle
[번역 1] ④어떤 이들은 내가 산 것을 두고 기적이라 말했다.

아주 어색한 번역투의 표현이다. 요인은 직역과 의역을 잘못 활용한 점에 있다. 대명사 'it'를 의역해 '내가 산 것을'이라고 풀어서 번역하는 과정에서 동사 '살다'의 활용을 잘못해 어색한 표현이 되고 말았다. 이상의 점들을 염두에 두고 번역을 정리해보자.

I'd been stranded for 40 hours in temperatures that plummeted to 40 below zero. Yet my body temperature was 97 degrees ; I hadn't suffered frostbite or hypothermia. I was weak from hunger and slightly dehydrated, but I'd be fine. Some folks called it a miracle.

문화의 차이는 번역을 하려는 사람들이 늘 염두에 두고 뛰어넘기 위해, 혹은 조화를 위해 노력해야 하는 부분이다. 원천 언어권의 문화와 언어적 특수성은 목표 언어로 전환되면서 대부분 상실한다. 그러나 살릴 수 있는 특성마저 의도적으로 무시하는 것은 옳지 않다. **시사 영어의 경우는 대부분 정확한 의역(意譯)이 좋다. 시사 언어 자체가 문학성보다는 정보성에 더욱 비중을 두고 있기 때문**이다. 번역가는 만물 박사여야 한다. 당연히 수학도 잘 해야 한다.

| chapter 34 |

반말증

에밀리 브론테(Emily Bronte, 1818~1849년)의 《폭풍의 언덕 (*Wuthering Heights*)》을 번역한 후, 한 교수는 힘든 번역을 더 이상 하고 싶지 않다면서 "앞으로 소설 번역을 또 할 것 같지는 않습니다. 인생은 짧고 번역은 길다는 사실을 절감했으니까요"라고 그 고충을 확실히 고백했다. 하지만 소설 번역만 시간이 많이 걸리는 것은 아니다. 산문집·시, 《타임(*TIME*)》지 같은 시사주간지·수필집·영화·만화에 이르기까지 시간이 안 걸리는 번역은 없다. 번역은 시간과의 싸움이기 때문이다. 좋은 번역의 탄생은 기본 언어 실력을 갖춘 번역가가 얼마나 애정을 갖고 시간을 들여 번역에 임하느냐에 달려 있다. 시간이 드는 번역, 아니 시간과의 전쟁에서 이겨야 하는 인내를 필요로 하는 번역!

번역가를 위한 지침서 《번역가 되기(*Becoming a Translator*, 1997년)》의 저자인 더글러스 로빈슨(Douglas Robinson)은 전문번역가로서의 긍지를 논하면서, "We will spend hours hunting down a single term." 이라는 말로 번역가들을 격려한다.

해당 외국어에 꼭 맞는 한 마디 번역어를 찾기 위해 몇 시간을 투자하는 번역가에게 돌아가는 가시적 보상은 없다. 그렇다면 번역가들은 아무도 안 보는 곳에서 번역에 왜 그렇게 시간을 들이는가? 바로 '신뢰성' 구축을 위함이요,

자신의 하는 일에 대한 확신과 긍지 때문이다.

번역가들은 단순히 외국어 문서를 번역어로 옮기고 적절한 보수를 받는 기능인이 아니다. 번역가는 전문가다. 전문가는 남다른 기술이라는 축복을 받은 만큼, 자신의 능력을 사회에 환원할 수 있어야 한다. 의사들이 무의촌 무료 진료를 하고, 법률가들이 어려운 이웃을 위해 무료 법률 상담을 해주고, 이·미용 전문가들이 오지(奧地) 주민들이나 도시 빈민들에게 무료로 이발과 머리 손질을 해주는 이유는 뭔가? 누가 그 시간에 대한 보상을 해주는가? 현실적으로 없다. 전문가들은 바로 자신의 전문 지식과 기술에 대한 긍지로 보상받을 뿐이다. 그리고 만족한다. 오히려 소모한 시간이 뿌듯하고, 마음은 기쁨으로 넘치고, 이어지는 일상생활에 놀라운 활력이 솟는다. 밤새워 노력한 끝에 적절한 표현을 찾아낸 번역가들 역시 바로 그런 기쁨을 누린다. 이것이 진정한 보상이다. 어느 가시적 보상과도 바꾸고 싶지 않은 보상이다. 이런 전문가의 마음을 연습해야 한다.

이번 영어 원문은 교복 입기를 싫어하는 여학생 야나(Yana)가 불평하는 장면의 글이다. 여러 번역을 동시에 살펴본다. 먼저 원문을 보자.

[원문]

①That morning after I got up I complained to my mother once again about how disgusting it was to wear a uniform to school. ② "Why do they make us wear it? ③A black plaid skirt that is only good for wiping floors. ④And that ugly yellow shirt! ⑤The principal should try putting it on someday, then she'd understand." ⑥My mother dismissed my comments just as she had always done.

산문 속에 섞인 대화체 문장 번역에서 쉽게 잘못을 저지를 수 있는 번역과정이 '존칭' 표현 살리기이다. 짧은 글이지만, 대화 속에 등장하는 인물들은 중학교 여학생 야나를 가리키는 화자(話者, Narrator)인 'I', 그리고 'mother'와 'principal' 이다. 즉 화자를 뺀 나머지 두 사람은 모두 야나의 손윗사람들이다. 우리말과 영어의 가장 두드러진 외형상 차이는 **우리말에서는 존칭 표현을 철저히 지켜야 한다**는 점이다. 첫 문장부터 자세히 살펴보자.

[원문] ①That morning after I got up I <u>complained</u> to my mother once again about how <u>disgusting</u> it was to wear a uniform to school.

아침에 일어나 학교 갈 준비를 하면서 야나는 교복(uniform)에 대한 불평을 늘어놓는다. 초보번역가는 '일어났다'는 의미인 'got up'에 대한 해석에서 실수를 잘 한다. 숙어 '깨어났다'는 의미의 'wake up'과 혼동해서 '깨자마자'로 번역한다. 번역가가 갖추어야 하는 기본 실력 중의 하나는 '영어' 실력이다. 쉬운 것부터 완전히 익혀 실수를 하지 않도록 하자! 동사 'complained'는 다음과 같이 아주 다양하게 번역했다.

(1) 불평했다(불평을 털어놓기 시작했다)
(2) 투덜거렸다
(3) 투정부렸다
(4) 짜증을 냈다

사전에는 (1)과 (2) 정도의 풀이가 주로 나온다. (3)과 (4) 표현을 찾아낸 번역가는 어휘 탐구 능력이 있는 번역가이다. 그리고 'how disgusting it was'도 다양한 번역이 가능하다.

(1) 얼마나 괴로운 일인지
(2) 얼마나 짜증나는지

(3) 얼마나 구역질나는 일인지
(4) 얼마나 역겨운지
(5) 얼마나 싫증나는지(싫은지)
(6) 얼마나 진절머리나는 일인지

사전은 '메스꺼운, 넌더리나는, 정떨어지는, 질색하는' 등으로 풀이하고 있는 데 비해, 훨씬 다양한 번역을 시도할 수 있는 구문이다. 그러나 가장 정확한 어휘를 사용하는 게 다음 순서이다. 중학생 야나의 목소리 혹은 어투에 맞는 '형용어'를 찾아야 한다. 표현 (1)은 너무 정적(靜的)이고, (2)는 바로 전에 나온 표현 'complained'와 중복되고, (3)(4)는 혐오스런 상황을 표현하는 형용어임은 틀림없지만, 여기서는 어색하고, (5)는 너무 평범하고, (6)은 좀더 나이가 든 사람들이 할 수 있는 말이라, 12살 된 여학생 어투로는 적당하지 않다. '지긋지긋한', 혹은 '지겨운' 정도가 좋겠다.

[원문] ② "Why do they make us wear it?
[번역 1] ②어째서 선생님들은 우리가 교복을 입게 만든 **거지요?**
[번역 2] ②도대체 왜 교복을 입으라고 난리지?
[번역 3] ②우리가 왜 이런 것을 입어야 되는 거지?
[번역 4] ②왜 교복을 입어야 할까?
[번역 5] ②왜 이런 걸 우리한테 입으라는 **거죠?**
[번역 6] ②왜 학교는 우리에게 교복을 입도록 강요하는가?
[번역 7] ②왜 학교에서는 그런 걸 입게 하는 **거죠?**
[번역 8] ②도대체 이걸 왜 입으라는 거야?

다양한 번역이 가능하다. 원문 대 번역문의 가능성은 1대(對) 무한대일 수도 있기 때문이다. 여기서 야나는 어떤 여학생일까? 미국과 우리나라 교육문화의 차이를 우선 생각해야 한다. 미국의 경우, 교육열이 비교적 강한 중산층 혹은 상류층 가정이나, 특정 종교를 깊이 믿는 가정에서 주로 교복을 입는 사립학교에 자녀들을 보낸다. 이런 스타일의 공립학교가 기반시설이 좋고 학생을 잘 가르치기 때문이다. 따라서 야나는 어느 정도 절제된 가정교육을 받았으리라 추측할 수 있고, 자신의 불만을 표현할 때라도 분명 어느 정도 절제된 말을 사용하리라 생각한다. 따라서 **존칭어는 우선**되어야 한다. [원문] ②에서도 다양한 번역이 많이 있었지만, 우선 존칭을 살린 번역 (1), (5), (7)을 중심으로 살펴본다.

번역 (1)은 너무 친절히 대명사를 모두 명사로 구체화해 오히려 짜증을 부리며 말하는 야나의 말의 속도를 늦추고 말았다. 번역 (5)과 (7)은 좋다. 하지만 (7)은 '학교'를 살린 점은 좋은데, 그러다 보니 역시 속도감이 떨어졌고, 대명사 'it'를 직역해 '그~'로 하여 약간 어색하다. 야나가 지금 옷을 들고, 혹은 입으며, 혹은 입으려고 쳐다보며 하는 말이다. 우리말로 '그~'라고 하면 어색하다. 이런 점에서 번역 (5)은 손댈 점이 없으리만큼 정확하다.

[원문] ③A black plaid skirt that is only good for wiping floors.
④And that ugly yellow shirt!

한국에서는 'plaid'는 보통 '체크무늬', 'skirt'는 '스커트', 'shirt'는 '셔츠' 등으로 자연스럽게 번역해 쓰고 있다. 하지만 'plaid'는 '체크무늬' 대신 '격자무늬,' '석쇠무늬' 혹은 '바둑판무늬' 등의 표현이 있다. 그런데 격자(格子)라는 어휘는 누구든 쉽게 이해하기에는 어려운 말이다. 또 'skirt'는 '짧은 치마', 'shirt'는 '상의, 윗도리, 저고리, 와이셔츠, 셔츠 블라우스' 등으로 번역할 수 있다는 걸 잊지 말자!

[원문] ⑤**The principal** should try putting it on someday, then she'd understand.

문장 ⑤에서 가장 많이 저지를 수 있는 실수 역시 **존칭어 문제**이다. 영어와 달리 우리말에서는 직함 뒤에 '선생님'을 붙인다. 특히 학교 내의 직함인 경우에는 더욱 그렇다. 따라서 'the principal'은 당연히 '교장선생님'이라고 번역하되, 존칭조사 '~께서'는 안 붙여도 된다. 당연히 'she'd understand'를 번역할 때 서술조사도 높임말을 써야 한다. '그럼 알겠지,' '이해할 수 있을 거야,' '이해할 거에요' 등은 모두 그릇된 표현이다. 하지만 '그러면 아실 걸'이거나, '그럼 이해하실 거야' 정도는 좋다.

[원문] ⑥My mother dismissed my comments just as she had always done.

단어 'dismiss'는 영한사전의 풀이로는 전혀 번역이 안 된다. 이럴 때 찾아봐야 하는 사전이 바로 영영(英英)사전이다. 영영사전에는 'to consider somebody or something not worth thinking or talking about', 즉 '생각이나 말할 가치도 없는 대상으로 간주하다'는 뜻이라고 되어 있다. 의미를 확실히 이해한다면, '나의 불평을 묵살하셨다', '나의 말을 무시하셨다', '내 말에 신경도 쓰지 않으셨다', 혹은 '내 말에 전혀 귀 기울이는 기색이 없었다' 등으로 번역할 수 있다. 하지만 '전혀 귀 기울이는 기색이 없었다'는 표현은 속도감을 저해하는 장황한 표현이고, '묵살'은 의미가 너무 강하고 크다. 혼란스런 어휘가 나오면, 영영사전의 풀이를 참고해 곰곰이 생각한 후, 정확한 우리말을 찾아내는 연습을 해야 한다.

아울러 번역문에서 **존칭어**를 사용할 경우 유의해야 하는 원칙은, 어른에게 존칭어미를 붙일 때, 어머니의 경우라도 화자 혹은 필자에겐 어른이지만, 독자에겐 아랫사람일 수도 있다는 점을 감안해야 한다. 일반 잡지나 신문 기사에서는 비록 지칭하는 사람이 필자 자신의 윗사람이라 해도, **독자 입장에 서서 존칭**

어미를 사용해야 한다. 즉, '~하셨다'가 아니라, '~했다'로 쓴다. 독자는 항상 100세 이상 된 어른일 수도 있으니까! 자, 이제 번역을 정리해보자.

> That morning after I got up I complained to my mother once again about how disgusting it was to wear a uniform to school. "Why do they make us wear it? A black plaid skirt that is only good for wiping floors. And that ugly yellow shirt! The principal should try putting it on someday, then she'd understand." My mother dismissed my comments just as she had always done.

십대의 목소리는 빠르고 거칠다. 하지만 거친 표현을 우리가 매체를 통해, 또 번역을 통해 독자에게 가르쳐 줄 '의무'는 전혀 없다. 우리는 번역가로서 최소한의 '윤리의식'을 가지고 번역에 임해야 한다. 게다가 영어 원문에도 없는 거친 표현을 번역에 넣을 필요는 더더욱 없다. 존칭어, 즉 높임말은 우리말의 장점이요, 강점이다. 번역의 길은 쉽지 않다. 그러나 시간을 들인 만큼 보이지 않는 수많은 독자들이 바른 말과 정확한 표현을 접하고 배우고 사용함으로써 바른 말이 전국에 확산된다. 번역가는 바로 여기서 중요한 다리의 역할을 한다. 특히 외국어 전문가들이 시간 걸린다고 번역을 그만둔다면, 전문가이기를 포기하는 자세이다. 언어 전문가들은 누구나 단 한 권이라도 정말 훌륭한 번역서를 남기고 이 땅에 묻혀야 한다.

| chapter 35 |

언어균형 불감증

　교육이란 균형(均衡, Balance)을 찾아주는 일이라고 정의하는 학자의 말을 경청할 필요가 있다. 고려시대 교육기관이던 국자감을 충렬왕 때인 1304년에 성균관(成均館)으로 개칭하고 오늘에까지 이른 이유는 뭘까? 《주례(周禮)》에 나오는 구절에서 따온 '성균(成均)'의 의미도 역시 교육에서 '균형'이 중요하다는 의미 아닐까? 어린아이일수록 좋고 싫음이 분명하고 집착이 대단하다. 자신에게 좋은 것과 해로운 게 뭔지 구별도 못하면서, 마냥 좋은 것만 달라고 운다. 좋고 해로운 걸 구분하여 삶의 무게가 어느 쪽에도 지나치게 실리지 않도록 균형을 잡아가게 이끌어주는 게 진정한 교육이 아닐까? 그래서 삶의 균형을 잡아가면, 우린 비로소 철이 들었다고 말한다. 한 서양교육학자는 교육이란 "원래 있는 능력을 찾아내는 일"이라고 풀이한다. 우리나라와 일본의 주입식 교육관과는 정반대의 얘기다. 원래 있는 능력을 찾아 키워주는 게 아니라, 원래 있던 능력도 획일화된 지식과 정보를 주입해 잃게 만드는 게 우리나라 교육 현실 아닌가!
　번역은 균형 잡힌 영어 공부는 물론 국어 공부까지 겸할 수 있는 길이다. 우리나라에서 최소 초등학교를 졸업한 사람 중에 국어를 읽고 쓰고 말할 줄 모르는 사람은 없다. 그렇다면 동시에 영어를 잘 할 수 있는 사람은? 아주 잘 봐줘 그 중에 0.1% 정도? 그렇다면 0.1%에 해당하는 사람들은 영한번역 혹은 한

영번역을 모두 잘 하는가? 아마도 그 사람 중에 0.1%의 사람도 번역을 잘 한다는 말은 못하리라. 그렇다면, 영어를 모국어로 쓰는 원어민이라고 번역을 잘할 수 있을까? 원어민은 역으로 우리말 실력 부족 때문에 영한번역의 한계를 느낀다. 일단 영어를 우리말로 옮기는 데는 우리나라 전문번역가에 비할 외국인이 없다.

하지만 우리나라 번역가들에게도 문제는 있다. 개인의 능력에 따라 다르겠지만, 결국에는 우리말 실력 부족으로 번역 작업의 한계를 느끼는 전문가들이 적지 않다. 그렇다면 번역을 잘 할 수 있는 사람의 숫자는 기하급수적으로 적어진다.

번역은 우리가 이미 알고 있는 우리말 능력에 균형(均衡)을 잡아주는 일이다. 질서를 바로잡아 주는 일이다. 우리말 어법에 맞춰 옮긴 문장을 윤문(潤文)하는 일, 즉 바르게 다시 쓰고 흐름이 부드럽게 고치고 갈무리하는 작업까지가 번역이다. 따라서 번역 학습은 우리 속에 이미 있는 언어 능력을 끌어내 갈고 닦아 훌륭한 정보전달자로서의 책임을 다할 수 있게 한다는 면에서 참교육의 실천이며 언어교육의 정도(正道)이다. 따라서 번역 학습으로 올바른 교육을 받은 균형 잡힌 인간, 즉 전인(全人)을 키워낼 수 있다.

대학에서는 영어를 공부한다는 지상목표를 위해 어법에 전혀 맞지 않는 우리말로 학습하는 영어독해 시간을 이제는 청산해야 한다. 번역을 하는 자세로 영어 문장을 읽어내야 한다. 간단한 단 한 문장의 영어 문장이라도 올바른 우리말로 표현하는 연습은 복잡한 영어 문장 여럿을 어법에 맞지도 않는 독해식 우리말로 표현하는 것보다 훨씬 소중한 학습이다. 학생들은 내부에 잠재해 있는 능력이 적당주의, 빨리주의, 질(質)보다 양(量) 우선주의로 다 잃어가고 있다. 물론 세계화의 물결을 막을 수는 없다. 하지만 동시에 세계화는 어느 순간 또 다른 모양의 제국주의로 돌변할 수도 있다는 점을 기억해야 한다.

세계화의 시대를 바로 사는 길은, 우리만의 문화를 바로 지켜내는 일에 있다. 말과 글은 우리 정신의 소산이며, 우리 문화의 핵심이다. 우리말을 지키는 언어환경 지킴이의 역할은 번역가들이 감당해야 하는 소중한 몫이다.

이번 영어 원문은 살충제를 잘못 뿌려 제라늄 꽃밭을 망친 원예학과 졸업생 데이비드와 겸손한 정원사 호머의 얘기이다. 원문을 보자.

[원문]
①I was certain I would be fired. ②Then I saw Homer. ③He was deftly picking off the dead leaves and tossing them in a bucket. ④ "Pinch off the old blossoms," he said. ⑤ "That allows the new ones to spread. ⑥These won't be ready for Mother's Day, but June they will be the biggest geraniums you've ever seen." ⑦Homer never blamed or lectured me. ⑧When I tried to apologize, he shrugged. ⑨ "Mistakes! We all make them."

비교적 짧은 문장으로 이어진 단락이다. 짧은 문장이 반복해 연결된 경우, 영어의 서술부는 매번 다르기 때문에 상관이 없으나, 우리말의 경우는 서술부가 보통 '~다' 혹은 '~요' 등으로 끝나는 경우가 많기 때문에 지나친 단문의 반복은 가독성(可讀性)을 떨어뜨린다. 바로 [원문] ①과 ② 번역의 성패는 이 점에 달렸다. 다음 번역을 보자. 아주 잘된 번역이다.

[번역 1]
①나는 확실히 해고당할 거라고 생각했다. ②대뜸 호머를 보았다. ③그는 익숙한 솜씨로 죽은 잎사귀들을 골라 바구니에 넣고 있었다. ④-1 "죽은 싹들을 뽑아내렴." ④-2 그는 말했다. ⑤ "새 싹이 나오는데 방해가 되니까 말이다. ⑥이 녀석들이 어버이날까지 꽃을 피울지 모르겠지만, 적어도 6월이 되면 네가 이제껏 보아온 제라늄 중 가장 큰놈들이 될 거다." ⑦호머는 내게 비난을 퍼붓거나 잔소리를 하지 않았다. ⑧내가

사과하려고 하자, 그는 별일 아니라는 듯 어깨를 가볍게 움츠렸다. ⑨
"실수였잖니! 누구나 실수는 하지."
아주 괜찮은 번역이다. **대명사 사용 절제**와 다양하고 **적절한 부사어 사용** 등, 몇 가지 점에 좀더 신경을 쓴다면, 아주 훌륭한 번역을 해낼 수 있는 번역가의 작품이다. 우선 첫 두 문장 번역을 보자.

[원문] ①I was certain I would be fired. ②Then I saw Homer.
[번역 1] ①나는 확실히 해고당할 거라고 생각했다. ②대뜸 호머를 보았다.

[번역 1] 번역가처럼 우리는 중학교 시절부터 사전에서 'certain'은 '확실한, 확신하는'으로 배웠다. 하지만 'certain'에는 '일정한, 정확한, 필연적인, 분명한, 틀림없는' 등의 다양한 뜻이 있다는 사실 또한 기억하자. 그리고 [원문] ①의 'certain'은 'I would be fired' 전체가 '분명하다'는 뜻이다. **다양한 부사어 선택**을 권한다. 그런 관점에서 [번역 1] ②는 좋은 시도를 하고 있다.
[원문] ②의 'Then'을 '대뜸'으로 번역한 점은 훌륭하다. 하지만 부사어 '대뜸'은 전후좌우 가림 없이 그 자리에서 즉시 뭔가를 행하는, 약간은 '공격적인' 행위를 수식할 때 쓴다. 하지만 원문 전체에는 어디에도 데이비드의 공격성은 나타나지 않고, 나타날 수도 없는 상황이다. **정확한 부사어 사용**은 독자의 이해를 쉽게 한다. 그리고 [번역 1] ①과 ②의 경우는 잦은 '~다'의 반복을 피하기 위해 합해 한 문장으로 번역하면 좋다. 다음 문장을 살펴보자.

[원문] ③He was deftly picking off the dead leaves and tossing them in a bucket.
[번역 1] ③그는 익숙한 솜씨로 죽은 잎사귀들을 골라 바구니에 넣고 있었다.

동사 'pick'는 우리말에 섞여 외래어로 빈번히 사용되고 있다. 하지만 자칫 외래어로 사용할 때의 의미를 번역에 그대로 옮겨오면 실수를 범하게 된다. 동사 'pick'에는 '쿡쿡 쪼다, 물어뜯다, (과일, 꽃 등을 하나하나) 따다, 뜯다, 따주다'의 뜻이 있으며, 숙어 'pick off' 역시 '잡아뜯다'는 뜻이다. 여기서는 'the dead leaves(죽은 잎사귀)'를 골라 '뜯어내는' 모습을 가리킨다. 명사 'a bucket'는 어떻게 번역하면 좋을까? 영영사전을 찾아보면, 'a roughly cylindrical open container, used for carrying, catching, or holding water', 즉 '대략 원통 모양으로 생겼으며 입구가 열려 있는 용기로 물을 나르거나 받거나 담아둘 때 쓴다'고 정의되어 있다. 다른 영어 낱말로 'pail'과 비슷한 낱말이며, 우리말로는 '들통'이나 '양동이'가 맞다. '바구니'는 'a small wicker basket'으로, 원문 낱말이 'bucket'보다는 'basket'의 경우에 적합한 번역이다. 그리고 진행형 동사 'tossing(던지다)'를 단순히 '넣고'로 번역한 건 실수! 중요한 행위를 표현한 부분은 특히 생략하지 말고, 그 뜻을 살려 번역해야 한다. 다음문장 번역도 세심한 주의가 필요하다.

[원문] ④ "Pinch off the old blossoms," he said.
[번역 1] ④-1 "죽은 싹들을 뽑아내렴." ④-2 그는 말했다.

살충제를 잘못 뿌려 제라늄 밭이 엉망이 된 상황이다. 따라서 꽃이 많이 시들고 죽었으리라. 하지만 'the old blossoms', 즉 핀 지 이미 오래되어 '시든 꽃들'은 바로 위 문장 ③의 'the dead leaves', 즉 살충제를 뿌려 '죽은 잎사귀들'과는 구분이 되어야 한다. 명사 'blossom'은 '꽃'이며, '싹(a bud)'과는 다른 점도 감안해야 한다. 원문이 한 문장이며 게다가 아주 짧은 '한' 문장일 경우, 특히 두 문장으로 나누어 번역할 필요는 없다. 한편, 의역이 절대 필요한 경우를 빼고는 다음 번역 문장처럼 원문을 변형한 번역을 할 이유는 없다.

[원문] ⑤ "That allows the new ones to spread.
[번역 1] ⑤ "새 싹이 나오는 데 방해가 되니까 말이다."

[원문] ⑤는 화자(話者)의 긍정적인 사고를 표현한 문장인데, 지나친 의역으로 부정의 느낌이 강해지고 말았다. 꽃을 보살피는 호머의 따스한 마음을 느끼게 하는 동사 '퍼지게 하다(to spread)'를 살려 번역해야 하는데, 오히려 부정적 어감이 강한 문장이 되었다. 즉 'the new ones', 새로 피는 꽃들이 두루 넓게 퍼지게 해야 한다는 호머의 의도가 전혀 잘못 전달되고 있다. 다음 문장을 살펴보자.

[원문] ⑥**These** won't be ready for Mother's Day, **but** June they will be the biggest geraniums you've ever seen."
[번역 1] ⑥**이 녀석들이** 어버이날까지 꽃을 피울지 모르겠지만, **적어도** 6월이 되면 네가 이제껏 보아온 제라늄 중 가장 큰놈**들이 될 거다.**"

주어부를 '이 ~들이'로 시작해 서술부를 '~들이 될 거다'로 마무리함으로써 다정다감한 호머의 성격이 드러나도록 재미있게 번역한 점이 좋다. 그리고 접속사 'but'을 '~만 적어도' 식으로 처리한 점도 좋다. 하지만 지나친 의역과 함께 항상 주의할 점은 **문화 차이 극복**의 문제이다. 미국에는 '어버이날'이 없다. '어머니날'은 5월 둘쨋주 일요일이며, '아버지날'은 6월의 셋째 주 일요일! 시제의 문제 또한 주의할 점이다. 구문 'won't be ready'는 그 시점까지 '준비가 안 된다'는 부정의 뜻이지, 추측은 아니다.

[원문] ⑦Homer never blamed or lectured me.
[번역 1] ⑦호머는 내게 비난을 퍼붓거나 잔소리를 하지 않았다.

전체 번역 문장이 '확실히, 대뜸, 방해가 되니까, 퍼붓거나 잔소리' 등과 같은 표현으로 강한 어조를 띠고 극적인 느낌도 든다. [번역 1] ⑦역시 번역자는 표현의 극적인 효과를 노리고 있다. 그래서 'blamed'를 '비난을 퍼붓거나'로 번역하고 있다. 하지만 '퍼붓다' 식의 강한 의미가 되려면, 원작자는 문장에 '퍼붓다(pour out)'나 '엄하게(harshly)' 등의 어휘를 사용하는 쪽을 택했을 것이다.

[원문] ⑧When I tried to apologize, he shrugged. ⑨ "Mistakes! We all make them."
[번역 1] ⑧내가 사과하려고 하자 그는 별일 아니라는 듯 어깨를 가볍게 움츠렸다. ⑨ "실수였잖니! 누구나 실수는 하지."

역시 같은 의미가 있는 낱말 중에 가장 정확한 어휘를 선택하는 문제다. 영영사전 풀이에 따르면, 동사 'shrug'는 'slightly and momentarily raise the shoulders to express indifference, helplessness', 즉 '속수무책일 때나 혹은 벌어진 상황에 개의치 않는다는 의미로 어깨를 가볍게 잠깐 올렸다 내리는 행위'이다. 따라서 'shrug'를 정확하게 번역하기 위해서는 우리말에서 어깨를 가볍게 올렸다 내리는 '수직(vertical)' 행위를 표현하는 말을 찾아야 한다. 우리말 '움츠리다'는 두 팔을 모아 몸을 작게 만드는 '수평(horizontal)' 행위이다. 이제 번역을 정리해보자.

> I was certain I would be fired. Then I saw Homer. He was deftly picking off the dead leaves and tossing them in a bucket. "Pinch off the old blossoms," he said. "That allows the new ones to spread. These won't be ready for Mother's Day, but June they will be the biggest geraniums you've ever seen." Homer never blamed or lectured me. When I tried to apologize, he shrugged. "Mistakes! We all make them."

대화체를 번역할 경우에는 서술어미 결정에도 신경을 써야 한다. 모두 말의 균형을 위한 작업이다. 전체 분위기에 맞지 않는 큰 의미를 지닌 낱말이나 필요 이상으로 극적인 표현은 전체 번역 문장의 흐름을 왜곡시킨다. 번역상 언어의 균형감각은 그래서 더욱 소중하다.

| chapter 36 |

쉬운 말 기피증

　한 일간지에 일본 도쿄대학이 일본 전국대학 연구논문 10만 건을 인터넷으로 무료공개할 계획이란 기사가 실렸다. 이젠 학술논문도 일반에게 무제한 공개되는 시대가 되었구나 하는 생각이 들었는데, 그보다 더 흥미 있는 구절은 "학술 전문용어가 대부분인 연구 논문을 일반인도 알기 쉽게 **'번역' 하고** 키워드로 손쉽게 검색할 수 있게 한다는 것이 특징"이라는 말이었다. 자료화를 위해 기업에서 초빙한 객원교수만도 10여 명이며, 연구내용은 **모두 알기 쉽게 '번역·수록' 한다**는 설명에 무척 공감이 갔다. 특정한 독자층을 위해, 외국어로 된 문서를 우리말로 옮기는 작업을 번역이라고만 생각해 왔는데, **동시대를 살면서, 동일 언어로 된 문서를 또 다른 동일 언어로 옮기는 작업을 '번역' 이라 칭한 기자와 학자들의 용기** 때문에, 이제 번역의 영역이 나날이 확장되고 있다. 과연 '다시 쉽게 풀어쓰기' 는 번역의 범주 중에 어디에 속하는 걸까?
　한편 학술지·전문지에 실리는 **전문용어들의 지나친 난해함**은 일본만의 문제가 아니다. 학술논문은 같은 분야 전공자라 해도, 특히 비평의 경우, 용어 자체의 수용방법과 활용에 차이가 있기 때문에, **난해한 전문용어를 사용**하면, 독자가 내용을 이해하기 어려운 경우가 많다. 같은 전공자도 그럴 정도이니, 이미 완성된 학술논문의 경우 일반인들을 위한 논문이 되려면 엄청난 '변신' 을 하지 않을 수 없다. 그러니 '번역' 이란 표현이 맞는 부분도 있기는 하다.

새로운 이론을 알리는 장이니만큼 용어의 특성과 전문성의 이질성은 이해가 되지만, 수용자, 즉 기왕이면 독자의 입장을 생각한 좀더 **이해가 쉬운 번역, 쉬운 표현을 하면 좋겠다.** 번역은 철저한 '타자성(他者性)'의 결실이다. 창작이 철저한 자기중심성에 근거한다면, 번역은 독자라는 타자(他者)를 인정하지 않고서는 존재할 이유가 없는 작업이다. 종래 한국 내의 번역은 지나치게 상업적인 '타자성'만을 강조해 원작의 의도와는 전혀 다른 오역(誤譯)과 졸역(拙譯)이 난무했지만, 이제는 다른 차원에서 '타자성'을 연구해야 한다. 바로 특별한 독자층, 아마도 더 많은 독자층을 위한, 어려운 학술 전문용어와 난해한 문학작품 언어를 쉽게 풀어 '번역'하는 작업이 우리나라 학계 전반의 '아성과 같은' 문화를 해체하는 화두로 자리잡히는 날을 기다려 본다.

언젠가 '지식 마피아', '지식 갱단'이란 말을 접한 적이 있다. 자신들만 아는 '은어'와 같은 전문용어들을 사용하는 일부 '지식인'들. 감히 범접할 수 없는 영역이라 독자는 전문 암호 속에 더 혼란스럽다. 하지만 항상 문제는 커뮤니케이션, 즉 의사소통이다. 디지털 시대 아닌가! 혼자 말하고 일부만 아는 얘기를 하는 것은 아날로그 시대의 일이다. 어려운 얘기도 쉽게 풀어 어떤 타자와도 **양방향 대화가 가능한 시대**가 디지털 시대 아닌가! 계층간의 대화가 가능한 사회, 계층의 벽을 무너뜨리고 경계를 넘나들며 생각을 나눌 수 있는 사회에서, 어렵게 쓴 논문을 쉽게 풀어쓰는 일은 번역이 할 일 중에서도 진정 새로운 과제인 것이다.

우선은 일반을 위한 새로운 용어를 만들고 외국어를 들여올 때, 좀더 우리말에 맞고 이해가 편한 말을 찾도록 해야 한다. 번역은 번역가보다 언어 실력은 떨어지고 **지적 수준과 호기심은 다양한 '독자'들을 위해** 존재한다는 사실을 잊어서는 안 된다. 아래 원문을 읽어보자.

[원문]
①He needed the help of our weekend team of volunteers. ②He

needed the help of all his paid, professional caregivers. ③He was amazing at motivating us, getting us to do what he wanted and making us enjoy it. ④But at the same time he was absolutely dependent. ⑤That August I started business school in Virginia. ⑥I was grateful to the fellowship group but mostly to Jesse, who taught me something important about being a caregiver.

제시와 데이비드의 얘기다. 데이비드는 몸이 불편한 친구 제시가 활달하고 활동적이어도 여전히 자신의 도움이 필요하다는 사실과, 자신 역시 제시와의 관계를 통해 오히려 많은 것을 배웠다는 사실을 깨닫는다. 다음 번역을 보자.

[번역 1]
①**그**는 우리 주말 자원봉사팀의 도움을 필요로 했다. ②**그**는 물론 유급으로 돌보아주는 전문적인 사람들의 도움도 필요로 했다. ③**그**가 우리로 하여금 돕고자 하는 동기를 유발시키고, **그**가 원하는 것을 우리로부터 얻고, 우리가 그를 돕는 것을 즐기게 만드는 데 정말 놀라운 정도였다. ④-⑤그 해 8월, 나는 버지니아의 비즈니스 스쿨을 시작했다. ⑥**나**는 모든 동료들에게 감사했지만, 무엇보다도 **나**로 하여금 남을 돕고 돌보는 일의 중요함을 가르쳐준 제시에게 누구보다도 고마움을 느꼈다.

영한 번역상의 고질병은 **대명사 '그'와 '나' 병**이다. 많은 번역 수련인에게 보편적으로 있는 '그'와 '나' 병 증후가 위 [번역 1]에도 나타나고 있다. 우리말에서는 어색한 인칭대명사의 사용을 줄이는 방법은 간단하다. **주어를 생략하든지, 아니면 원래 호칭을 써주는 방법**이다. 아버지·어머니·선생님 등 웃사람을 칭할 때는 특히 대명사가 어색하다. '아버지는 훌륭한 분이었다. 그는 젊은 시절…, 그가 좋아하는…' 식의 표현은 불안하다. 게다가 '어머니는 홀

룡한 분이었다. 그녀는 젊은 시절… 그녀가 좋아하는…' 는 더 이상 사용하지 않기를 바라는 표현이다. 언어는 문화의 산물이다. **우리말에는 우리나라의 정신과 문화가 고스란히 배어 있다.** 영어를 많이 사용한다고 해도 영문법에 의거해 한국말을 할 수는 없다. 고유한 민족 특성, 특히 언어적 특성은 지켜나가면서, 열린 자세로 외국문화를 받아들여야 한다. 한국어가 모국어인 사람이 어찌 '어머니' 를 '그녀' 라고 부를 수 있겠는가! 번역 수련생들은 모두 이 점을 주의하기 바란다. [원문]을 분석하며 [번역 1]을 고쳐보자.

[원문] ①He needed the help of our weekend team of volunteers.
[번역 1] ①그는 우리 주말 자원봉사팀의 도움을 필요로 했다.

대명사 'He' 는 '제시(Jesse)' 를 가리킨다. 따라서 번역 첫 부분에서는 일단 제시임을 밝혀주는 게 '독자' 를 배려한 친절한 번역가의 자세이다. 외래어 'team' 은 '팀' 이라 번역해도 더 이상 어색하지 않다. 하지만, 여기서는 'weekend team of volunteers' 라는 표현의 특성상 순전히 우리말인 '주말 자원봉사대' 로 번역이 가능하다. **우리말로 번역이 가능한데, 굳이 외래어를 섞어 쓸 필요는 없다.**

[원문] ②He needed the help of all his paid, professional caregivers.
[번역 1] ②그는 물론 유급으로 돌보아주는 전문적인 사람들의 도움도 필요로 했다.

사전에는 'caregiver' 를 '병자 · 불구자 · 어린아이 등을 돌보는 사람' 으로 설명하고 있다. 사전 설명에 문제가 있다. 전문가는 소설이나 자기 고백체 글 등의 특별한 경우를 제외하고는 속어(俗語)를 사용하지 않아야 한다. 비록 의미상으로는 문제가 없다고 하지만, 의미를 넘어선 언어의 활용상 비속(卑俗)한 의미로 전용된 언어는 가능한 한 순화된 언어로 바꾸어 사용해야 한다. 사전을 만드는 사람들은, 특히 이런 점에 주의해야 한다. '불구자' 보다는 '장애인', 혹은 '지체부자유자' 등이 좋다. 어쨌든 **'caregiver'** 는 어려운 사람을 돌보는 사람을 가리킨다. 사전에는 안 나오지만, 분명 우리는 **'간병인'** 이란 직업명을 쓰고 있다. 사전편찬자는 이렇게 떠도는 말을 속히 정리해 사전에 수록해야 할 의무가 있다.

[원문] ③He was amazing at motivating us, getting us to do what he wanted and making us enjoy it.
[번역 1] ③<u>그가 우리로 하여금 돕고자 하는 동기를 유발시키고</u>, <u>그가 원하는 것을</u> <u>우리로부터</u> 얻고, 우리가 <u>그를</u> 돕는 것을 <u>즐기게 만드는데</u> 정말 놀라운 정도였다.

전형적인 번역투의 문장이다. 줄친 부분을 주의해서 읽어보라. 여러분은 실제 생활에서 줄친 표현대로 말하는가? 번역어는 보통 말과 다를 바가 없다. 일상언어와 문학언어도 어느 범위 내에서는 공존한다. 번역이기 때문에 일상언어와 다를 수밖에 없다는 부정적인 생각은 잘못된 생각이다. 그리고 문장이 어색한 이유는 **'논리성' 부족** 때문이며, **쉽고 편한 말을 찾지 못했기** 때문이다.

[번역 1]의 ③은 정확하게 번역했지만, 논리성과 자연성을 살려내지 못했기 때문에 어색한 '직역'이 되고 말았다. 여기에 틈틈이 끼여 있는 대명사 '그'가 어색함을 더하게 하고 있다. 게다가 자기 고백체로 흐르는 글에 '동기를 유발시키고'란 표현은 자연스러운 글의 흐름을 막는 '바윗덩어리'인 셈이다. 학술논문에서는 '동기유발'이 문제없지만, 여기서는 의미를 풀어 번역하는 게 더 자연스럽다. '동기를 유발시킨다'는 말은 '원인을 자극해 일이 생기게 하는 행위' 이다.

[원문] ④But at the same time he was absolutely dependent.
[번역 1] ④

종종 이런 일이 일어난다. 번역을 건너뛰는 실수이다. 때로는 의도적으로 두 문장을 한 문장으로, 혹은 세 문장을 두 문장으로 붙여 쓰는 경우는 있다. 그러나 어떤 경우라도 원문의 일부를 빠뜨리고 번역하는 것은 큰 실수이다.

[원문] ⑤That August I started business school in Virginia.
[번역 1] ⑤그 해 8월, 나는 버지니아의 비지니스 스쿨을 시작했다.

어려운 말에는 몇 가지 종류가 있다. **전문용어·학술용어·고어(古語), 그리고 국어화한 외국어인 외래어** 등등. 고유명사 'Virginia'는 외국어이고, 'business school'은 아직은 외래어가 아닌 외국어이다. 번역문에 외국어를 그대로 '전이(轉移, Transference)' 하는 빈도가 많아지면, 이미 번역이 아니다. 번역가에게는 '전이'가 아니라, 외국어의 의미를 우리말로 정확히 '옮겨야 하는 번역'의 의무가 있다. 따라서 '비지니스 스쿨'은 번역이 아니다. 특히 이 경우, 번역가는 교육 환경상의 체계와 문화 차이까지 감안해야 한다. 미국에서는 '~school' 하면, 대부분이 대학졸업 후 전문교육을 받을 수 있는 곳으로, 'law school'은 '법과대학원', 'medical school'은 '의과대학원', 그리고 'business school'은 '경영대학원'이다.

[원문] ⑥I was grateful to the fellowship group but mostly to Jesse, who taught me something important about being a caregiver.
[번역 1] ⑥**나**는 모든 동료들에게 감사했지만, 무엇보다도 **나로 하여금 남을 돕고 돌보는 것의 중요함을 가르쳐준** 제시에게 그 누구보다도 고마움을 느꼈다.

역시 직역이 문제다. '나로 하여금 …을 가르쳐준'이나 '제시에게 …을 느꼈다'는 직역의 문제, 그리고 조사와 서술어 사용상 잘못으로 미숙한 문장이 되고만 좋은 예이다. 구문 'be grateful to ~'는 '~가 고맙다'로 소화하고, 관계대명사 'who'가 앞에 ',(쉼표)'를 동반할 때는 선행사를 강조해 번역하면 효과가 다 좋아진다. '특히 제시가 고마웠는데, 제시는 …한 **사람이다**'는 식으로 말이다. 이제 번역을 정리해 보자. 아울러 문장 ⑥의 'caregiver'는 위 문장 ②와는 조금 다르게 번역하는 게 좋다.

He needed the help of our weekend team of volunteers. He needed the help of all his paid, professional caregivers. He was amazing at motivating us, getting us to do what he wanted and making us enjoy it. But at the same time he was absolutely dependent. That August I started business school in Virginia. I was grateful to the fellowship group but mostly to Jesse, who taught me something important about being a caregiver.

불가해(不可解)한 어려운 말에 담긴 진리가 무슨 소용인가! 상대를 이해시키지 못하는 어려운 말에는 진리가 담겼다 해도 의사소통이 불가능하기 때문에 듣는 사람이나 읽는 사람에게 가치가 없다. 돼지에게 진주가 소용없듯이 무인도에 다이아몬드가 무슨 소용이 있을까. 대화는 상대를 이해하는 시점부터 시작된다. 꼭 어려운 말로 표현해 현학적인 면을 드러내야 수준 높은 번역은 아니다. 원문 표현이 쉬운 말이라면, 원문과 거의 등가(等價, Equivalence)하는, 혹은 동등한 수준의 쉬운 말로 번역하면 된다. 번역가는 독자와 대화를 시작하기로 작정하고 작업을 한다. 그런데 불필요하게 어렵고 난해한 말로 오히려 독자를 혼란에 빠뜨린다면, 그것도 원작자의 의도가 아닌, 번역가의 부실한 모국어 실력 때문에 혼란을 초래한다면 큰 문제다. 독자에 대한 좀더 진지한 연구가 있어야 한다. 모국어 실력을 키움으로써, 또 좀더 겸손해진다면, 이런 문제는 쉽게 해결될 수 있다.

| chapter 37 |

단순화 기피증

번역은 창조 작업이다. 번역 작품은 또 다른 창작물이다. 내용의 요소들이 유기적으로 살아 움직이는 새로운 생명체의 시작이다. 유기적이라 함은 무생물에서는 있을 수 없는 생명체임을 증명하는 살아 있는 움직임이라는 말이다. 글의 요소 사이에 존재하는 보이지 않는 끈이며, 글에 생기를 주는 중요한 자양분의 근원이다. 마치 나뭇잎이 햇볕을 받아 동화작용을 하듯이, 보이지 않는 요소들이 어우러져 푸른 잎과 같은 새로운 작품을 이뤄내는 작업이 번역이다. 번역은 그러므로 생명 복제가 아닌, 생명 창조의 거룩한 작업이다. 문학 작품, 그것도 어린이를 위한 동화를 번역하는 일은 더욱 조심스런 일이라, 성스럽기까지 하다.

전 세계에 동화 돌풍을 일으키고 있는 조앤 롤링의 《해리 포터(*Harry Potter*)》 시리즈를 우리는 잘 알고 있다. 1999년 여름 한달 동안 미국을 방문할 기회가 있었다. 대학가의 책방, 동네 백화점에 있는 책방, 지하철역, 또 공항에 있는 책방 등 어느 곳에서도 해리 포터 시리즈는 불티나게 팔리고 있었다. 당시에 나온 제4권 《해리 포터와 불의 잔(*Harry Potter and the Goblet of Fire*)》은 무려 734쪽이나 되는 두꺼운 책(23cm×16cm×5cm)으로, 아주 무겁다. 그런데도 책방마다 동이 나는 이유는 무엇일까? 방문한 가정마다 아이들은 형제, 자매 간에 순번을 정해놓고 자기가 읽을 차례가 오기를 기다리고 있었다. 물론 순번의 맨 끝에는 부모도 끼어 있었다. 해리 포터의 성공은 거의 신화적이며 아름다운 현실이다. 그리고 해리 포터의 성공은 사이버 세계에 물들어 있는 전 세계에 **종이책의 건재함**을 알린 또 한 번의 기분 좋은 사건이다. 동시에 수십 개 언어로 번역되는, 엄청난 영향력을 과시하고 있는 종이책의 성공이 계속 이어지길 기대한다.

그래서 이번 영어 원문은 먼 옛날 우리의 어린 가슴을 감동으로 떨게 했던 동화, 안데르센(Hans Christian Andersen, 1805~1875년, 덴마크의 동화 작가)의 《미운 오리새끼(The Ugly Duckling)》로 골랐다. 기회가 되면, 이 책은 처음부터 다시 읽어보시기를 권한다. 어린이들을 위한 짧은 동화에는 놀랍게도 어른들에게 힘과 깨달음을 주는 진리가 있다. **단순한 진리와 교훈**이 있다. 동화 번역에서는 복잡함을 피해야 한다. 단순함을 부끄러워하는, **단순화 기피증**이 있는 번역가는 동화를 번역하기 힘들다. 어린이로 돌아가 그들의 언어와 감수성을 되찾아 자신의 번역에 동화(同化)시키는 작업이 동화(童話) 번역가에게는 중요하다.

세상은 나날이 복잡 다양해가는데, 현대인들은 왜 단순한 글과 감동이 있는 글을 선호할까? 현실이 풀기에 너무 어렵고 복잡해서가 아닐까? 수년 전에 우리 서점가를 흔들었던 《마음을 열어주는 101가지 이야기》 시리즈 역시 간단하고 동화 같은 감동이 있는 번역서였다. 아마도 덴마크어(Danish)에서 영어로 번역되었을 이 책의 원문을 보자.

[원문]

He looked at his reflection in the water. It was true! His feathers were white and gleaming. His neck was long and graceful. He had grown into a handsome swan.

"Come with us!" said the swan.

The ugly duckling spread his wings and rose into the sky. "I never dreamed that I could be so happy," he said, and he flew off proudly with his new friends.

동화는 단순하다. 하지만 동화 번역은 그렇게 단순하지가 않다. 책은 어린이를 위한 내용인데, 번역은 어른이 하기 때문이다. 동화 번역에서 가장 나중에 결정해야 하는 중요한 요소는 **제목과 주인공의 이름**이다. 지난 수십 년간 우리에게 '미운 오리새끼'로 알려진 책의 제목이자 주인공의 이름을 그대로 사용할 것인가, 혹은 바꿔볼 것인가. 이에 대한 번역은 다양했다.

[영어 제목/주인공 이름] : The Ugly Duckling
[번역 제목/주인공 이름] : 미운 **오리새끼**
　　　　　　　　　　　　추한 오리새끼
　　　　　　　　　　　　못생긴 **오리**
　　　　　　　　　　　　못생긴 **어린 오리**
　　　　　　　　　　　　못생긴 오리새끼

당연히 원래의 제목과 주인공의 이름을 선호하는 번역이 가장 많았지만, 문제는 있다. 단어 'ugly'의 의미는 아주 특별한 경우를 제외하고는 외모를 표현하는 낱말이다. 즉 인물의 성격보다는 외모를 서술할 때 쓴다. 우리말 '미운'은 외모뿐 아니라, 성격·인격의 특성을 의미한다. 동화의 내용 전체를 살펴보면, 주인공 오리는 절대로 성격이나 인품이 미움을 살만한 인물은 아니다. 단지 외모가 무리와 다르고, 다르기에 '추해' 보이고, 그래서 '따돌림'을 당하는 인물이다. '추한'이 제목 어감상 거칠다면, '못난' 혹은 '못생긴' 정도로 번역하는 게 동화에 맞는 단순하고 정확한 번역이다.

　단어 'duckling'에 대한 기존 번역들에도 문제는 있다. 'Duckling'은 영한(英韓)사전에 나온 그대로 '오리새끼'다. 하지만 왠지 '오리새끼'는 어감이 낱말 '미운' 만큼이나 안 좋다. 오리새끼를 다섯 번만 계속 읽으면 우리는 저절로 주인공 오리를 미워하는 독자가 될 수도 있다. '~새끼' 라는 어감이 우리가 사는 시대에는 더 이상 긍정적으로 들리지 않기 때문이다. 미국의 다른 동화 중에 한국에서 유명한 작품으로 《아기돼지 삼형제(Three Piglets 혹은 Three Little Pigs)》가 있다. 이 동화의 다른 한글 제목으로는 '돼지 삼형제,' 혹은 '새끼돼지 삼형제' 등이 있다. 하지만 '돼지새끼 삼형제' 는 없다. 사전에도 'piglet' 를 '새끼돼지' 로 풀이하고 있다.

자, 정리해보자. '미운 오리새끼' 는 정확한 제목이 아니다. 이야기의 내용과 주인공의 성격을 잘못 전달하고 있는 제목이다. 주인공 아기오리는 연민의 대상이요, 한두 가지 약점을 지닌 채 이를 부끄러워하며 살고 있는, 우리 모두를 대변하는 인물이기도 하다. 절대로 적대 감정을 품을 수 없는 '못생긴 아기오리' 이지, '미운 오리새끼' 가 아니다. **제목은 특히 책이나 이야기의 전체 내용을 암시해줄 수 있어야** 한다. 번역가는 '미운 오리새끼' 의 오류를 범해서는 안 되며, 지금까지 틀리게 써온 번역은 과감히 고쳐 바로잡을 수 있는 용기가 있어야 한다. 번역은 시대에 따라 변화해야 한다. 모든 고전은 30년에 한번씩 완전히 다시 번역돼야 한다는 번역학자 뉴마크(Peter Newmark) 교수의 주장을 소홀히 생각해서는 안 된다.

동화 번역에서 두 번째로 신경을 써야 하는 부분은 **어미 결정**이다. 대부분이 '~ㅆ다' 를 택한다. 다른 표현을 시도할 필요는 있다.

[원문]

He **looked** at his reflection in the water. (과거+평서문)

[번역]

(1) 그는 물에 비친 자신의 모습을 **바라보았다.**

(2) 미운 오리 새끼는 물 속에 비친 자신의 모습을 **보게 되었습니다.**

(3) 미운 오리 새끼는 거울에 비친 자신의 모습을 **보았어요.**

우리말은 영어와 달리 어미가 무척 다양하다. 영어에서는 우리말 번역 (1)(2)(3)과 같은 구분이 없다. 그래서 미국 초등학교에서는 어린이들에게 동화를 소리내 읽을 때, 감정 '표현(expression)' 을 많이 하라고 가르친다. 어린이들에게 존칭어를 경험하는 기회를 주고, 감정 표현의 생생함을 더해주기 원한다면 (2)와 (3) 번역이 좋다. 그러나 예를 들어 해리 포터 시리즈 정도로 긴 동화에서는 (1)이 좋다. 그리고 학령기 전의 어린아이들을 위한 요약본이라면 당연히 (2)나 (3)이 적절하다.

다음은 부사어 번역의 다양화이다. 원문에 단 한 번 등장하는 부사는 'proudly' 이다. 다양한 번역이 있다.

(1) 자랑스럽게
(2) 당당하게
(3) 즐겁게
(4) 당당히
(5) 힘차게
(6) 훨훨

대부분 '(1) 자랑스럽게' 와 '(2) 당당하게' 를 선택했다. 물론 사전에는 제일 먼저 형용사 'proud' 에 대해 '자랑스러운' 이라는 풀이가 나온다. '(2) 당당하게' 만 해도 사전 풀이의 거의 뒷부분을 살펴봐야 찾을 수 있다. 하지만 '(6) 훨훨' 은 어느 사전에도 나오지 않는다. **번역가가 발휘한 창의력의 쾌거**이다. 번역가가 번역할 작품을 '돈벌이' 로 생각하지 않고 애정 어린 눈길로 바라볼 때 나올 수 있는 최고의 선물이다. 이런 기본 사항을 생각하며 번역을 정리해보자.

He looked at his reflection in the water. It was true! His feathers were white and gleaming. His neck was long and graceful. He had grown into a handsome swan.
"Come with us!" said the swan.
The ugly duckling spread his wings and rose into the sky. "I never dreamed that I could be so happy," he said, and he flew off proudly with his new friends.

 번역 실력은 창의성과 진취성에 달려 있다. 번역가를 전문직으로 삼기 원하는 분들은 모두 국어 실력이 대단한 분들이어야겠다. 번역은 바로 우리말로 된 번역서적을 읽기 원하는 독자들을 위한 작업이다. **영어 실력은 기본이고, 우리말실력은 기본을 넘어서야** 한다. 번역가는 곧 창작을 하는 소설가요, 수필가·시인이며, 극작가요, 기자여야 한다.

| chapter 38 |

불분명증

코페르니쿠스 이전 학자들은 별의 운행에 관한 한 제법 정확한 설명을 했다. 육안으로 볼 수 있는 천체와 그 안에서 움직이는 별의 위치는 예측이 가능했다. 하지만 이런 사실을 공식화해서 표시하기란 '기막히게' 복잡한 일이었다. 코페르니쿠스 이후에는 무엇이 달라졌나? 태양계와 별의 실제 관계에 대한 진리가 밝혀지면서 달라진 사실은, 바로 이전에 복잡했던 공식이 **'놀랍게도' 덜 복잡해졌다**는 차이다.

언어에 있어서도 이런 관계가 성립한다고 성경번역 연구의 세계적인 석학 유진 나이더(Eugene Nida) 교수는 그의 책 《언어구조와 번역(*Language Structure and Translation*)》(Stanford University Press, 1975년, 273면)에서 밝힌다. "정확한 해석은 비교적 **간단하다**. 게다가 사람들은 지나치게 난해한 기호(symbols)나 너무 많은 신조어(neologism)에 쉽게 식상해 한다." 즉 **정확한 번역은, 선명하게 의미를 전달한다**는 뜻이다. 번역자가 원문의 구문구조와 의미와 속뜻까지 확실히 이해하고 해낸 번역은 표현이 쉽고 친근하며 의미전달이 분명하다. 막연한 표현이나 불쑥불쑥 튀어나오는 낯선 용어는 번역을 그르치는 일이며, 독자와의 대화를 어렵게 만드는 요인이다.

지금까지 번역대학원생들에게 '번역의 이론과 실제'를 강의하면서 번역의 기본 원리를 좀더 강조해야 한다는 깨달음을 얻었다. 물론 어떤 경우라도 오역이 가장 큰 문제이긴 하지만, 원문 이해 부족으로 인한 오역보다는 서툰 우리말 표현력이 더 큰 문제였다. 또 '기막히게' **복잡한 표현으로 의미전달이 불분명**한 경우가 훨씬 많았다. 번역의 기본원리인 자연스런 우리말 표현 학습 과정을 거치자, 점차 학생들의 번역문이 '놀랍게도' **덜 복잡해졌고**, 어처구니없는 의사소통의 어려움이 서서히 학생들의 번역문에서 사라졌다.

원문을 더욱 깊고 넓게 정확히 이해할수록, 즉 영어 실력이 좋을수록 선명한 한국어 번역 표현을 쉽게 찾아낼 수 있다. 후배 과학자들이 신비에 둘러싸인 무한한 우주를 보다 친근히 이해할 수 있었던 것은 코페르니쿠스가 **간단 명료한 원리**를 후배 과학자들에게 남겼기 때문이다. 이 책은 수많은 외국어에 공히 적용될, 우리말 번역의 간단 명료한 원리 정리실이다.

다음의 영어 원문은 번역사 자격 시험(3급)에 출제되었던 실무 영어 편지이다. 원문을 자세히 읽어보자.

[원문]

①Dear Mr. Tate :

I appreciated your taking time to talk with me last week. As we discussed, enclosed is some information and ②an outline of ABC's outplacement services. (＊)With over ③30 domestic and 40 international offices, ABC is ⑤**the largest and leading provider** of human resource consulting services in the world. ABC has a wide array of services to assist companies ⑥**in various facets of organizational transition.** I would appreciate an opportunity to meet you and get better acquainted with your organization and ⑦**some of the challenges** you face as the ④HR Director. (＊)If an opportunity arises within the next few weeks, please give me a call. If I don't hear from you, I'll touch base with you in a few weeks to see if we can schedule ⑧some time down the road.

Again, thank you and I hope we have an opportunity to meet.

Sincerely,

Paul Smith

Paul Smith

<u>Senior Vice President</u>

<u>Managing Director</u>

    일반 문장을 번역할 능력이 되면 실무편지나 사업상 오가는 문서 번역은 문장 자체는 어렵지 않으므로 특정한 용어만 알면 쉽게 번역할 수 있다. 사업상 오가는 문서 작성의 경우, 미사여구로 가득한 문체보다는 **간단명료한 표현**이 좋다. 따라서 번역문도 만연체보다는 **건조체**가, 복문이나 중문보다는 **단문이 좋다**.

    보통의 경우 영어 실무편지는 발신자 소속 회사명이 인쇄된 편지지에 쓴다. 형식은 '날짜 → 수신자 주소 → 시작인사 → 본론 → 마감인사 → 발신자 서명'의 순서를 따른다. 한국 공문 형식은 좀 딱딱하다. 즉 '발신처 → 수신처 → 날짜 → 내용 → 붙임.끝.'의 순서이다. 영문 실무편지를 우리 공문형식에 맞춰 번역해도 좋고, 그냥 영문편지 형식에 따라 충실히 번역만 해도 된다. 우선 급한 문제는 전형적인 실무용어인, 줄친 부분의 번역이며, 굵은 서체로 된 부분을 이해하는 일이다.

[원문] ①Dear Mr. Tate : 시작인사.
[번역] (1) 테이트 씨, 안녕하십니까?
      (2) 수신 : 테이트 씨

(3) 테이트 씨께

(4) 테이트 씨 귀하

(5) 친애하는 테이트 씨

(1)부터 (4)는 우리말로 번역한 표현이고 (5)는 원문에 충실한 직역이다. 어느 것도 좋지만, (1)이 가장 자연스럽다.

②<u>an outline of ABC's outplacement services.</u>

'ABC'는 가칭 상호(商號)이고, 'outplacement service'는 사전을 찾으면, 금방 알 수 있는 '전직 알선업무·재취업 알선사업'을 뜻하며, 'an outline'은 물론 '개요, 혹은 요약'이다.

③<u>30 domestic and 40 international offices</u>

복합명사 'domestic office'는 물론 국내 지사(branch office)를 뜻하지만, 이에 대비한 'international offices'는 뭐라 번역하면 좋을까?

(1) 국외 지사

(2) 해외 지사

(3) 외국 지사

(4) 국제 지사

(3)은 어색하고 (4)는 직역으로 잘 쓰지 않는 표현이며, (2) '해외 지사'는 '바다를 곁한 딴 나라'란 뜻이므로 (1) '한 나라의 영토 밖에 있는 나라의 지사'인 '국외 지사'가 가장 적합하다. 하지만 실제로는 (2) '해외 지사'를 더

많이 쓰는 게 현실이다.
　　④HR Director.

'HR'는 'Human Resource'의 약자로 'HR Director'는 '인사관리 담당 중역 혹은 이사나 국장'을 가리킨다. 그러나 직함은 회사마다 규정이 다르기 때문에 내부사정을 자세히 알기 전에는 가장 일반적인 표현을 선택하는 수밖에 없다. Senior Vice President는 직책인 '수석 부사장', Managing Director는 직급인 '상무이사', 혹은 '전무이사'이다. 전무이사는 'Executive Director'로 쓰기도 한다.

한편 굵은 글씨로 된 표현들은 실무 현장감을 살려 의역해 번역해야 하는 구문들이다. 번역의 단계별로 살펴보자.

⑤the largest and leading provider
[직역 1] 가장 크고 선두인 (인력자원) 공급책
[직역 2] 업계 세계 최대의 선두주자
[번역 1] 세계 최대 인력알선자문회사로 업계의 선두주자

⑥in various facets of organizational transition.
[직역 1] 조직 변화의 다양한 면에서
[직역 2] 조직적 변화의 다양한 측면에서
[직역 3] 조직의 다양한 과도기적 양상을
[번역 1] 구조조정 중에 있는 회사를 다각적으로 (돕고 있는)
[번역 2] 과도기 조직 하에 있는 회사를 다각적으로 (보좌하는)

⑦some of the challenges
[직역 1] 약간의 도전

[번역 1] 약간의 도전적인 문제들, 혹은 도발적인 문제들
[번역 2] 일부 도전적인 문제들, 혹은 직면한 문제들.

some time down the road

문학적이고 비유적인 표현이라는 점을 감안해야 한다.
[직역 1] 길 아래 어느 시점에
[번역 1] 다가올 어느 시점에
[번역 2] 가까운 장래에. 근시일 내에.

참고로, 비록 원문은 문단 구분 없이 모두 연이어 쓴 글이라도 실무편지의 특성을 살려 (*)표시한 부분에서 문단을 나누면, 내용을 더욱 명확하게 전달할 수 있어 좋다. 이 편지를 쓴 사람은 내용으로 미뤄 고객을 찾고 있는 판매자의 입장이다. 편지를 읽을 구매자의 관심을 모을 수 있는 **공손한 언어 사용**을 염두에 둬야겠다. 이런 관점들을 기본 원리로 삼아 번역을 정리해보자.

Dear Mr. Tate :

I appreciated your taking time to talk with me last week. As we discussed, enclosed is some information and an outline of ABC's outplacement services. (*)With over 30 domestic and 40 international offices, ABC is the largest and leading provider of human resource consulting services in the world. ABC has a wide array of services to assist companies in various facets of organizational transition. I would appreciate an opportunity to meet you and get better acquainted with your organization and some of the challenges you face as the HR Director. (*)If an opportunity arises within the next few weeks, please give me a call. If I don't hear from you, I'll touch base with you in a few weeks to see if we can schedule some time down the road.

Again, thank you and I hope we have an opportunity to meet.

Sincerely,

Paul Smith

Paul Smith
Senior Vice President
Managing Director

편집실에 들어온 번역 편지는 모두 존칭어미를 사용한 공손한 어조의 실무 편지 번역문이었다. 그러나 '당신으로부터 아무런 연락도 못 받는다면…', 혹은 '당신을 만나길 희망합니다' 등 직역 표현을 사용한 점은 문제였다. 또 우리말로 쓴 글인데도, 무슨 말인지 의미가 안 통하는 번역문, 예를 들면, '폭넓게 정렬된 사업을 하고 있습니다', 혹은 '우리에게 언젠가 우연이 예정되어 있다면' 등은 미숙한 번역이라고 보기조차 어려운 영어 실력 부족으로 인한 오역이다. 역시 오역은 번역의 가장 큰 적이다. 하지만 오역이라도 우리말 표현이니, 최소한 앞뒤 말이라도 통해야 하지 않을까? 다시 강조하지만, 번역문의 정확성은 간단명료한 표현에 달려 있다. 특히 **실무편지에서는 정확성이 생명**이다.

| chapter 39 |

표현실력 부족증

번역의 이상(Idea)은 뭘까? 물론 원문(Source Text)의 형태와 의미를 그대로 살린 번역이다. 하지만 번역에서는 언제나 뭔가를 잃거나 혹은 얻는다. 번역문(Target Text)에서 원문의 형태소나 의미는 굴절(屈折 : Refraction, winding, an angle of refraction, flexibility)되기 때문이다. 빛이나 소리가 한 매체에서 다른 매체로 들어갈 때 경계면에서 그 방향이 꺾이는데, 이런 현상을 굴절이라고 부른다. 프리즘 속의 무지개, 비 온 뒤 갠 하늘에 걸리는 찬란한 무지개가 바로 빛의 굴절로 일어나는 현상이다. 대기중의 물방울에 무색투명한 햇빛이 굴절 반사되면서 태양의 반대방향에 반원형으로 길게 나타나는, 일곱 가지 빛의 줄기인 무지개는 굴절의 아름다운 산물이다. 번역은 원천 언어 글(Source Language Text)을 목표 언어 글(Target Language Text)로 옮기는 작업이다.

햇빛인 원문이 번역문 언어권의 이질문화와 또 언어학적 이질 형태소를 만나, 독자에게 전달되기 전에 의미와 문장형태의 굴절을 겪고 번역문이라는 무지개로 완전히 다시 태어나는 과정이 번역이다. 즉 번역은 빛이 굴절하여 무지개를 만들듯이, 원문의 의미와 문장 형태소가 다른 매체인 이(異)문화와 이(異)언어구조를 만나 적절히 굴절하면서 아름다운 결과를 내놓을 때 성공이라 할 수 있다. 뉴마크 교수는 번역세미나에서 "Translation is always more or less", 즉 "번역은 언제나 '좀더 혹은 좀 덜' 이 문제다"라고 말한다. 물론 번역가는 항상 원문보다 '좀 더(more)' 잘하는 방향으로 노력해야 한다. 그러나 빛의 굴절각도에 따라 다양한 빛깔이 만들어졌듯이, 그 빛줄기가 합해져 무지개가 되었듯이, 그리고 빛의 굴절이 자연스러워 무지개가 가장 편안한 모습으로 휘었듯이, 번역가는 자신의 번역이 가장 자연스러운 모습으로 독자에게 다가가도록 굴절의 각도를 정하는 노력을 해야 한다.

그러나 오역은 어둠이다. 어둠 속에서는 무지개를 볼 수가 없듯이 무지와 부주의로 인해 저지르는 오역은 안 된다. 번역문을 완성한 후 매끄럽게 표현하는 실력도 결국은 탄탄한 두 개 언어, 즉 외국어와 모국어 능력에 달려 있다. 표현 실력 부족증은 두 언어권의 문화적 차이 이해와 구문에 대한 확실한 지식으로만 치료될 수 있다.

린드버그(Anne Morrow Lindbergh, 1906~2001년)의 유명한 《바다의 선물(*Gift From the Sea*)》(1955년)의 첫 부분에 나오는 글을 원문으로 읽고 번역해보자. 휴식을 할 줄 아는 지혜, 자연이 인간에게 선사하는 휴식을 그대로 즐길 줄 아는 지혜에 관한 내용이다.

[원문]

①The BEACH is not the place to work; to read, write or think. ②I should have remembered that from other years. ③Too warm, too damp, too soft for any real mental discipline or sharp flights of spirit. ④One never learns. ⑤Hopefully, one carries down the faded straw bag, lumpy with books, clean paper, long over-due unanswered letters, freshly sharpened pencils, lists, and good intentions. ⑥The books remain unread, the pencils break their points, and the pads rest smooth and unblemished as the cloudless sky.

문학 번역은 시사 영어 번역과 다르다. 문학의 글은 다양한 비유와 상징이 내포되기에 신문이나 잡지의 기사 글보다 의미가 깊고, 철학적이며, 그만큼 복잡하다. 특히 문학 작품은 전체 분위기를 파악하고 언어의 선택에 특히 유의해 번역해야 한다. 다음 번역을 보자.

[번역 1]
①해변은 일−읽고 쓰고, 혹은 생각하는−을 하는 장소가 아니다. ②나는 몇 해 전에 그것을 생각했어야 했다. ③실로 어떤 정신훈련이나 날카로운 공상의 비약을 하기에는 너무 따스하고, 너무 축축하고, 너무 아늑하다. ④어느 누구도 그 사실을 모른다. ⑤아마 누군가가 빛 바랜 밀짚가방, 표지가 울퉁불퉁한 책들, 새하얀 원고지, 오랫동안 답장 쓰지 않은 편지들, 상쾌하게 다듬어진 연필들, 목록, 그리고 좋은 생각들을 가지고 갈 수도 있다. ⑥책들은 읽혀지지 않은 채, 연필들은 끝이 부러진 채, 그리고 토시는 구름 한 점 없는 하늘처럼 깨끗하고 매끄러운 채 남겨지게 된다.

번역의 기본 지식과 영어 실력이 부족한 상태에서 완성한 해석이다. 아직 번역이라 부르기에는 어설픈 문장들이다. 첫 문장부터 자세히 살펴보자.

[원문] ①The BEACH is not the place **to work ; to read**, write or think.
[번역 1] ①해변은 **일−읽고** 쓰고 혹은 생각**하는−을** 하는 장소가 아니다.

우리 한글에서는 문장 중간에 하이픈 '-'이나 대시 '—'를 가능한 쓰지 않는다. 특히 하이픈은 문장 중간에 사용할 수 없으며, 원문에도 없는 하이픈을 사용하는 건 엄연한 오역이다. 그리고 영문에서 작은콜론 ';'은 앞 문장의 정보를 부연 설명하기 위해 쓰지만, 역시 한글, 특히 문학 작품에서는 가급적 사용하지 않는 부호이다. 이럴 경우, 두 문장으로 나눠 번역해도 좋다. '해변은 일을 할 곳은 아니다. 말하자면, 책을 읽거나…' 식으로, ' ; ' 이하의 문장을 따로 번역하는 방법도 좋다.

[원문] ②I should have remembered that from other years.
[번역 1] ②나는 몇 해 전에 그것을 생각했어야 했다.

표현 미숙으로 인해 저질러진 오역이다. 사실 오역하기 쉬운 원문이다. 문제는 'should'를 잘못 이해한 점이다. 조동사 'should'는 현재와 반대되는 상황이 되어야 하는데, 이유가 과거의 잘못으로 인해 발생하는 경우, 후회하는 감정을 표현할 때 사용한다. 줄친 'that'은 'remember'의 목적어이며, 'that'은 바로 위 문장 '해변은 일을 할 곳은 아니다…' 등의 사실을 대신하는 대명사이다. 전치사 'from' 이하도 역시 동사 'remember'에 걸린다. 몇 년 간의 경험으로부터 'that', 즉 '그걸' 기억했어야 한다는 후회 섞인 감정을 표현한 문장임을 파악한 후 번역해야 한다.

[원문] ③ Too warm, too damp, too soft for any real mental discipline or sharp flights of spirit.
[번역 1] ③ 실로 어떤 정신훈련이나 날카로운 공상의 비약을 하기에는 너무 따스하고, 너무 축축하고, 너무 아늑하다.

[원문] ③은 문학작품에서 흔히 나오는 생략과 반복법, 그리고 열거법으로 긴장이 팽팽하다. 원문에서 주어가 생략된 점을 기억하여 번역에서도 주어를 생략하고, 명사를 수식하는 각각의 형용사에 대한 정확한 번역에 주의하면 별로 어렵지 않은 문장이다. [번역 1] ③은 'any real'을 'mental discipline'을 꾸미는 형용사로 보았다. 하지만 'mental discipline'을 꾸미는 형용사는 'real'

뿐이며, 'any'는 'real' 이하를 모두 꾸민다. 따라서 'real'은 부사어가 아닌 형용사, '진지한' 정도로 번역하면 된다. 명사구 'sharp flights of spirit'를 단어 그대로 옮기면, '날카로운 영의 비상' 이다. 하지만 [번역] ③의 줄친 부분만큼 어색하다. 따라서 우리말다운 우리말로 번역하려면, 최소 '예리한 영적 각성' 정도로 표현해야만 한다.

[원문] ④One never learns.
[번역 1] ④어느 누구도 그 사실을 모른다.

또 오역! 작가가 원문의 시적 분위기를 고조하기 위해 문장 구성성분을 일부 생략했다. 시적인 원문에서 생략된 부분을 삽입해보면, 'Therefore one never learns anything from the beach.'

[원문] ⑤Hopefully, one carries down the faded straw bag, lumpy with books, clean paper, long over-due unanswered letters, freshly sharpened pencils, lists, and good intentions.
[번역 1] ⑤아마 누군가가 빛 바랜 밀짚가방, 표지가 울퉁불퉁한 책들, 새하얀 원고지, 오랫동안 답장 쓰지 않은 편지들, 상쾌하게 다듬어진 연필들, 목록, 그리고 좋은 생각들을 가지고 갈 수도 있다.

[번역 1] ⑤의 밑줄친 부분들은 모두 오역이거나 표현이 적절하지 않은 경우이다. 특히 'lumpy' 이하의 문장은 모두 'bag,'을 꾸며주는 'which is'가 생략된 관계절이다. 명사 'bag' 다음에 있는 ','가 관계절임을 암시하고 있다. 따라서 가방이 그 속에 담긴 내용물들로 울퉁불퉁한 모습이다. '상쾌하게 다듬어진 연필'은 어떤 모양인가? 독자의 감성에 호소하는 표현이 되어야 하는데, 전혀 거리가 멀다. 부사 'freshly'는 'newly' 즉 '새로'의 뜻이다. 이 문장

에서 재미있는 표현은 '부푼 기대감'의 뜻인 'good intentions'이다. 영어의 특징이며, 영·미(英美) 문화의 저변에 있는 'humor', 즉 해학의 표현이다. 가방에 '부푼 기대감'을 담았으니, 가방이 더욱 불룩해질 건 분명하다.

[원문] ⑥The books remain unread, the pencils break their points, and the pads rest smooth and unblemished as the cloudless sky.
[번역 1] ⑥책들은 읽혀지지 않은 채, 연필들은 끝이 부러진 채, 그리고 토시는 구름 한 점 없는 하늘처럼 깨끗하고 매끄러운 채 남겨지게 된다.

우리말에서는 수동형이 어색하다. 하지만 때로 번역가는 문학 작품의 생생한 표현을 그대로 접할 기회를 독자에게 제공하는 배려를 해야 한다. 하지만 [번역 1]⑥의 서술어미는 어색하다. 그리고 'the pads'는 'the letter-pads', 즉 답장을 쓰기 위해 가방에 넣어간 편지지 묶음을 가리킨다. 실제로 나온 명사는 아니더라도, 앞에 언급한 내용이기에 정관사 'the'를 붙였다. 이제 번역을 정리해보자.

The BEACH is not the place to work ; to read, write or think. I should have remembered that from other years. Too warm, too damp, too soft for any real mental discipline or sharp flights of spirit. One never learns. Hopefully, one carries down the faded straw bag, lumpy with books, clean paper, long over-due unanswered letters, freshly sharpened pencils, lists, and good intentions. The books remain unread, the pencils break their points, and the pads rest smooth and unblemished as the cloudless sky.

문학 작품 번역에는 감수성이 필수이다. 작품 속의 사람과 생각을 사랑하고 표현 하나 하나를 이뤄내고 있는 말을 사랑해야 한다.

| chapter 40 |

번역과 통역 무분별증

　번역과 통역은 한 언어를 의미와 구조에 대한 등가원칙에 의거해 다른 언어로 옮긴다는 점에서 유사한 행위이다. 그러나 번역은 글을 옮기고 통역이 말을 옮긴다는 관점에서 볼 때 두 가지는 결코 유사한 행위만은 아니다. 대학에서 또 어떤 강의실에서라도 번역과 통역을 같은 영역으로 간주해 가르치는 건 위험하다. 글과 말의 표현은 기초단계에서 같아 보일 수도 있지만 단계가 올라갈수록 차이가 심해진다. 좀더 사전적으로 접근해보자.

　사전의 정의에 따르면, **번역(飜譯, Translation)**은 어떤 글이나 문학 작품을 같은 의미의 다른 나라 언어로 바꾸어 옮기는 작업을 가리키고, **통역(通譯, Interpretation)**은 서로 말이 달라 통하지 않는 사람과 사람 사이에 서로 의사가 통할 수 있게 같은 뜻이 되도록 바꾸어 말하는 행위, 즉 한 나라 말을 다른 나라 말로 바꾸어 말하는 행위를 가리킨다. 번역은 글과 그 의미를 옮기고, 통역은 사람 사이의 의사소통을 위해 말과 그 의미를 옮긴다. 영영 사전은 번역을 '1. To render in another language; 2. To express in different words; paraphrase', 즉 '1. 다른 언어로 표현하거나, 2. 다른 말로 표현하거나, 바꾸어 말하다' 등으로 정의한다. 통역은 '1. To explain the meaning of ; 2. To translate orally', 즉 '의미를 설명하거나, 2. 구두(口頭)로 번역하다' 등으로 정의하고 있다.

번역가는 'One that translates, especially, one employed to render **written works** into another language' 즉 '번역하는 사람은 쓰여진 작품을 다른 언어로 표현하는 일을 하는 사람' 이다. **통역가**는 'One who **translates orally** from one language into another', 즉 '한 언어를 구두로 다른 언어로 번역하는 사람' 이다. 번역과 통역, 그리고 번역가와 통역가의 사전적 정의 역시 글(written form)과 말(oral form)의 차이를 증거하고 있다.

그렇다면 글과 말의 차이는 무엇일까? 다시 말해 문어체(文語體)와 구어체(口語體)의 차이는 어디에 있는가? 먼저 **글**(writings ; composition ; text)은 '사람이 그의 생각이나 감정을 글자로 써서 일정한 형식과 길이로 표현한 것' 이며, '교양이나 배움의 대상으로서의 책이나 학문' 을 가리키기도 한다. **말**(language ; speech ; wordage)은 '사람이 생각이나 느낌을 목소리로 나타내는 일' 이며, '일정한 주제나 내용이 있는 이야기' 를 가리키기도 한다. 글은 차이는 있으나, 일단 완결된 모습으로 정지된 상태이며, 말은 유동적이다. 글은 항상 '종이와 연필, 혹은 컴퓨터 자판과 스크린' 과 같은 매체를 통해 의미가 전달되지만, 말은 직·간접으로 의미를 전할 수 있다. 매체를 통할 경우에도 글과 말은 각각 다른 매체를 통해 의사소통을 하고, 정보나 의미를 전하는데, 글은 신문·책과 같은 인쇄물을 통해, 말은 TV·라디오와 같은 방송을 통해 전달된다.

정도의 차이는 있지만, 녹음이 안 된 이상에는 말은 뱉은 후에도 했던 말을 바꿀 수 있지만, 인쇄된 글은 그 자체가 지울 수 없는 증거물이기 때문에 항상 책임이 따른다. 그래서 글은 말보다 어렵다. 아기들도 말을 배우고 충분히 익힌 다음에 글을 배우지 않는가! 글이 말보다 훨씬 어렵기 때문이다. 번역가는 통역도 할 수 있다. 하지만 통역가에게 번역은 쉽지 않다. 말을 잘 하는 사람이 글도 잘 쓴다면 좋겠지만, 그런 예는 흔하지 않다. 글을 잘 쓰는 사람이 말을 잘 하기는 그보다 가능하다. 문제는 유동적인 말을 다루는 통역과, 완결 정지된 글을 다루는 번역을 같은 범주에 넣어, '통/번역' 이라 두루치기식으로 교육하는 현장에 있다. 이 책은 구어체 한국어를 문어체 한국어로 치료해 고치는 곳이다.

이번 원문은 '해리 포터' 연재의 첫 권인 《해리포터와 마법사의 돌(*Harry Potter and the Sorcerer's Stone*, J.K. Rowling, 1999/97년, 172면)》에서 뽑아봤다. 헤르미온느(Hermione)가 잔소리를 해 기분이 나빠진 론(Ron)이 해리에게 불평하는 장면이다. 원문을 보자.

[원문]
① "It's no wonder no one can stand her," he said to Harry ②as they pushed their way into the crowded corridor, ③ "she's a nightmare, honestly."
④Someone knocked into Harry as they hurried past him. ⑤It was Hermione. ⑥Harry caught a glimpse of her face-and was startled to see that she was in tears.
⑦ "I think she heard you."

구어체 대화문이 많이 섞인 글이다. 통역에서는 구어체 대화문에 주의를 해야 하지만, 번역에서는 구어체 문어체 모두에 주의를 기울여야 한다. 다음 번역을 보자.

[번역 1]
① "누구도 **그녀를** 참고 볼 수 없는게 당연해." ②론과 **헤리**가 복잡한 복도로 나가려던 참에 론이 **헤리**에게 말했다. ③ "솔직히 **그녀는** 악몽이야."
④**그들이** 서둘러 어떤 사람을 지나치려고 할 때, **그가** **헤리**의 어깨를 쳤다. ⑤**그 사람은** 다름아닌 헤르미온느였다. ⑥**헤리**는 **그녀의** 얼굴을

흘끗 쳐다보았다. 그리고 **그녀의** 눈에 눈물이 가득 <u>고인것을</u> 보고 깜짝 놀라 말했다. ⑦ "**그녀가** 너가 한 말을 <u>들은것</u> 같아."

밑줄친 부분은 띄어쓰기 문제가 있는 부분이고, 굵은 글씨 부분은 음역(音譯, Transliteration)에 문제가 있는 부분이다. 굵은 글자에 밑줄친 부분은 대명사 '그'가 과용된 부분이다. 이름 'Harry'는 발음부호가 [hæri]이다. 발음부호 [æ]는 한국어의 '애'에 가깝다. 따라서 'Harry'는 '헤리'라 하기보다는 '해리'라 음역해야 옳다. ①,⑤,⑥,⑦에서는 띄어쓰기를 우선 고쳐야 한다. ① '없는게→없는 게', ⑤ '다름아닌→다름 아닌', ⑥ '고인것을→고인 것을', ⑦ '들은것→들은 것'으로 고친다. 이제 한 문장씩 자세히 살펴보자.

[원문] ① "It's no wonder no one can stand her," he said to Harry ②as they pushed their way into the crowded corridor, ③ "she's a nightmare, honestly."
[번역 1] ① "누구도 그녀를 참고 볼 수 없는 게 당연해." ②론과 해리가 복잡한 복도로 나가려던 참에 론이 해리에게 말했다. ③ "솔직히 <u>그녀는</u> 악몽이야."

원문은 한 문장으로 이어졌으나, [번역 1]에서는 정확하게 세 문장으로 나누어 번역했다. 한국어와 영어의 구조적 차이를 이해하고 번역한 좋은 시도이다. 그런데 대화체인 [번역 1] ①은 화가 난 론이 말하는 **속도감**을 충분히 살리지 못했다. 직역을 한 점도 문제이지만, 특히 '그녀를, 그녀는'이 문제다. 해리와 론은 모두 어린이인데, 어른스런 대명사를 사용해 대화체 표현이 나이에 적합하지 않아 어색하고 문장에 속도감도 떨어졌다. 형용사 'crowded'는 '복잡한'이란 표현보다 '복' 자 반복('복도')도 피할 겸, '붐비는' 등의 다른 표현을 쓰는 게 좋겠다. 섬세함은 수준 있는 번역의 조건이다. 다음 문장을 보자.

[원문] ④Someone knocked into Harry as they hurried past him.
[번역 1] ④그들이 서둘러 어떤 사람을 지나치려고 할 때, 그가 해리의 어깨를 쳤다.

영어 문장에는 대명사가 암호처럼 널려 있다. 접속사 'as' 이후에 나오는 'they'는 '해리와 론'을 가리키고, 'him'은 앞의 'someone'을 가리킨다. [번역 1]은 대명사를 잘 풀어냈다.

[원문] ⑤It was Hermione.
[번역 1] ⑤그 사람은 다름 아닌 헤르미온느였다.

여전히 [번역 1]은 속도감에서 실수를 하고 있다. 움직이며 말하고 있는 두 아이, 그리고 동사 'hurried'가 표현하듯이, 급해 남을 앞지를 정도의 상황인 만큼 표현의 속도도 빨라져야 한다. 그런데 원문에도 없는 '다름 아닌'이란 표현까지 첨가(addition)해 속도를 늦출 필요는 없다.

[원문] ⑥Harry caught a glimpse of her face-and was startled to see that she was in tears.
[번역 1] ⑥해리는 <u>그녀의</u> 얼굴을 흘끗 쳐다보았다. 그리고 <u>그녀의</u> 눈에 눈물이 가득 고인 것을 보고 깜짝 놀라 말했다.

대명사 '그녀의'란 표현보다는 어린아이임을 드러내고 쓸데 없는 '~의' 사용도 피할 수 있는 '그 애'가 자연스럽다. 숙어 '~ be in tears'는 '눈물을 흘리다' 혹은 '울다'는 뜻이다. [번역 1]이 표현한 '눈에 눈물이 가득 고이다'는 원문이 'Tears gathered in one's eyes'이어야 한다. 영어 문장이 대시('-')로 연결된 경우에는 나누어 번역해도 좋고, 붙여서 해도 좋긴 하지만,

[원문] ⑥의 경우에는 한 문장으로 번역해야 '그' 사용도 줄이고 의미전달도 자연스럽다. [번역 1]은 다시 '말했다'는 동사를 첨가했다. 문어체의 고급 수준인 문학 작품 번역에서는 작가의 함축과 특별한 생략의 의도를 살려야 한다. 번역에서 반복된 첨가는 원작의 문학성을 저해하는 요인이 된다.

[원문] ⑦ "I think she heard you."
[번역 1] ⑦ "그녀가 너가 한 말을 들은 것 같아."

짧은 문장 번역도 성의를 다 해야 한다. 주어 '그녀' 와 '(너→)네'에 격조사 '가'를 붙여 반복 사용하여 미숙한 표현이 되고 말았다. 간단한 격조사 사용에도 유의하자. 이제 번역을 정리하자.

"It's no wonder no one can stand her," he said to Harry as they pushed their way into the crowded corridor, "she's a nightmare, honestly."
Someone knocked into Harry as they hurried past him. It was Hermione. Harry caught a glimpse of her face-and was startled to see that she was in tears.
"I think she heard you."

자연스런 표현은 의미전달도 확실해야 한다. 번역을 해놓고 과연 평상시에 사용하는 표현인가? 과연 나는 의미를 알고 있는가? 독자가 내 표현을 이해할 수 있겠는가? 등을 물어봐야 한다. 의문은 답을 구하려는 노력을 부르기에, 발전의 모체가 된다.

국어 실력 부족은 번역을 잘 하기 위한 사람이 극복해야 하는 장애이다. 국어 실력이 부족한 사람은 우선 문체의 종류부터, 작업의 목적, 번역과 해석의 차이에 둔감하다. 국어실력을 키우기 위해서는 문법에 대한 적절한 지식을 갖춰야 하며, 문법에 맹종이 아닌, 적정한 활용 능력을 키워야 한다. 반(半)말 사용 절제, 언어 균형감각을 키워서 쉬운 말, 단순한 표현도 살려 쓰고, 어색한 문구 사용을 피해야 한다. 결국 번역문에 불분명한 표현, 어색한 표현으로 나타나는 국어 실력의 부족은 글을 표현하는 실력을 키움으로써 극복할 수 있다. 글 표현 실력은 많은 시간을 '읽기'와 '쓰기'에 투자함으로써 닦을 수 있다.

part 06

번역가의 사명

원문의 의미를 다치지 않으면서 번역어권 문법·어법에 맞춰 번역하는 자세는 언제나 중요하다. 번역가는 어휘와 문장차원의 등가문제도 수학적으로 답을 얻기보다는 구조가 다른 원문과 번역문을 감안해 의미차원에서 해답을 얻도록 접근해야 한다. '번역을 제대로 하려면, 원문의 의미에 더, 문법에는 덜 신경써야 한다' 는 말을 보자. 이것은 번역문에 사용되는 모국어의 유려함에 주의를 기울여야 한다는 말이다. 번역가는 문화전달 매개자로 다른 문화 수용의 창구역할을 하기 때문이다.

| chapter 41 |

번역가의 사명 망각증

원문의 의미를 다치지 않으면서 번역어권 문법·어법에 맞춰 번역하는 번역가의 자세는 언제나 중요하다. 번역가는 어휘와 문장 차원의 등가(等價, Equivalence) 문제도 수학적으로 답을 얻기보다는, 구조가 다른 원문과 번역문을 감안해 의미 차원에서 해답을 얻어야 한다. 에즈러 파운드(Ezra Pound, 1954 : 273)는 "번역을 제대로 하려면 원문의 '의미에 더, 문법에는 덜(more sense and less syntax)' 신경 써야 한다"고 주장한다. 번역문에 사용되는 모국어의 유려함에 주의를 기울여야 한다는 말이다. **번역가는 문화 전달 매개자**로 이(異) 문화 수용의 창구 역할을 하기 때문이다. 문화 매개자, 즉 번역가가 모국어를 왜곡 사용하면 언중(言衆)은 매개자의 본을 따르고, 결국은 전체 모국어의 구조와 성분상에 혼란을 부르고 만다. 외래어 양산을 부르는 지나친 전이(轉移, Transference), 혹은 음역(音譯, Transliteration)도 마땅히 주의해 번역해야 한다.

이처럼 쉽지 않은 번역 작업을 하는 번역가에게는 모국어를 지키는 이의 새로운 사명이 있다. 번역은 모국어를 미화(美化)할 수 있는 잠재력이 있기 때문이다. 영어 공용화를 주장하는 시대에 살고 있지만, 한국어의 바른 사용은 어느 때라도 성실히 지켜야 하는 원칙이다. 김영명(2000)의 우려처럼 "우리 사회에서 영어를 공용어로 쓰자고 주장하는 이들이 머릿속에 그리고 있는 공용어라는 것은 공용어가 아니고, 단지 외국어 남용"이 아닐까? 영어는 어릴수록 쉽게 배운다는 상업 광고를 믿고, 아이, 좀 더 정확히 말해 '아기'가 한국어를 익히기도 전에 영어로 말하도록 가르치는 부모들이 늘어나고 있다. 영어 공부를 더 확실히 시키기 위해서라는 한 가지 목적으로 어린 자녀를 외국으로 떠나보내는 부모들, 그 덕에 생겨난 기러기 아빠들도 무척 많아진 현실이다. 언젠가 엄청난 사회문제로 떠오를 이들 조기 유학생들의 정체성을 생각하면 아찔하다.

언젠가 번역이 필요 없어지는 날이 올까? 그 이유가 한국어의 완전 소멸 때문이 아니기를 바라도 될까? 번역이 없어지면서 한국어도 필요가 없어 함께 사라지게 될지도 모른다는 건 기우(杞憂)일까? 이미 고유어는 한국어의 10% 이내로 줄어들었다. 외래어의 토착화·한국어화는 결코 모국어를 풍요롭게 하지만은 않는다. 오히려 모국어 사용을 위축시키는 결과를 가져온다. 모국어에 외국어를 많이 넣어 구사할수록 유식하게 들린다는 언어 사대주의에 빠지는 결과를 부른다.

언어가 힘의 논리, 경제의 논리에 좌지우지되어, 열강의 언어가 약소국에 식민지화되는 과정에 번역가의 책임은 막중하다. 모국어 상실을 번역가가 부채질해서는 안 되겠다. **번역가는 모국어를 살릴 수 있는 무한한 지면이 공식적으로 주어진 언어 문화 사역자**이기 때문이다.

다음 원문을 번역가의 사명을 생각하면서 번역해보자. '직무분담(job sharing)'이라는 새로운 정책 입안으로 직장 생활의 위기를 넘기고 새로운 삶을 살고 있는 펜실베이니아의 직장 여성 케리(Kerry M. Berk)의 고백이다.

[원문]

①The job sharing guide I put together in that process has since helped many others find a way to balance their work and home lives. ②Five years have passed, Donna's moved on to her own consulting business and I'm now job sharing with Susan Rhode. ③Job sharing turned out to be a realistic and satisfying way of rearranging my life.

영어 원문 자체가 참신하다고 할 수가 없는 글이다. 문장이 일단 필요없이 길고(①), 앞뒤 문장의 시제 차이가 두드러져 접속사 'and'로 연결하기에 부자연스런 정보를 병렬하고 있다(②). 하지만 번역가는 온갖 종류의 글을 처리해야 한다. 글에 대한 **문제 해결**은 번역가의 또 다른 임무이다. 목표 언어권 독자들에게 '직무분담(job sharing)'이라는, 전혀 새로운 직업에 관한 정보를 제공하는 원문에 대한 다음 번역문을 보자.

[번역 1]
①내가 그 과정에서 설명한 직업 분담 안내는 많은 다른 사람들이 그 이후로 **그들의** 일과 가정생활을 균형시키는 방법을 찾도록 도와주었다. ②5년이 흐른 **지금** 도나는 **그녀** 소유의 컨설팅 업으로 옮겼고 나는 **지금** 수전 로드와 직업분담을 하고 있다. ③직업 분담은 나의 삶을 재정렬하는 현실적이고 만족스러운 방법으로 판명되었다.

어휘 차원에서 원문에 충실히 번역하면서 모든 정보를 무리 없이 잘 전달하고 있는 번역문이다. 밑줄친 부분과 굵은 글자로 표시한 부분은 번역가로서 갖추어야 하는 기본 지식과 능력에 관한 설명을 위한 예증(例證)이 된다. 우선 첫 문장을 살펴보자.

[원문] ①The job sharing guide I put together in that process has since helped many others find a way to balance their work and home lives.
[번역 1] ①내가 그 과정에서 설명한 직업 분담 안내는 많은 다른 사람들이 그 이후로 **그들의** 일과 가정생활을 균형시키는 방법을 찾도록 도와주었다.

[원문] ①의 문장 구조를 해체하면

주 어 부 : The job sharing guide I put together in that process
동사/서술부 : has since helped
목적어/보어 : many others find a way to balance their work and home lives.

긴 문장을 만나면, 번역가의 '문제 해결을 위한 문장 해체 능력'이 드러난다. 주어부는 다시 실제 주어와 수식어절로 나눌 수 있다.

주 어 : The job sharing guide
수식어절 : I put together in that process

주어부에 대한 [번역 1] ①을 동일한 방법으로 해체하면,

주 어 : 직업 분담 안내는
수식어절 : 내가 그 과정에서 설명한

문장 ①은 영어와 한국어의 수식어절의 위치가 정반대임이 드러나는 좋은 예이다. 특히 [번역 1]은 이미 제시된 '직무분담'이란 용어를 '직업분담'으로 대체했다. 하지만 'put together'는 '…을 한데 모으다(gather)', 혹은 '조립하다'의 뜻이므로, '설명하다'는 번역가의 생각이 사실을 앞지른 것이다. 이런 시도로 인해 번역가는 자칫 오역에 빠질 위험이 있다. 따라서 '내가 그 과정을 통해 취합한 직무분담 안내서는' 정도가 좋다. 서술부는 'has since helped'인데, 'have'와 과거분사 사이에 위치해 '과거의 어떤 때와 현재 사이, 그 후 줄곧'을 뜻하는 부사 'since' 사용의 독특함을 유의해 번역하면 된다. [번역 1]

은 '그 이후로'로 잘 번역하고 있지만, 서술부의 어순 혼란으로 의미전달이 미흡하다. 서술부를 다시 동사와 목적어/보어 부분으로 나누어본다.

동사/서술부: 도와주었다
목적어/보어: <u>많은 다른 사람들이 그 이후로 그들의 일과 가정생활을 균형시키는 방법을 찾도록</u>

밑줄친 부분의 어순과 표현에 수정이 필요하다. 원문에서 부사 'since'는 동사 'help'와 가까이에 위치하고 있다. 번역에서도 이 점을 살리려면, '그 이후로'가 동사 '도와주었다' 가까이, 혹은 문장 맨 앞으로 위치를 옮겨야 의미가 확실해진다. 굵은 글자로 표시한 '**그들의**'는 '다른 사람들'을 가리킨다. 대명사 '**그들의**'는 영어식 표현이라 소원(疏遠)하다. '많은 사람이 자신의 일과 가정생활에 균형을 잡는 방법을 찾도록 도와주었다'로 수정하면 좋다. 다음 문장을 살펴보자.

[원문] ②Five years have passed, Donna's moved on to her own consulting business and I'm now job sharing with Susan Rhode.
[번역 1] ②5년이 흐른 **지금** 도나는 <u>그녀 소유의 컨설팅 업으로 옮겼고 나는 **지금** 수전 로드와 직업분담을 하고 있다</u>.

문장 ①처럼 문장 구조 해체를 통해 분석하면, 굵은 부분 '지금'은 원문에는 한 번 밖에 안 나오는데, 첨가한 부분이므로 삭제나 수정해야 하고, 대명사 '그녀' 이후는 대명사를 살려 번역하느라 문장 전체 표현이 영어식이 되었다. '컨설팅업'은 '자문회사'로 한역(韓譯)해야 외래어 남용을 막을 수 있어 좋다. 특히 이 문장은 별다른 이유 없이 ', (쉼표)'로 연결되어 있다. 따라서 전혀 별개의 두 문장으로 나누어 번역하는 방법도 있다.

[원문] ③Job sharing turned out to be a realistic and satisfying way of rearranging my life.
[번역 1] ③직업 분담은 <u>나의 삶을 재정렬하는</u> 현실적이고 만족스러운 <u>방법으로 판명되었다</u>.

어휘 선택에 문제가 있는 번역문이다. 특히 '나의 삶을 재정렬' 은 어떻게 한다는 의미인가? '삶' 을 줄지어 세워 놓는다? '삶' 은 눈에 보이지 않는 추상명사이고, '정렬' 이란 눈에 보이는 실물을 '가지런히 줄지어 세우는' 일 아닌가! 영문(英文)에서 추상 개념에 대한 서술동사 선택에 그다지 제한이 없다. 그러나 한국어에서는 이런 식으로 표현하면 문제가 발생한다. 영한사전에 나온 '…을 다시 배열하다, …을 재정돈하다, 다시 단정하게 하다' 등의 정의에 의지할 수도 없다. 사전은 우리가 사용하는 언어의 일부를 정리해놓은 참고서이므로 전적인 의존은 오히려 위험할 때가 많다. 사전의 정의를 따른다면 '질서 있는 상태가 되게 하는 것' 을 의미하는 '정리' 나 '뒤섞이거나 헝클어진 것을 가다듬어 바로 갖추는 것' 을 뜻하는 '정비' 가 '정렬' 보다는 적합하다. 다시 문장 구조를 해체해보자.

주 어 부 : Job sharing
동사/서술부 : turned out to be
보 어 : a realistic and satisfying way of rearranging my life.

이젠 서술부에 대한 의미 파악이 관건이다. 우선 [번역 1] '현실적이고 만족스러운 방법으로 판명되었다' 에서 '판명' 은 '어떤 사실을 판단하여 뚜렷이 밝히는' 행위이다. 어휘 분석상 지나치게 '공식적' 이다. 원문 'turned out to be' 는 'be asce-rtained ; be confirmed', 혹은 'be identified as' 등보다 일상적이고 평이한 표현이다. 원문의 문체 수준을 따르고 의사소통도 편안하게 하려면, '판명' 보다는 '드러나다', 혹은 '분명해지다' 등이 좋다. 이제 번역을 정리해보자.

> The job sharing guide I put together in that process has since helped many others find a way to balance their work and home lives. Five years have passed, Donna's moved on to her own consulting business and I'm now job sharing with Susan Rhode. Job sharing turned out to be a realistic and satisfying way of rearranging my life.

번역가는 원천 언어에 대한 목표 언어, 즉 번역어의 적합성을 항상 따져봐야 한다. 번역은 이해(Comprehension) 수준에 머무는 해석(解釋)과 다르다. 완성된 문장이 아니라, 개념 이해의 수준에 머무는 해석 차원의 문장을 번역문으로 옮기는 행위는 번역가로서의 사명을 다하는 자세가 아니다.

| chapter 42 |

번역가의 긍지 부족증

　전문통역가는 주로 검은색 정장을 입고 외국인과 본국인 사이에 그림자처럼 서서 자신의 임무를 수행한다. 주인공인 두 사람 사이에서 없는 존재인 양 취급받으며 두 주인공의 의사소통을 위해 두 언어 사이를 오가며 동시 통역 혹은 순차 통역을 해야 한다. 원어와 번역어 사이의 관계성(Relevance)을 설정하고, 상황에 적합하게 결속성(Cohesion)과 통일성(Coherence)을 살려 옮김으로써, 각기 서로 다른 언어를 사용하는 두 주인공이 언어의 장벽을 넘어 명확히 대화할 수 있도록 통로 역할을 해야 하는 사명이 있다. 그런데 왜 통역가는 두 주인공보다 덜 중요해야 하는가!
　전문번역가의 불가시성(不可視性, Invisibility)은 더욱 심각하다. 외국어 원문을 자국어로 옮기는 번역가의 임무는 번역물 출판으로 완수되지만, 번역물 속 어느 곳에서도 번역가의 존재는 보이지 않는다. 외국어 특성상의 차이를 번역문에서 살리려다 번역문이 어색해지면, 독자들은 글 뒤에 작가 말고 누군가가 있다는 추측을 하게 되고, 비로소 번역가의 존재를 인식한다. 국어 문장의 특성을 살려 훌륭히 번역한, 문제라고는 없는 완성도 높은 번역물일수록 번역가의 존재는 보이지 않는다. 국어 문장을 살리지 못한 특유의 번역투 문장으로 완성된 불완전한 번역물에서만 인식되는 번역가의 현실은 번역가가 그림자로만 취급당하는 경우보다 더한, 모순 그 자체이다.

그림자로 존재해야 하는 통역가나, 그림자조차 보이지 않는 번역가의 불가시성은 이들의 전문성 개발과 전문가로서의 긍지 고취에 치명적 걸림돌이다. 특히 사회적으로 만연된 번역가의 불가시성은 더욱 심각해 이들의 업무에 대한 정당한 보상은 무시당하기 일쑤이고, 학문에 기여한다는 이유로 무보수 희생을 전제로 번역을 하는 경우도 적지 않다. 이들의 불가시성이란 운명을 어찌 이겨 나가야 하는가! 이번 달에는 번역가의 권리장전(Bill of Rights, 1689) 영어 원문을 자세히 살펴보면서, 번역은 어떤 자세로, 또 어떤 권리주장을 하며, 하는가를 생각해보고, 원문을 함께 번역해본다.

[원문]
Bill of Rights

①Since translation of works of literature by the very nature of the task is the creation of a new work, the translator must be regarded as sovereign.

②The translator's chief obligation is to create the work in a new language with the appropriate music and the utmost response to the silences of the original.

③The unit in translation is the entire work : and the imagination of the translator is concerned above all with this unity.

④The privilege of the translator therefore include the right to be regarded as the maker of a new work, and he should be recompensed accordingly.

⑤[Her]His name shall be given a proper prominence, and [s]he shall possess continuing rights over [her]his work during its life.

⑥The honor of translation demands that translators of literary works shall in future be regarded as artists rather than as skilled craftsmen.

1980년 세계번역가 총회에서 채택한 위 권리장정은 번역가의 독립성·주체성을 인정하는 공식 문서이다. 선언문 형식으로 발표된 번역가 권리장정에서는 번역가의 임무와 번역 단위 설정, 번역 작업에 대한 적절한 보상, 번역가의 가시성 보장 등을 선언하면서, 번역을 단순히 일로 취급하기보다는 예술로 간주하여 번역가를 예술가로 받아들여야 한다고 주장한다. 우선 제목부터 살펴보자.

[원문] (제목) **Bill of Rights**
[번역] (제목) 권리장전

권리장전(權利章典, Bill of Rights)은 1689년 영국이 제정한 권리선언 법률이며, 영국 헌정사상 중요한 의미를 가지는 의회제정법이다. 권리청원(Petition of Right, 1628년)이 영국의 청교도혁명과 관련된 인권선언인 데 반해, 권리장전은 제임스 2세의 전제정치와 가톨릭 신앙에 반대하여 일어난 명예혁명(Glorious Revolution, 1688년)의 결과 이루어진 인권선언이다. '신민(臣民)의 권리와 자유를 선언하고 왕위계승을 정하는 법률' 이라는 이름의 의회제정법이며, 영국의 절대주의를 종식시킨 법이라는 점에 영국 헌정사상 큰 의의가 있다. 오늘날 '권리장전' 이라는 말은 일반화되어, 각국의 헌법전 속에 규정된 인권을 보장하는 조항을 가리키는 말로 사용되기도 한다. 한국 헌법 '제2장 국민의 권리와 의무' 는 한국의 권리장전이라 할 수 있다.

[원문] ①Since translation of works of literature by the very nature of the task is the creation of a new work, the translator must be regarded as sovereign.

우선 이 권리장전은 문학 작품 번역(Translation of Works of Literature)의 경우를 위한 인권선언이다. 구문 'the very nature'은 문학 번역의 '성질상' 혹은 '성격상'이며, 'since'로 시작하는 종속절의 동사 'is'의 보어는 당연히 'the creation of a new work(새로운 작품의 창조)'이다. 주절의 'sovereign'은 '주권자·원수(元首)·군주(君主)·국왕·독립국' 등을 뜻한다. 따라서 번역하면,

[번역] ①문학 작품 번역은 성격상 새로운 작품의 창조이므로 **번역가는 독립된 주권자**이다.

번역가를 '독립된 주권자'로 선언하며 번역 자체를 새로운 작품 창조라 여긴 권리장전의 두 번째 문장을 보자.

[원문] ②The translator's chief obligation is to create the work in a new language with the appropriate music and the utmost response to the silences of the original.

번역가의 주요 책임(Chief Obligation)은 'to create the work in a new language', 즉 새로운 언어로 작품을 창조하는 일이다. 단순히 새로운 언어로서의 전이가 아니라, 적절한 음악성(the appropriate music)을 살리며, 원작이 침묵(the silences)하고 있는 내용 역시 지나쳐서는 안 된다. 원작의 함축미를 살려줘야 한다는 주의이다. 정리하면,

[번역] ②번역가의 주요 임무는 작품을 **새로운 언어로 창조하되, 적절한 음악성을 살리고 원작의 침묵에 최대한 반응**해야 하는 일이다.

번역가는 주관을 갖고 일을 하지만, 임의로 원작의 내용을 변경해서는 안

되며, 동시에 원문의 이면에 숨겨진 함축적 의미를 살려 번역해야 할 의무가 크다는 지적이다. 다음 문장을 살펴보자.

[원문] ③The unit in translation is the entire work: and the imagination of the translator is concerned above all with this unity.

번역의 단위를 전체 작품(the entire work)으로 보는 권리장전에서 번역가의 상상력(imagination) 역시 새로운 작품 창작을 위해 이런 통일성과 연관해 작업해야 한다. 번역해보자.

[번역] ③번역의 단위는 작품의 전체성이므로
번역자의 상상은 무엇보다 이 같은 **통일성**과 연관 있다.

다시 원문으로 돌아가 보자.

[원문] ④The privilege of the translator therefore include the right to be regarded as the maker of a new work, and he should be recompensed accordingly.

번역가의 권리 중에는 새로운 작품의 제작자요 주인이자, 창조자로서 특별한 권리(privilege)가 있으며, 이에 상응하는(accordingly) 보상도 당연히 주어져야 한다는 말이다.

[번역] ④그러므로 번역자의 특권 중에는 **새로운 작품의 저작자로서의 권리**가 포함되며, 이에 **상응한 보답**을 받아야 한다.

그렇다면 번역가의 이름은 어디에, 즉 번역물 어느 면에 어떤 식으로 나타나야 하는가? 겸손이 미덕인 양 불가시성(invisibility)을 즐길 것인가?

[원문] ⑤[Her]His name shall be given a proper prominence, and [s]he shall possess continuing rights over [her]his work during its life.

새로운 작품의 저작자로 인정한다면, 저작자의 이름이 책표지에 표시되는 건 너무도 당연하다. 책표지 뒷면에 인쇄되거나, 아예 맨 뒤에 추신처럼 무책임하게 처리되는 번역가의 이름이어서는 안 되겠다는 조항이다. 번역가 이름의 적절한 돌출(prominence), 즉 번역물의 적당한 자리에 번역가의 이름을 드러내는 작업과 평생토록 번역권을 소유하는 지적 소유에 관한 법적 관례에 이르기까지 번역가의 정체성 확립을 위한 조처이다. 번역해보자.

[번역] ⑤**번역자의 이름은 적절히 표출**되어야 하며, 자신의 작품에 대해서는 평생토록 **지속적인 권리**를 소유해야 한다.

다음 원문 문장을 보자.

[원문] ⑥The honor of translation demands that translators of literary works shall in future be regarded as artists rather than as skilled craftsmen.

제대로 진행된 번역물에는 단순히 일회성이 아니라, 미래성과 지속성이 있다. 문학 작품 번역 결과물은 훗날 원작과 똑같은 존경을 받게 되며, 번역가들은 원작가가 누리는 이 영예를 똑같이 누리며, 무엇보다도 기능인이 아닌, 예술가로서 대접받아야 한다는 권리 주장이다.

[번역] ⑥번역의 영예에 비추어 문학 작품 번역자는 앞으로 기능 있는 장인으로서보다 **예술가**로서 간주되어야 한다.

이와 같이 번역가는 자신의 임무를 수행하는 데서 독립성과 주체성이 뚜렷한 전문가이며, 자유로운 상상력을 소유하고 원문의 함축적 의미를 읽을 수 있는 통찰력을 지닌 예술가이다. 문제는 이런 권리장전을 실천하는 지적(知的) 환경이 조성되어야만 번역가의 위치와 형편이 지금의 열악성을 면할 수 있게 된다는 점이다. 번역가는 부단히 자신의 능력을 키우고, 출판계는 실력 있는 번역가를 선별해 책임을 맡기며, 자긍심을 키워줄 수 있도록 일에 상응하는 대우를 하는 풍토가 뿌리내리도록 힘써야 할 것이다.

| chapter 43 |

번역가의 지위 혼란증

　한국에서 열린 국제 통·번역학술대회에 참석차 내한한 프랑스의 번역학자 다니엘 쥘르(Daniel Gile)는 통·번역 전문가를 세부적으로 5개 분야로 나누고 있다. 5개 분야별 직함은 통·번역사(Practitioner), 통·번역교수(Practeacher), 연구원(Researcher), 연구개발원(Developing Researcher), 연구원 겸 통·번역사(Bi-competent Researcher and Practitioner) 등이다. 통·번역사는 이론 정립이나 연구원의 임무는 없고, 말 그대로 전문 직업인인 통역사 혹은 번역사를 말한다. 통·번역교수는 통역이나 번역 과정을 가르치는 통·번역사를 말하며, 통·번역 실무는 물론, 학습의 저변에 있는 기능(Mechanism) 활용도 필수이다. 연구원(Researcher)은 통·번역 이론과 연구를 담당하기는 하지만 전문 통·번역사는 아니다. 언어학자·심리학자, 혹은 언어심리학자 등이 여기에 속한다. 연구개발원(Developing Researcher)은 전문 통·번역사의 역할을 수행하며, 통·번역에 대한 연구와 이론화 작업에도 참여하는 폭넓은 역할을 하지만, 전업 연구원은 아니다. 연구원 겸 통·번역사(Bi-competent Researcher and Practitioner)는 통·번역 실무자이면서, 연구원을 겸할 능력이 있거나, 연구 경력이 있는 사람으로 능력을 갖춘 통·번역사를 가리키는데, 거의 찾기 힘든 전문가이다.

　5개 분야에서 공헌하는 방법도 각기 차이가 있다. 먼저 통·번역사(Practitioner)는 다양한 통·번역의 관점에서 통·번역에 관한 사실에 입각한 문서를 작성한다. 즉 이론에 초점을 맞추기보다는 실무에 관한 내용으로 지침서를 작성하기에, 추상적인 용어나 개념 사용을 절제하며, 다른 서적이나 다른 작가를 참고하거나 인용하는 예도 적다. 통·번역교수(Practeacher)는 통·번역 이론을 갖가지 전문지에 기고한다. 연구개발원(Developing Researcher)은 점점 더 많은 대학에서 통·번역학 과정을 학제화하는 경향에 힘입어 학계에 점차 증가하고 있는 직책이다. 이론서에 비해 실험적 연구가 비교적 적다. 연구원(Researcher)은 대략 이론가와 실험가, 2개 소속으로 다시 나뉘는데, 이론가는 문서에 대한 인간의 번역을 다루며, 실험가는 동시통역이나 기계번역에 대한 논문을 쓴다. 연구원 겸 통·번역사(Bi-competent Researcher and Practitioner)는 석사학위 혹은 박사학위 과정을 수행하며, 이론과 실무를 접목한 논문을 쓰는데, 아직은 이에 대한 연구 능력도 부족하고 선례도 적어 계속 계발되어야 하는 직책이다.

문제는 한국의 현황이다. 한국에서는 통·번역가들에 대한 교육 환경에 대한 선택의 여지가 별로 없다. 전문학원·대학원 몇 군데를 제외하면, 획일적인 영어교육의 한 지류로 통·번역을 교육하고 있는 현실이다. 따라서 위에서 열거한 5종의 통·번역사 직책과 직함은 너무도 먼 얘기처럼 들린다. 그러나 각 대학은 통·번역학의 학제화를 더 이상 미뤄서는 안 되는 현실을 인정해야 할 시점에 이르렀다.

이번 원문은 번역 이론에 대한 문제여서 다소 힘들다. 번역학자 로저 T. 벨(Roger T. Bell)이 언급한 번역에 관한 설명에서 발췌한 내용인데, 학술 단어 사용에 주의하면서 번역해야 한다.

[원문]

①Something is always 'lost' (or might one suggest, 'gained' ?) in the process ②and translators can find themselves being accused of

reproducing only part of the original and so 'betraying' the author's intentions. ③Hence the traitorous nature ascribed to the translator by the notorious Italian proverb : ④translation is traitorous.
(Roger T. Bell, *Translation and Translating: Theory and Practice*. London and New York : Longman, 1991, 6.)

번역의 방법은 크게 나누어 축자역(縮字譯, Literal Translation)과 자유역(自由譯, Free Translation)이 있다. 축자역은 다른 말로 직역(Direct Translation)이며, 자유역은 의역(意譯, Natural Translation)이라고도 부른다. 보통 문학 작품은 축자역이나, 직역을 하고, 대중적인 글은 자유역 혹은 의역을 하는 게 원칙이다. 의역의 요인은 주로 전환(Shift)에서 찾을 수 있다. 전환이란 원문, 즉 원천언어 본문(Source Language Text, 약어 SLT)의 문장 성분이 번역문, 즉 목표언어 본문(Target Language Text, 약어 TLT)으로 바뀌는 과정에서 발생하는 문법적 또는 의미적 첨가, 혹은 생략을 뜻한다. 하지만 문학 작품이라고 해서 다 축자역을 하는 건 아니다. 문학 작품 번역물의 사용역, 즉 독자가 누구냐에 따라서 의역(意譯), 자유역, 혹은 번안(飜案)까지 가능하다.

이번 영어 본문은 학술 이론이다. 이론은 문학 작품보다도 본문에 더욱 근접한 번역을 해야 한다. 원문 저자의 논리와 주장을 잘 드러내기 위해서는 제1 독자인 번역가가 자신의 논리를 번역에 반영해서는 안 되기 때문이다. 문학 작품이나 학술 서적 번역의 난점은 바로 여기에 있다. 번역가는 가능한 한 원작가의 주장은 물론, 주장의 방법과 어휘선택, 연어(連語, Collocation), 즉 낱말 배치까지도 신경을 써야 한다. 다음 번역을 보자

[번역 1] ①그 과정에서 언제나 일부가 '상실' 된다 (혹은 누군가 제안할지 모르지만, '얻어' 진다?). ②그리고 번역자들은 원본의 일부분만을 재생산해 작가의 의도를 '저버렸다는' 혐의를 받기도 한다. ③이 때문에

그 배반적 성격은 유명한 이탈리아 격언에 의해 번역자의 탓으로 돌려진다- ④번역은 배반적이다.

원문은 마침표('.' 온점)으로 끝난 두 문장으로 구성되었지만, [번역 1]은 네 문장으로 나누어 번역하고 있다. 독자의 이해를 돕기 위한 의도에서 번역가는 문장을 나누어 번역할 수는 있다. 그러나 많은 경우에 번역 미숙으로 인해 긴 문장을 나누어 번역한다. 일반 문서에서는 문제가 없을 수도 있겠으나, 문학 작품 번역이나 이론 번역에서는 작가의 특별한 의도가 있는지를 먼저 점검한 후에 문장을 나누어 번역해야 한다. 문장 ①을 살펴보자.

[원문] ①Something is always 'lost' (or might one suggest, 'gained'?) in the process
[번역 1] ①그 과정에서 언제나 일부가 '상실' 된다(혹은 누군가 제안할지 모르지만, '얻어' 진다?).

문장 ①에서는 원문의 수동태 사용, 괄호 안의 문장 처리와 번역 어휘 선택 등에 대한 문제 해결이 중요하다. 영어에서 한국어 번역을 할 때 지나친 수동태의 사용은 가독성을 떨어뜨릴 뿐 아니라, 의미 전달도 효율적이지 못하다. 하지만 'lost'의 경우는 'gained'와 더불어 작은따옴표(' ')로 구별할 정도로 문장 구성상 중요한 역할을 하고 있다. 이런 특별한 경우엔 무조건 원문 중심 번역을 고수해야 한다. 당연히 수동태로 번역해야 한다. 어휘 선택의 경우, [번역 1]에서는 'lost'는 '상실'로, 'gained'는 '얻어진다'로 번역했다. 사전에는 'lose'는 '잃다, 상실하다'로, 'gain'은 '얻다, 획득하다'로 나와 있다. 그렇다면 어느 쪽을 쓰더라도 문제는 없겠으나, 'lose'와 'gain'의 상응(相應, Correspondence)관계를 염두에 두고, 번역 어휘를 선택할 때에도 두 번역 어휘간의 상응관계를 생각해야 한다. 즉 언어의 무게, 즉 난이도(難易度)를 생각해

'lose'를 '잃다'로 번역하면, 'gain'은 '얻다'로, 만일 'lose'를 한자어인 '상실(喪失)하다'로 번역한 경우에는 'gain'도 같은 한자어인 '획득(獲得)하다'로 번역해주는 게 더 적절하다. 그리고 괄호 '( )' 안의 내용도 일반 문서 번역에서는 풀어 자유역할 수 있으나, 문학 작품이나 이론 번역에서는 그대로 살려줘야 하는 게 원칙이다. [번역 1]은 이런 관점에서는 문제가 없지만, 원문의 한 문장을 두 문장으로 나누어 번역하여 의미와 구조의 맥이 끊어지고만 번역이다.

[원문] ②and translators can find themselves being accused of reproducing only part of the original and so 'betraying' the author's intentions.
[번역 1] ②그리고 번역자들은 원본의 일부분만을 재생산해 작가의 의도를 '저버렸다는' 혐의를 받기도 한다.

번역 ②에서도 역시 어휘 선택상의 문제가 드러나고 있다. 동사구 'being accused of'를 '혐의를 받기도'로 번역했는데, 바로 '혐의(嫌疑)'란 말은 accuse의 원래 뜻인 '고발하다, 비난하다, 책망하다' 등 훨씬 강도(强度)가 있는 말이다. 특히 법률·법학적 용어로 범죄를 저지른 사실이 있으리라고 의심한다는 뜻이므로 번역가의 실수를 '범죄'로까지 몰고가는 극단적인 느낌을 주고 있다. 여기서는 '비난받다', 혹은 '추궁당하다' 정도가 좋다.

[원문] ③Hence the traitorous nature ascribed to the translator by the notorious Italian proverb :
[번역 1] ③이 때문에 그 배반적 성격은 유명한 이탈리아 격언에 의해 번역자의 탓으로 돌려진다.

'traitorous'를 '반역의'라고 번역할지, '배반적'이라고 번역할지는 이 원문의 경우, 특별히 다음 문장과 연결해 결정해야 한다. 마지막 문장을 함께 보자.

[원문] ④translation is traitorous.
[번역 1] ④번역은 배반적이다.

바로 속담이다. 따라서 문장 ③과 ④에서 원문 작가는 일종의 '말장난'을 하고 있다. 반복된 'tra~' 사용과, 동일한 형용사 'traitorous'를 사용해 멋진 말장난을 하고 있다. 영문학 작품의 수사법 중의 하나인 '말장난'(word-play 혹은 pun)을 한국어로 번역하는 일은 거의 불가능하다. '말장난'은 주로 동음이의어(同音異義語)를 이용하는데, 주로 '동음' 반복을 재치 있게 구사하면서, 익살 혹은 말재롱을 부리는 표현법이다. 이렇듯 한 나라의 문화와 언어적 특성이 배인, 속담 속에 녹아 있는 '말장난'을 살려 번역한다는 건 더욱 어렵다. 그런데 이 속담의 경우는 아주 드물게 가능하다. 원문이 'tra~'를 반복 사용했듯이, 번역문에서도 반복의 묘미를 살릴 수 있는 방법이 있다. 다음을 보자.

traitorous   반**역**적(反逆的)
translation   번**역**(飜譯)
translator   번**역**가(飜譯家)

한국어 뜻인 '반역적·번역·번역가'에서 반복된 발음 '역'을 살려내 번역하는 방법이다. '원문'을 배반하지도 않은 채, 그 기분까지 살려 번역하는 번역의 이상을 달성하는 방법이다. 이제 번역을 정리해보자.

> Something is always 'lost' (or might one suggest, 'gained'?) in the process and translators can find themselves being accused of

reproducing only part of the original and so 'betraying' the author's intentions. Hence the traitorous nature ascribed to the translator by the notorious Italian proverb : translation is traitorous.
(Roger T. Bell, 《Translation and Translating : Theory and Practice》 London and New York : Longman, 1991, 6.)

| chapter 44 |

목적 불감증

목적 없는 인생은 없다. 아침에 눈을 뜨면서부터 직장인이나 주부나 누구든 오늘 해야 할 일의 순서를 생각한다. 직장인은 직장인대로, 주부는 주부대로 모두 각자의 일정이 있기 때문이다. 바쁜 사람은 바쁜 대로, 한가한 사람은 한가한 사람대로 그 날의 목적에 따라 자신을 움직여간다. 목적은 곧 움직임의 이유이다. 살아 있음의 증거이다.

모든 글에는 목적이 있다. 어느 글도 목적이 없는 글은 없다. 붓 가는 대로 쓰는 수필에도, 자신만을 위한 글의 대명사인 일기에도 써야만 하는 목적이 있다. 자신을 위해서건, 남을 위해서건, '~를 위한' 글에는 일단 목적이 있다. 이 목적으로 인해 글은 살아 있는 기록이 된다. 그리고 모든 글은 목적에 따라 글의 양식, 즉 문체(文體, style)가 달라진다.

번역문도 당연히 원문의 목적에 따라 표현이 달라져야 한다. 번역가의 목적 불감증으로 제일 곤란을 겪는 대상은 독자이기 때문이다. 읽을 사람을 염두에 두지 않고 쓴 글은 자신만을 위한 글이 된다. 번역문은 언제나 타자(他者), 즉 독자를 위한 글이다. 혼자만의 목적에 의해 원문을 읽고 이해해야 하는 사람에겐 번역의 과정이 필요 없다. 하지만 번역가는 타자(他者)를 위해 존재한다. 최종 타자(他者)인 독자를 무시한 번역은 독자를 당황하게 한다.

글의 목적 파악은 시간을 아껴준다. 글의 목적 파악은 번역하기에 앞서 원문 연구 단계에서 실행해야 하는 작업이기 때문이다. 번역을 마친 다음 목적 파악을 해서는 최소 2~3배의 시간 낭비를 초래한다. 다 해놓은 번역을 원문의 목적에 맞게 모두 고쳐야 하기 때문이다. 글의 목적이 분명한 연설문이나 광고문, 혹은 기사·계약서 등은 특별한 목적에 적합한 어조와 어휘를 사용하는 점에 주의를 기울여야 한다. 원문을 읽는 독자와 번역문을 읽는 독자가 그리 다르지 않은 유사한 깨달음과 반응을 보인다면, 번역자는 원문 목적 파악에 일단 성공했다고 볼 수 있다. 어떤 일에 대한 그릇된 목적 파악이 일의 실패를 부르듯이, 원문에 대한 그릇된 목적 파악은 오역(誤譯)을 부른다.

이번 원문은 코카콜라 회장의 '신년사' 중에 나오는 구절이다. 일과 삶의 소중한 부분을 조화시켜야 한다는 지혜가 담긴 글이다. 원문은 다음과 같다.

[원문]
①Imagine life as a game in which you are juggling five balls in the air. ②You name them : work, family, health, friends, and spirit. ③And you're keeping all of them in the air. ④You will soon understand that work is a rubber ball. ⑤If you drop it, it will bounce back. ⑥But the other four balls-family, health, friends, and spirit are made of glass.

새해를 맞아 회사 직원들을 격려하기 위한 '신년사' 이기에, 글의 목적은 선명하다. 연설문이면서 격려사이기에 문어체(文語體, Literary Style)로 번역하기보다는 구어체(口語體, Colloquial - Conversational Style)로 현장감 있게 번역해야 한다. 지상(紙上)에 발표된 경우라도 여전히 글의 목적이 신년 연설문이라는 사실을 기억해야 한다. 다음 번역을 보자.

[번역 1]
①인생을 5개의 공으로 공중에서 요술을 부리는 게임이라고 <u>상상하라</u>. ②당신은 그 공들의 이름을 각각 일 · 가족 · 건강 · 친구 · 영혼이라 이름짓고 ③모두 공중에 <u>띄우고 있다</u>. ④일이란 이름의 공이 고무공이라는 것은 곧 깨닫게 <u>될 것이다</u>. ⑤그 공을 떨어트린다면, 다시 튀어 <u>오를 것이다</u>. ⑥하지만 가족 · 건강 · 친구 · 영혼이란 다른 4개의 공은 유리로 <u>되어 있다</u>.

원문의 여섯 문장을 다섯 문장으로 유연하게 번역한 점은 좋다. 하지만 이 글은 '신년사'이므로 [번역 1]은 글의 **목적 불감중 중세**를 보이고 있다. 밑줄 친 부분은 극히 문어체식 문장의 마무리이며, 격려하고 다독거리는 신년사에는 **적절하지 못한 서술처리**이다. 격려사가 명령조가 되면, 듣는 사람들이 힘을 얻기보다는 기분이 나빠진다. 격려사의 서술부는 '~해라' 보다는 '~해보십시오', 혹은 '~입니다' 식으로 좀더 공손한 마무리가 좋다. 유연한 번역을 지나치게 의식해 군데군데 결정적인 오역이 있는 번역이다. 자세히 살펴보자.

[원문] ①Imagine life as a game in which you are juggling five balls in the air.
[번역 1] ①인생을 5개의 공으로 공중에서 요술을 부리는 게임이라고 <u>상상하라</u>.

영어 원문은 다소 강한 명령조의 격려인 'Imagine'으로 시작되어, 문장에 힘이 실려 있음을 느낄 수 있다. 이런 문장이 문어체 글에 나왔다면, [번역 1] ①도 그리 잘못한 번역은 아니다. 하지만 글의 목적이 격려사이기에 문장 뒤에 숨어 있는 힘을 찾아 살려줘야 한다. '상상해 보십시오'로 번역문을 시작하면서 [원문] ①을 일단 끊어 번역하면 어떨까.

원문의 'game' 과 'juggling' 은 번역문에서 자칫 서로 부딪치기 쉽다. 두 단어는 행동의 '이름' 과 행동 자체를 의미하는 '동사' 로 구별된다. 다시 말해 '놀이' 를 뜻하는 'game' 은 명사이고, 'juggling' 은 공을 공중으로 던졌다 받았다 하는 장난 '행위' 를 표현하는 동사이다. 특히 동사 'juggle' 은 '장난하다' 의 라틴어 'joculare' 가 어원이니만큼 '요술부리다(conjure)' 보다는 '장난치다', 혹은 '재주를 부리다' 정도가 좋다. 외래어 'game' 도 무조건 음역(音譯, transliteration)하지 말고, '놀이·운동' 식으로 번역하면 더 좋다. 이제 문장 ②와 ③을 살펴본다.

[원문] ②You name them: work, family, health, friends, and spirit. ③ And you're keeping all of them in the air.
[번역 1] ②당신은 그 공들의 이름을 각각 일·가족·건강·친구·영혼이라 이름 짓고 ③**모두 공중에 띄우고 있다.**

두 문장을 유연하게 한 문장으로 엮어 번역한 경우이다. 대명사 'You' 를 이젠 더 이상 '당신' 이라고만 번역하지 말기로 하자. 영어의 '대명사' 는 한국어의 특성상 생략해도 원문에 전혀 해가 안 되는 문장 구성요소이다. 영어 원문 그대로 직역하면, 쓸데없이 반복되는 대명사로 인해 번역문은 어색하게 된다. 간단 명료한 격려사를 낭독하는 사장이 '당신은 ~하고 ~하고 있다' 식으로 말한다면, 내용의 박진감 전달 측면에서는 실패이다. [번역 1] ②③은 분명한 의미전달에 미숙함을 보이고 있다. 오히려 두 문장을 합쳐 번역하기보다는 [원문] ②를 두 문장으로 나누어 번역하는 게 원문의 분위기를 살리는 데 더욱 효과적이다. [원문] ①의 'Imagine' 과 'name them' 은 같은 맥락이므로, 같은 어조로 번역해야 의미전달이 확실해진다. 즉 '상상해 보십시오', 그리고 '이름을 붙여봅시다' 는 식으로 말이다. 다음 문장 ④⑤이다.

[원문] ④You will soon understand that work is a rubber ball. ⑤If you drop it, it will bounce back.

[번역 1] ④일이란 이름의 공이 고무공이라는 **것은** 곧 깨닫게 될 **것이다**. ⑤그 공을 떨어트린다면 다시 튀어 **오를 것이다**.

영어 원문의 대명사를 생략하고 번역한 점은 좋다. 유의하지 않으면 저지르기 쉬운 어색한 표현 '~것은 ~것이다. ~것이다'의 반복이 나타난 번역문이다. 항상 다른 표현, 다양한 표현으로 고쳐 쓰도록 노력해야 한다. 위 두 문장이야말로 번역의 유연성을 살려 한 문장으로 붙여 번역하면 좋다. 비유를 통한 상상 속에서는 'work(일)'이 'a rubber ball(고무공)'이 될 수 있다. 고무공의 특성상, 공중놀이를 하다가 땅에 떨어뜨려도 깨지지 않고, 오히려 다시 튀어 오른다. 일에 관한 일련의 특성을 고무공에 비유해 표현하고 있는 부분이다. 그런 만큼 계속성을 살려 '일→고무공→공중놀이→낙하→다시 튀어 오름' 등의 전개가 한 문장 안에서 진행되도록 번역하면, 비유가 한결 생생히, 문장이 살아나 글의 흐름이 좋아진다. 문장 ⑥을 살펴본다.

[원문] ⑥But the other four balls-family, health, friends, and spirit are made of glass.

[번역 1] ⑥하지만 가족 · 건강 · 친구 · 영혼**이란** 다른 4개의 공은 유리로 **되어 있다**.

문장부호 '―' (줄표, 환언부, 대시, dash)는 "이음표의 하나인데, 이미 말한 내용을 다른 말로 부연하거나 보충함을 나타낼 때 사용하는 부호이다". 우리말에서는 무시하고 풀어 번역해도 무방하다. 그리고 불가피한 경우를 제외하고는 '~이란 ~이다'는 표현은 부자연스럽다. 게다가 '~이란 ~은 ~이다'란 표현은 의사소통의 효율성을 떨어뜨린다. 이제 번역을 정리하자.

Imagine life as a game in which you are juggling five balls in the air. You name them: work, family, health, friends, and spirit. And you're keeping all of them in the air. You will soon understand that work is a rubber ball. If you drop it, it will bounce back. But the other four balls-family, health, friends, and spirit are made of glass.

일보다 더 소중한 가치가 우리의 삶에는 너무도 많다. 귀한 말일수록 더욱 신경을 써 번역하게 된다. 원문의 목적을 정확히 파악하고 번역하면, 더욱 확실한 의미 전달이 가능하다는 사실을 기억하자.

| chapter 45 |

번역가의 시공 혼란증

　의사소통(Communication)을 목적으로 하는 모든 글에는 단어와 문장·문맥이라는 구성 성분이 있다. 통사구조에 맞는 단어 배열, 설득력 있는 문맥을 위한 문장의 길이 조절과 순서 결정 등은 모두 원활한 의사소통을 위한 작업이다. 글(text)은 작가의 손을 떠나는 순간부터 수용자의 소유가 된다. 수용자 즉 독자가 이해하는 대로 글은 조금씩 새로운 의미를 지니며, 수용자의 필요에 따라 전혀 다른 의미를 지닌 글로 해석되기도 한다. 예를 들면, 현대시를 비평하는 문학비평가들의 태도가 그렇다. 시(詩) 속에 흐르는 논리나 맥락을 자신이 이해한 대로 '다시 쓰기(Rewriting)' 한다. 그러나 번역가에게는 시간과 공간의 제약이 있다.

　16세기에 쓰여진 셰익스피어(William Shakespeare, 1564~1616년)의 비극을 21세기 현대 한국어로 번역할 경우, 400여 년이라는 시간의 차이와, 영어와 한국어라는 공간의 차이를 무시할 수는 없다. 극작품의 번역 목적에 따라 차이와 제약은 더욱 다양해지고, 극대화되기도 한다. 현대극으로 완전히 각색(Adaptation)할 경우에도 여전히 한계는 있다. 주 내용과 주제마저 버릴 수는 없을 테니까…. 〈타임(TIME)〉과 같은 시사주간지에 나오는 글을 번역할 때도 400년은 아니더라도 시간의 차이와 미국 혹은 세계와 한국이라는 공간의 차이가 '다시 쓰기'의 제약 요소가 된다. 이는 지금 이 시간 한국 독자의 요구를 감안해야 하는 번역의 목적이 있기 때문이다. 번역가가 고어(古語)투를 선호하여 시사영어를 셰익스피어식으로 번역하고, 고전 희곡을 시사(時事) 문체로 번역한다면, 원작의 특성을 무시하는 행위이며, 성실한 번역가이기를 포기하는 태도이다.

소통의 목적이 없는 글은 존재 이유가 없다. 따라서 원작가가 기대하는 글의 소통 목적을 왜곡하는 번역 글도 문제는 있다. 자신만을 위해 쓴 일기조차도 작가의 손을 떠나는 순간부터 자생(自生)의 목적을 띠긴 한다. 그러나 번역가는 순수 창작을 하기보다는 두 개 언어 사이의 차이를 '잘' 이해하고 인정하면서, 원작의 특성을 살려 창의적으로 번역해야만 한다. 원문의 의미를 이해하기 위한 최소단위인 '절(clause)'과 번역의 최소단위인 '단어(word)'를 충분히 연구해야 한다. 항상 문제는 "번역자의 우선 과업이 원문 단어의 상당어구를 찾는 일인가, 아니면 의사소통을 위한 개념이나 상황을 보다 분명히 파악하는 일인가?" 하는 점이다. 번역자의 과업은 대체로 의사소통을 원활히 하기 위한 상황 전달에 있다고 보는 게 옳다. 번역하기에서 주의를 기울여야 하는 작업의 순서가 글의 목적에 따라 변할 수도 있지만, 상당어구를 찾는 일에서 시작해 상황을 정확히 전달하는 일에 이르기까지 쉬운 일은 없다. 그러나 번역 글은 언제라도 '이해할 수 있는(to make sense)' 글이어야 한다.

이번 원문은 주한미국대사 토머스 C. 허바드(Ambassador Thomas C. Hubbard)의 한·미관계 증진에 관한 연설문에서 발췌한 본문이다. 통역을 해야 하는 연설문이라는 특성을 살려 번역해야 한다.

[원문]
①Korea is a divided nation that still faces serious security problems. ②At the same time, South Korea is a determined nation that seems to be on a clear path of progress and development based on the principles of democracy and increasingly market-based economic activity. ③At the same time, Korea's vision of itself a regional hub —

which I support— will require you to open the door even further to foreign investment and interdependence, ④and it will be realized only when Koreans accept fully their responsibilities and obligations as a leading world economy. (U.S. Policy Approach to the Korean Peninsula)

연설문은 고급 구어체 문장으로 구성된다. 치리(治理) 연설문은 내용에 논리가 정연해야 하고, 표현이 설득력 있고 원활한 의사소통을 유발할 수 있는 고차원의 글이어야 한다. "미국의 대(對) 한반도 정책 접근방법"이란 제목의 위 연설문은 이런 장점을 골고루 갖춘 글이다. 다음 번역을 보자.

[번역 1]
①한국은 여전히 심각한 안보문제를 안고 있는 분단국가입니다. ②동시에 한국은 밝은 장래가 확정된 나라로서, 민주주의 원리와 점점 더 시장 기반이 되어 가는 경제 활동을 바탕으로 한 진보와 발전의 탄탄대로에 있는 것 같습니다. ③하나 그렇다고 해도 한국의 지역적인 중추가 되고자 하는 비전 —이것은 제가 지지하는 것이기도 합니다— 을 위해서 여러분들은 외국인들의 투자와 상호의존을 위해 보다 넓게 문을 열어야만 하며, ④그것은 한국민들이 세계 경제를 이끄는 그들의 책임과 의무를 받아들였을 때에만 실현될 것입니다.

어휘 선택의 다양화와 논리에 맞는 글쓰기 연습만 좀더 하면, 번역을 잘 해낼 수 있는, 가능성이 보이는 번역문이다. 수정이 필요한 세부사항을 살펴보자.

[원문] ①Korea is a divided nation that still faces serious security problems.

[번역 1] ①한국은 여전히 심각한 안보문제를 안고 있는 분단국가입니다.

의역하여 의사소통에 전혀 문제가 없는 번역이다. 하지만 'faces'를 '안고 있는'으로 번역한다면, 'hold'가 나올 땐 '직면하고 있는'으로 할 건가? **의역은 직역으로는 도저히 의사소통이 안 될 때 일종의 방편으로 사용하는 번역방법**이지, 고급 번역이 아니라는 점을 밝혀둔다. 가능한 한 원문의 맛을 그대로 살려 번역하여, 원작가의 의도를 그대로 전하려는 성실성과 겸손함은 번역가의 중요한 덕목이다.

사전을 좀 더 깊이, 넓게 보는 노력은 다양한 어휘 사용에 도움이 된다. 영한 사전의 정의에 따르면, 'serious'는 '심각한'의 뜻 이외에도 '중대한, 무거운, 진지한' 등의 의미가 있다. 하지만 이 모든 사전의 정의는 [원문] ①에서 'serious' 뜻을 정확히 전달하지 못하고 있다. 특히 [번역 1] ①에서 '심각한' 이란 보다 '절박한 상황', 즉 '시간 차원에서 현재 급한 상황'이라는 여운이 있기에 연설자의 의도를 왜곡할 수 있다. 우리나라 정세를 돌아볼 때 안보문제는 항상 골칫거리였다. 문장 밖의 지식과 정보를 활용해 볼 때 이 문장에서 'serious'는 절박한 느낌보다는 풀기 '어려운'이라는 의미가 적절하다.

[원문] ②At the same time, South Korea is a determined nation ＊that seems to be on a clear path of progress and development ＊based on the principles of democracy and increasingly market-based economic activity.

[번역 1] ②동시에 한국은 밝은 장래가 확정된 나라로서, 민주주의 원리와 점점 더 시장 **기반이 되어 가는** 경제 활동을 **바탕으로** 한 진보와 발전의 탄탄대로에 있는 것 같습니다.

다소 긴 문장이다. 하지만 영어의 특성상 *표 앞에서 끊어 문장을 차례대로 이해하면 어려움은 없는 문장이다. 물론 같은 길이의 한국어 문장의 경우, 논리적으로 선명하게 재정리를 해야 이해를 할 수 있는 길이의 문장이다. [번역 1] ②의 ',' 이후의 문장을 이해하는 데는 시간이 필요하다. 이 말을 이해하느라 시간을 쏟는 동안, 연설자는 이미 몇 단락 아래 얘기를 하고 있을 것이다. 우선 'a determined nation'은 '결심이 움직일 수 없을 만큼 확고하다'는 뜻의 '의지가 결연(決然)한' 나라를 뜻한다. '밝은 장래가 확정된'은 오역이다.

그리고 '*that' 이하 번역에도 문제가 많다. 요즘 한국인들의 대화에 가장 많이 등장하는 '~인 것 같다'는 표현은 말과 글에서 화자(話者)의 주장을 약화시키고 문체의 유려함을 해친다. 특히 강한 주장이 담긴 연설문에서 '~인 것 같다'는 표현은 청자(聽者)로 하여금 "당신은 왜 연설을 하고 있는가?"라는 의구심을 일게 한다. 실제로 'seem to ~'는 '~라고 생각한다'에 대한 다양한 표현 방식으로 이해해야 한다. 부사어 '점점 더'가 수식하는 형용사 혹은 동사, 즉 서술어가 확실하지 않다. 전문용어로 축약(縮略)하는 기술도 시사 영어 혹은 정치·외교 문서 번역에 필수 작업이다. '시장 **기반이 되어 가는** 경제활동을 **바탕으로**'를 어떻게 줄일 수 있을까? 굵은 부분을 빼면 어떨까?

> [원문] ③At the same time, Korea's vision of itself a regional hub — which I support— will require you to open the door even further to foreign investment and interdependence,
> [번역 1] ③하나 그렇다고 해도 한국의 지역적인 중추가 되고자 하는 비전—이것은 제가 지지하는 것이기도 합니다—을 위해 여러분들은 외국인들의 투자와 상호의존을 위해 보다 넓게 문을 열어야만 하며,

연설 준비를 충분히 못한 연설자는 '에~' 혹은 '저~' 등의 '뜸을 들일 때 내는 소리'를 문장 앞뒤에 자주 사용한다. [번역 1] ③에서 '하나 그렇다고 해

도'가 이런 경우에 속한다.

문장 부호 문제는 항상 한국어 문장에 맞게 처리해줘야 한다. 모든 어휘가 기호이듯이, 문장 부호도 기호이다. 영어 문장에서는 'Korea's vision of itself a regional hub —which I support— will require'로 주어 'Korea's vision of itself a regional hub'과 동사 'will require' 사이에 '삽입'이 가능하다. 그러나 한국어의 경우 연설자가 이 문장을 연단에서 읽을 때, '~되고자 하는 비전 —이것은 제가 지지하는 것이기도 합니다—을 위해' 라고 읽으면 어떤 일이 생길까? 즉, '비전 ~합니다—을 위해서'로 읽게 된다. 한국어에서 '~합니다—을 위해' 라는 말은 의사소통이 전혀 불가능한 표현이다. '저도 지지하는 한국의 비전, ~' 식으로 해줘야 의미 전달이 분명해진다.

대명사 'you'를 번역하느라 한국어 중간에 삽입한 '여러분들은'도 연설문 주제의 흐름을 멈추게 하는 요소이다. 그리고 축약할 수 있는 'to open the door even further to foreign investment and interdependence'를 '투자와 상호의존을 위해 보다 넓게 문을 열어야만 하며'로 풀어쓰기보다는 역시 좀 더 전문용어화해야 한다.

[원문] ④and it will be realized only when Koreans accept fully their responsibilities and obligations **as** a leading world economy.
[번역 1] ④<u>그것</u>은 한국민들이 세계 경제를 이끄는 <u>그들의</u> 책임과 의무를 받아들였을 때에만 실현될 것입니다.

대명사 'it'는 영어의 몫이지 한국어에서는 '무의미한 존재'일 경우가 많다. [원문] ④ 역시 ③의 후반부처럼 'Korea's vision of itself a regional hub'에 대한 조건을 제시하는 내용이다. 따라서 전체를 한눈에 보면서 부분을 번역해 나가야 한다. 즉 '지역중심지로서의 비전'을 이루기 위해서는 'as' 이하의 '자격요건'을 갖추어야 한다는 내용이다.

그런데 [번역 1] ④는 'as'와 'fully' 대한 언급이 전혀 없다. 다소 외교적 발언인 명사구 'a leading world economy'에서 'leading'은 동사가 아닌, '선도(先導)하는, 선두의, 지도적인' 등의 뜻이 들어 있는 형용사이다. 따라서 '세계 경제의 선두국**으로서**'의 '의무과 책임을 **온전히** 수용할 때'로 번역하면 된다. 이제 번역을 정리해보자.

> Korea is a divided nation that still faces serious security problems. At the same time, South Korea is a determined nation that seems to be on a clear path of progress and development based on the principles of democracy and increasingly market-based economic activity. At the same time, Korea's vision of itself a regional hub — which I support— will require you to open the door even further to foreign investment and interdependence, and it will be realized only when Koreans accept fully their responsibilities and obligations as a leading world economy.

_____

_____

_____

_____

 번역가는 언어마술사이며, 모든 직종에 대한 정보에 열려 있어야 한다. 선거 유세를 하는 후보들의 연설을 잘 들어보라. 연설문의 어휘 선택과 문장 표현이 일반 언어표현의 경우와 어떻게 다른지 경험할 수 있는 좋은 기회가 되리라 생각한다.

| chapter 46 |

시대 불감증

언어는 시대의 요구와 사용자의 편리에 따라 변화한다. 300년 전의 언어와 현재의 언어는 물론, 30년 전의 언어와 오늘의 언어에도 차이가 있다. 사이버 공간에서 절제 없이 정신없이, 또 엉망으로 변하고 있는 언어를 보면, 3년 전, 혹은 석 달 전의 언어도 이미 옛말이 아닌가 하는 의구심을 불러일으킬 정도이다. 사용자의 편리에 따라 변할 수밖에 없는 게 언어이지만, 변화에는 절실한 요구만큼의 타당한 원칙도 필요하다. 변화를 설명할 만한 타당한 이론 정립이 되어야 비(非)사용층도 설득시켜 소통할 수 있고, 학습할 수 있다. 또한 이런 적응을 위해서는 어느 정도의 기간도 역시 필요하다.

언어가 의사소통을 위해 존재한다면, 각 언어는 속한 언중(言衆)이 허용하는 범위 내에서 어느 정도 변형의 자유를 누려야 한다. 언어 사용상에 계층이 생기는 이유는 바로 이 적응기간 부재, 언어 구사의 기본원칙을 무시한 변형의 무절제, 그리고 상호 무관심에 기인한다. 새로운 언어 적응 기간을 무시하고 사용을 강요하면, 당연히 계층간의 괴리가 생겨, 언어 사용층 간에 이질감과 적대감도 발생할 수 있다. 언어는 이렇듯 시간적·공간적 지배를 받으면 변형 발전한다. 번역가는 이 변형에 또한 민감해야 한다.

특별한 계층이나 집단에 속한 사람들만 사용하는 언어인 은어(隱語)의 경우를 보자. 언어가 한 언어권 사용자들을 다양하게 구분짓고 있다. 학계에서 사용하는 전문용어나 건달들이 사용하는 비어(卑語)나 속어(俗語)는 모두 은어이며, 이들의 언어를 일반인들은 이해할 수 없다. 또한 사이버 공간에서 소통되는 언어는 컴퓨터와 거리가 먼 사람들에겐 생소한 언어일 수밖에 없다. 특별히 언어의 건강한 변화라기보다는 언어 파괴라고밖에 생각할 수 없는 사이버 언어 역시 20세기말이 조작해낸 새로운 은어(隱語)이다.

언어는 이처럼 같은 언어권이라도 시대는 물론, 공간에 따라 익숙하거나 생소하다. 400년 전 영어는 오늘 우리에게 결코 쉽지 않다. 예를 들어,《성경》은 전 세계에 걸쳐 가장 많은 번역본이 있는 본문이다. 15세기 영국의 틴들(William Tyndale, 1494~1536년)이 번역한 〈창세기〉의 한 구절을 보자.

And the **Lorde** was with Joseph, he was a **luckie fellowe**.

15, 16세기 영어의 원형이다. 굵게 한 단어는 현대 영어와는 다른 철자이다. 우선 현대 영어보다 모음 'e'가 더 많이 들어 있고, 'a luckie fellowe', 즉 'a lucky fellow(행운아)' 역시 지금 생각으로는 성서에 등장하는 주요 인물 묘사에는 적절하지 않은 아주 경박하고 비(非)성서적 표현처럼 보인다. 17세기에 출간된 영어 성경의 모범인《흠정 역(AV : *Authorized Version*)》, 혹은《제임스 왕 역(KJV : *King James Version*)》의 같은 구절을 보자.

And the L<small>ORD</small> was with Joseph, and **hee** was a prosperous man.
(Genesis 39 : 2)

1611년에 펴낸 제임스 왕 역 성경은 가장 아름답고 문학적으로 번역된 영어 성경으로 오늘까지 전 세계 수많은 사람들의 사랑을 받고 있다. 가벼운 'a lucky fellow'(행운아) 대신 제법 묵직한 'a prosperous man'(번영한 사람, 성공한 사람)을 사용한 점은《제임스 왕 역》의 특성 중의 하나이다. 틴들 역에 비해 대명사 'he'에 모음철자 'e'가 더 쓰인 것 말고는 오늘의 영어와 거의 유사하다. 그렇다면 현대 영역으로 같은 구절은 어떨까?

The L㎝ was with Joseph and he prospered.
(NIV: New International Version, 1984)

20여 년 전 영역(英譯)이며, 우리가 보기에 낯설지 않은 철자와 구문이다.
한 구절 비교에서도 이렇듯 시대에 따라 단어 선택과 철자에 있어 차이가 나는 것만 보더라도, 언어의 변화 혹은 변형은 막을 수 없는 조류이다. 번역은 바로 이러한 언어의 변화에 민감한 작업이다. 15세기 틴들 역 영어 성경을 번역하는 한국어와 20세기 NIV 성경을 번역하는 한국어가 동일할 수 있을까? 당연히 다를 수밖에 없다. 번역가는 시대에 따른 언어 선택에도 민감해야 한다. 시대불감증은 기형 번역을 낳기 때문이다. 이번 원문은 바로 《제임스 왕 역》 성경이 편찬된 17세기에 문학 활동을 한 존 밀튼(John Milton, 1608~1674년)의 말이다. 《실락원(失樂園, *Paradise Lost*, 1667~1674년)》과 《복락원(復樂園, *Paradise Regained*, 1671년)》의 저자인 밀튼은 무운시(無韻詩, Blank Verse)에 대한 서론에서 다음과 같은 주장을 했다.

[원문]

①The **measure** is English **heroic verse** without **rhyme,** ②as that of **Homer** in Greek, and of **Virgil** in Latin; ③**rhyme** being no necessary adjunct or true ornament of **poem** or good **verse,** in longer works especially, ④but the invention of a barbarous age, ⑤to set off wretched matter and lame **metre.**

기나 긴 한 문장으로 된 글은 문학 작품이나 비평에서 흔히 만난다. 이 문장은 《실락원》 본 내용 바로 직전 첫 면에서 'The Verse' 라는 제목 하에 아주 짧게 자신의 시 형식을 설명한 유명한 서언의 첫 부분이다. 이 문장에는 우선 문학인들의 은어(隱語)인 전문 용어가 많이 나온다. 굵은 글씨로 표시한 부분은 모두 일반인들에겐 생소할 수밖에 없는 문학 용어이다.

그러나 문학서를 번역 본문으로 받은 번역가는 이런 은어들에 대해 불평만 하고 있을 수는 없다. 번역가는 주어지는 혹은 선택한 원문에 따라 그리스 신화의 프로테우스(Proteus)처럼 시간과 공간을 초월해 자유자재로 변신하는 재능이 있어야 한다. 시를 번역하기 위해서는 시인이 되어야 하고, 비평을 번역하기 위해서는 비평가가 되어야만 한다.

우선 설명에서 언급한 무운시(Blank Verse)란 압운하지 않는 약강 5보격(Unrhymed Iambic Pentameter) 형식을 지닌 시이다. 즉 각운(脚韻, Rhyme)이 없는 시를 가리킨다. 각운은 시의 행말이 동일한 음으로 끝나도록 하는 시 형식이다. 예를 들면, 'strife/life' 혹은 'dove/love' 식으로 말이다. 또 'measure' 란 율격(律格)이며, 운율(Meter) 혹은 음보(音步)나 음절(Syllable)수에 의해 결정되는 시의 형식적 규칙성을 가리킨다. 이름인 'Homer' 는 그리스 음유 시인 '호메로스(Homeros)' 를 가리키며, 'Virgil' 은 'Vergil' 즉 로마 시인 '베르길리우스' (Publius Vergilius Maro, 70~19년 B.C.)이다. 각각 영어식으로 '호머', '버질' 로 음역해도 문제는 없지만, 고유명사인 타언어권 문학가의 이름을 영어식으로 고쳐 부르는 건 아무래도 언어 형평상 옳지 않다. 한국 이름 '영삼' 의 영어표기를 'Young Sam' 으로 하는 경우 대부분 영어권 언중은 'Sam' 을 '쌤' 으로 읽는다. 그래서 '영쌤' 으로 잘못 부를 경우, '영삼' 은 기분이 그리 상쾌하진 않으리라 생각한다. 차라리 'Sahm' 하면, 훨씬 바로 발음하기 쉽다. 분명 베르길리우스인데, 영어식으로 줄여 '버질' 이라 부르고, 호메로스를 '호머' 라고 부른다면, 무덤 속의 시인들이라도 서운하지 않을까? 자, 고유명사 조사가 끝났다. 이제 남은 건 본문에 있는 대명사와 동사 몇 가지만 해결하면 번역을 위한 사전 준비는 끝! 여기서 잠깐 다음 번역을 보자.

[번역 1]
운율은 라틴에서의 버질의 시와 그리스에서의 **호메르**의 시처럼 초라한 내용과 서투른 시를 꾸미기 위한 미개한 시대의 창작품을 제외하고 특히 좀더 긴 작품에서 좋은 시나 음조에 맞는 꾸밈이나 수식어구가 필요하지 않은 리듬 없는 영문 영웅시이다.

줄친 부분은 특히 전혀 문장 자체를 이해하지 못한 결과물일 뿐 아니라, 고유명사에 대한 사전 조사조차 제대로 하지 않은 증거이다. 오역(誤譯)을 부르는 원인은 다양하지만, 대체로 성의없는 사전 조사와 단어 찾기에 대한 시간 투자 부족 등이 우선 요인이 된다. 다음, 긴 문장을 번역하기 위해 두 번째로 해야 하는 일은, 어디서 끊어 이해를 하는가에 대한 연구이다. 이때 유의할 점은 문장부호(Punctuation)이다. [원문] ①부터 살펴보자.

[원문] ①The **measure** is English **heroic verse** without **rhyme**,

정관사 'The'가 붙은 'measure'는 일반적인 보통 율격이 아니라, 바로《실락원》에서 사용하는 율격으로 한정된다. 즉 '이 시에서 사용하는 율격은'을 뜻한다. 따라서 '이 시의 율격은 각운이 없는 영국 영웅시형이다' 혹은 서술어미를 열어 '~시형인데'라고 하면 된다.

[원문] ②as that of **Homer** in Greek, and of **Virgil** in Latin;

지시대명사 'that'는 당연히 'the measure'를 가리킨다. 그리스 시의 경우와 라틴 시의 경우를 예로 들면서 각운이 없는 고전 형식에 충실하고 있다는 점을 강조하고 있다. '그리스 호메로스의 율격에서처럼, 그리고 고대 로마 베르길리우스에서처럼;' 정도면 좋다. 다음 부분을 보자.

[원문] ③**rhyme** being <u>no necessary</u> adjunct or true ornament of **poem** or good **verse**, in longer works especially,

고전의 경우에서처럼 '각운'은 'no necessary', 즉 전혀 필요없는 'adjunct', 즉 부가물 혹은 'true ornament', 다시 말해 시를 위한 '참된 장식물'이 아니라는 말이다. 특별히 아주 긴 작품('in longer works especially'), 즉 장편에 나오는 단순한 시('poem')뿐만 아니라 좋은 시구나 운문('good verse')을 위해서도 그렇다. 다시 말해 시인이 쓰고자 하는 훌륭한 시구가 떠올랐는데 각운(脚韻, Rhyme)에 제한을 받아 그 시구를 포기하게 해서는 안 된다는 주장이 된다. 형식 제1주의 시대이던 신고전주의가 만연한 당시의 시(詩) 문단에 커다란 파문을 일으킨 대목이 아닐 수 없다. 밑줄친 'no necessary'는 이어 나오는 [원문] ④의 'but'과 더불어 'not~but' 용법으로 이해해야 한다.

[원문] ④but the invention of a barbarous age,

[번역 1]에서는 'but'를 '제외하고'로 잘못 이해하여 오역이 되었다. 각운은 시를 위한 장식물이 아니라 '야만 시대의 발명품'이라는 밀튼의 주장이다. 그리고 야만 시대가 이런 형식을 발명한 이유가 [원문] ⑤에 'to 부정사' 형식으로 이어진다.

[원문] ⑤to set off wretched matter and lame **metre**.

이유는 'to set off', 즉 '돋보이게 하기 위해' 혹은 '상쇄하도록 하기, 또는 메우기 위해' 발명한 형식이다. 도대체 무엇을 돋보이게 하려는 의도였던가? 작품의 형편없는 내용(Wretched Matter)과 불완전한 운율(Lame Metre)을 숨기는 치장 도구로 사용하려고 각운을 써 왔다는 밀튼의 아픈 지적이다. 따라서 각운 사용은 내용이 빈약한 시를 포장하기 위한 위장술이란 주장이 이 긴 문장의 내용이다. 이제 번역을 정리해보자.

> The measure is English heroic verse without rhyme, as that of Homer in Greek, and of Virgil in Latin; rhyme being no necessary adjunct or true ornament of poem or good verse, in longer works especially, but the invention of a barbarous age, to set off wretched matter and lame metre.

모순은 이런 말을 한 밀튼 자신은 다른 작품에서 그 '형편없는(wretched)' 각운 전통을 빌려 훌륭히 구사했다.

| chapter 47 |

노력부족증

영한번역을 잘 하려면, 영어 실력과 더불어 모국어인 한국어 실력이 필수이다. 영어 원문의 한국어 번역은 1882년에 발간된 한국어 성경 〈예수성교누가복음젼서〉와 〈예수성교요안닉 복음젼서〉 두 권으로 시작된다. 1998년 《성경전서 : 개역개정판》이 출간되기까지 성경 번역은 수많은 수정을 거쳤다. 1937년에 기록된 한국성서위원회 회의록(The Minutes of the Bible Committee of Korea)에는 당시 성경 번역 작업 방법을 다음과 같이 정리하고 있다.

> 작업의 방법은 한 개인이 먼저 본문에 대해 초역 개역을 하면, 이 원고를 놓고 3인이 독회를 가진다. 최종적인 수정이 표시되면, 다음날 다시 읽고 검토한다. 실제 작업에서 번역의 상당부분이 재독되고, 여러 번 헬라어와 검토, 대조된다. 비교를 위해 사용된, 다른 언어로 된 번역본 중에서 가장 유용했던 것은 개역 일본어본이었다. 개역 일본어 성경은 구역한글성경보다 동양어로 된 성경이 원문에 얼마나 근접할 수 있는가를 보여주었다.
>
> 《《대한성서공회사 II》, 대한성서공회 간, 1994년, 172면)

일제 말 군국통치 시절에 일본어 번역 성경을 참조하며 완성된 한국어 《개역성경》에 일본어식 표현법과 문체가 많을 수밖에 없는 건 너무나 당연한 결과였으리라. 하지만 여기서 번역을 하려는 분들이 유의해야 할 점은, 당시 번역자들이 어떤 과정을 통해 번역을 했는가 하는 점이다. 위 인용문을 정리하면, 순서는 대강 **'초역/개역→3인 독회→수정 표시→다음날 검토→재독→재검토/대조→다른 번역 비교'** 이다. 최소 7회 이상 원문과 대조, 수정하는 이들의 자세를 70여 년 후 오늘을 사는 번역가들은 배워야 한다. 혹시 여러분들은 번역을 너무 쉽게 생각하고 있지는 않은가?

번역은 해석과 다르다. 해석은 초역 이전의 작업이다. 아직 문자화한 번역이라고 말할 수 없는 **생각의 단계**이다. 여러분의 생각이 타인에게 전달되려면, 말이든 글이든 매체를 통해야 한다. 그리고 효과적인 전달을 위해서는 매체를 훌륭히 활용해야 한다. 번역은 '타자(他者)', 즉 독자를 위한 작업이며, 괜찮은 수입도 보장되는 '일'이다. 일곱 번 이상 번역을 보고 고치고 또 본 선배들의 진지한 태도를 거울삼아 번역에 임해야 한다.

이번 원문은 신발을 잃어버린 일라 메이슨(Ila Mason)의 이야기이다. 어렵지는 않지만, 문화적 차이를 유의해 번역해야 하는 부분이 있다. 자칫 오역을 하게 되니까 말이다. 원문을 보자.

[원문]

①*They've got to be here somewhere*, I thought, rummaging in the bottom of my walk-in closet. ②I was packing for a two-week trip to Russia with a team of Americans, and I'd counted on taking along my beat-up but comfortable black sneakers. ③They were always right in view. ④Where could they possible be? ⑤*Okay*, I finally decided, they've just disappeared. ⑥So I dashed out to the store and bought new sneakers—black, sleek and sturdy wit thick laces. ⑦They weren't my old reliables, but they'd do.

생각과 혼잣말이 뒤섞인 원문이다. 문단 내에 생각이나 혼잣말이 나오면, 보통 그 문장은 작은따옴표(' ') 속에 넣는다는 기본 문장작성법 원칙을 기억하며 번역해야 한다. 위 문단에서는 문장 ①의 앞부분과 문장 ④ 그리고 문장 ⑤의 'Okay'와 뒷부분 등은 모두 혼잣말이거나 생각을 표현한 곳이다. 보통 친절한 영어 원문에서는 생각이나 혼잣말을 나타낼 경우, 위 글에서처럼 필기체를 사용한다. 따라서 이 부분은 번역한 후 작은 따옴표 안에 넣어야 한다. 다음 번역을 보자.

[번역 1]
①**나**는 **그것들**이 여기 어딘가에 있을 거라 생각하며 **내** 방 바닥을 샅샅이 뒤졌다. ②-1**나**는 미국인 친구들과 함께 가는 2주 동안의 러시아 여행을 위해 가방을 챙기고 있었다. ②-2그리고 **나**는, 낡았지만 편한 검은색 여행용 운동화를 아껴왔다. ③**그것들**은 항상 보이는 곳에 있었다. ④어디로 가버린 걸까? ⑤그래, **난** 결국 그것들이 사라진 걸로 생각했다. ⑥-1그래서 **나**는 가게로 뛰어들어가 새 운동화를 샀다. ⑥-2그 운동화는 검고, 산뜻하며, 튼튼했고, 굵직한 끈이 매여 있었다. ⑦**그것**은 전의 운동화만큼 믿음이 가지 않았다.

원문은 모두 일곱 문장이지만, [번역 1]은 아홉 문장으로 번역했다. 번역에서는 가독성과 문장의 흐름이 요구하는 데 따라, 긴 문장은 나누어서, 혹은 반대로 짧은 문장들은 합해 번역할 수 있다. [번역 1]은 한국어 문장에 미숙한 사람이 작문을 한 것과 같은 실수를 많이 하고 있다. 이유없이 한 문장을 나누어 번역하고 있다. 가독성을 오히려 떨어뜨리는 결과를 초래한 셈이다.

그리고 영어와 우리말의 가장 기본적인 차이에 좀더 신경을 써야 했다. 즉 영어 문장에서는 대명사, 특히 인칭 대명사를 많이 쓰고, 한국어 문장에서는 가능한 주어 인칭 대명사를 생략한다는 점이다. 원문에는 대명사가 12번 나오는데, [번역 1]에는 인칭 대명사 6회(나 · 난 · 내)와 지시 대명사(그것) 3회, 총 9회가 나온다. 매 문장에 1회 이상 사용한 셈이니까, 적지 않은 횟수이다. 대명사를 자주 사용해 결국 서툴고 어색한 문장이 되고만 아주 불행한 예이다. 원문을 '단어 대(對) 단어' 번역식으로 직역해 해석의 차원에 머무르고만 [번역 1]을 다 함께 고쳐보자.

[원문] ①They've got to be here somewhere, I thought, rummaging in the bottom of my walk-in closet.
[번역 1] ①**나**는 **그것들**이 여기 어딘가에 있을 거라 생각하며 **내** 방 바닥을 샅샅이 뒤졌다.

생각하는 부분을 일단 '여기 어딘가에 있을 텐데…' 정도로 번역하면 대명사 '나', '그것들'을 생략할 수 있게 된다. [번역 1] ①의 뒷부분은 오역이다. 복합명사 'walk-in closet'는 우리나라의 경우, 저택에나 있을 '걸어 들어가는 옷장', 즉 '옷방'을 뜻한다. 그리고 'the bottom'은 옷방 바닥을 가리킨다. 막연한 '방바닥'으로는 거실 바닥인지, 침실 바닥인지 전혀 알 수가 없다.

[원문] ②I was packing for a two-week trip to Russia with a team of Americans, and I'd counted on taking along my beat-up but comfortable black sneakers.
[번역 1] ②-1**나**는 미국인 친구들과 함께 가는 2주 동안의 러시아 여행을 위해 가방을 챙기고 있었다.
②-2그리고 **나**는 낡았지만, 편한 검은색 여행용 운동화를 아껴왔다.

긴 원문 ②를 ②-1과 ②-2로 나눠 번역했다. 좋은 시도이다. 그러나 오역을 한 ②-2는 반복되는 주어 인칭 대명사로 자연스러움마저 잃고 말았다. 과거진행형 ②-1문장을 '~하는 중이었는데' 식으로 살리면서, 'I'd counted'는 'I had counted', 즉 '~할 작정이었다'로 연결해 번역하면 좋다.

[원문] ③They were always right in view. ④Where could they possible be?
[번역 1] ③**그것**들은 항상 보이는 곳에 있었다. ④어디로 가버린 걸까?

[번역 1] ③는 서술어미 '~었다'의 반복으로 전체 이야기 흐름이 경직되는 느낌이다. 우리말, 한국어의 특징. 서술어미를 다양하게 해줌으로써 가독성을 높여보자. '항상 눈에 바로 띄는 곳에 있었는데…' 정도는 어떨까? 문장 ④는 지나친 의역이다. 원문을 살릴 수 있는 한 최선을 다해야 한다. 동사 'be'를 살려 '도대체 어디 있는 거지?'로 번역하는 게 좋다.

[원문] ⑤*Okay, I finally decided, they've just disappeared.* ⑥So I dashed out to the store and bought new sneakers—black, sleek and sturdy wit thick laces.
[번역 1] ⑤그래, 난 결국 그것들이 사라진 걸로 생각했다. ⑥-1그래서 **나**는 가게로 뛰어 들어가 새 운동화를 샀다. ⑥-2그 운동화는 검고, 산뜻하며 튼튼했고 굵직한 끈이 매여 있었다.

원문 ⑤ 중간에 있는 'I finally decided'는 '결국 ~하기로 결심했다'는 생각의 성격을 설명하는 표현이지, 단순히 '~로 생각했다'는 아니다. 생각 부분은 작은따옴표(' ') 안에 넣으면 좋다. 그리고 [번역 1]에서 문장 ⑥을 '대시(—)' 이후는 별개 문장으로 나누어 번역한 점은 좋다. 하지만 각 원문 단어의 정확한 의미를 찾아 그에 가장 적합한 번역어를 찾는 일에 신경을 써야 한다. 단어 'sleek'는 'looking smooth, shiny, and expensive', 즉 '매끈하고 반짝

거려 비싸 보이는' 이란 뜻이다. 이러한 모든 상태를 다 내포한 우리말을 찾아야 한다. 뭐가 있을까?

[원문] ⑦They weren't my old reliables, but they'd do.
[번역 1] ⑦**그것**은 전의 운동화만큼 믿음이 가지 않았다.

왜 'but' 이후의 문장을 번역하지 않았을까? 이런 일은 많은 번역서에서 흔히 발견할 수 있는 일이다. 성의 없는 번역, 책임 없는 번역으로 문장이 통째 빠지는 경우도 있다. 영어에서는 대명사나 대동사가 나오면, 일단 무얼 가리키는지를 찾아야 한다. 문장 'they'd do.' 에서 축약된 조동사와 약자를 추리해 생략된 부분을 다 넣어 문장을 만들어보면, 'they would become my old reliables someday,' 즉 '언젠가 내 편안한 신발이 되겠지' 가 된다. 이제 번역을 정리하자.

> They've got to be here somewhere, I thought, rummaging in the bottom of my walk-in closet. I was packing for a two-week trip to Russia with a team of Americans, and I'd counted on taking along my beat-up but comfortable black sneakers. They were always right in view. Where could they possible be? Okay, I finally decided, they've just disappeared. So I dashed out to the store and bought new sneakers—black, sleek and sturdy wit thick laces. They weren't my old reliables, but they'd do.

생각하는 부분은 작은따옴표에 넣고, 서술어미에 다양성만 조금 줘도 번역문을 한결 나아진다. [번역 1]을 시도한 번역가는 우선 우리말 표현법을 좀더 연구하고 연습해야겠다.

| chapter 48 |

이문화 둔감증

훌륭한 전사를 많이 키워내 세계를 흔든 로마는 강대한 제국이었다. 하지만 진정한 로마의 힘은 문화 사랑이었다. 정복한 그리스의 문화 유산을 소중히 여긴 로마는 비록 자신의 휘하로 들어온 나라이긴 해도, 그리스의 빛나는 문화를 배우고 익히는 일을 게을리하지 않았다. "너 자신을 알라", "악법도 법"이라는 등의 귀한 말을 남긴 고대 아테네의 소크라테스(Socrates, 470~399년 B.C.), 이상국가론을 펼친 플라톤(Plato, 427~347년 B.C.), 유명한 《시학(Poetics)》의 저자 아리스토텔레스(Aristotle, 384~322년 B.C.), 의학의 아버지 히포크라테스(Hippocrates, 460~377년 B.C.), 트로이전쟁 이야기를 일리아스(Ilias)와 오딧세이아(Odysseia)로 전한 호메로스(Homeros, 8년 B.C.). 우리의 귀에도 결코 낯설지 않은 이들의 이름은 문화 사랑과 습득에 힘쓴 로마인들의 번역 노력 덕에 비록 나라는 사라졌어도 수천 년이 넘도록 현존하게 된 것이다. 기원전부터 찬란하게 피어나 서양 철학과 문학·과학의 근본을 일궈낸 그리스 문화. 로마의 작가들은 고대 그리스의 문학과 철학을 정리하고 라틴어로 '번역 혹은 번안하는 일'을 절대 소홀히 하지 않았다. 그리스 신화를 정리한 오비디우스(Ovid, A.D. 43~17년), 그리스와 트로이 전쟁의 영웅 아에네아스(Aeneas)의 모험기 《아에네이드(The Aeneid)》를 저술한 베르길리우스(Vergil 혹은 Vergilius, A.D. 70~19년), 그리고 그리스어 성서를 라틴어로 번역한 성(聖)

히에로니무스(St. Eusebius Hieronymus ; Saint Jerome, A.D. 347~420년)에 이르기까지 로마의 작가들은 번역을 그들의 제일 사명으로 삼고 있었다.

그리스 로마 문화는 로마의 영국 정복으로 자연히 영어 문화권으로 스며들고, 다시 영국의 세계 지배 시대를 겪으면서 세계로 퍼져나갔다. 이제 우리는 그 멀고 먼 나라의 오래된 이야기들을 마치 이웃의 얘기처럼 읽고 알고 살고 있다. 우리의 삶에 녹아 있는 그리스의 문화. 이제는 장난처럼 하는 말, "너 자신을 알라!(Know Yourself!)". 기원전 5세기, 지금부터 2500여 년 전, 저 먼 나라 고대 그리스 도시국가 아테네의 한 노인이 한 말을 우리는 아무렇지도 않게 쓰고 있다. 우리말로 멋지게 번역해서 말이다. 선배 번역가들의 노력으로 우리는 먼 나라의 문화를 이웃의 문화로 받아들이고 활용해 우리 문화화하고 있다. 번역은 글자의 시작 혹은 바벨탑 짓기를 그만둔 시점 이래, 지금도, 그리고 영원히 문화 문제의 중심에 있으리라 생각한다. 전문번역가가 되기 위해 공부하는 사람들은 이 점을 명심하고, 자긍심과 희생정신을 사명감과 더불어 갖추기를 권한다.

번역을 잘 하기 위해서는 해당 외국어 실력과 모국어 실력을 기본으로 겸비해야 한다. 하지만 두 나라의 문화에 둔감하면 실수한다. 문화 차이에 민감한 번역가는 실수가 적다. 서양에는 개인주의와 개별주의를 격려하는 문화가 있다. 동양과 우리나라는 공동체의식이 강하다. 따라서 '나', '너' 보다는 '우리'를 선호한다. 서양에서는 '누가', '무엇을 가진다'는 표현이 자연스럽다. 하지만 우리말에서는 '~을 가진다'는 표현을 절제해야 한다. 영어에서는 'I have an idea!'가 이상하지 않다. 하지만 우리말에서 '난 생각을 가지고 있어'라고 표현하면 어색하다. '나 생각이 있어!'가 자연스런 이유는 우리말에서는 제한할 수 없는 '소유'에 대해서는 '공유'의 의도가 있기 때문이다. **문화번역. 이것이 늘 문제**이다.

이번 영어 원문은 두 친구의 얘기. 장애인 친구 제시와 분재를 만들며 우정을 나누는 데이비드의 이야기이다. 동양의 분재 문화가 서양으로 건너가 우정을 나누는 소재로 등장하고 있다. 참으로 놀랍고 아름다운 이문화 수용의 예이다. 원문은 다음과 같다.

[원문]

①We made several more bonsai that afternoon and the next weekend I drove Jesse back to the nursery, where he resold those sevendollar junipers for 45 dollars apiece. ②But by then they weren't really the same trees. ③Their real beauty had been unlocked, the way Jesse had been transformed in my view. ④His personality had shown through. ⑤At times he didn't seem handicapped at all. ⑥ Then I'd remind myself: ⑦He needed my help.

짧은 글이지만, 제일 먼저 전체 글의 대의(大意)를 파악해야 한다. 화자(話者, narrator)는 데이비드이고, 친구 제시는 장애인이다. 데이비드가 제시를 도와주면서 몸이 불편한 제시의 입장을 이해해가는 이야기이다. 제시는 평범한 나무를 사서 분재(盆栽)로 만들어 파는 일을 생업으로 하고 있다. 제시가 일하는 과정을 지켜보며, 데이비드는 장애인에 대한 자신의 편견을 버린다. 대강 이런 내용을 짐작할 수 있는 글의 일부이다. 다음 번역을 보면서 문제를 짚어보자.

[번역 1]

①-1제시와 나는 오후에 몇몇의 분재를 더 만들었고, 다음 주말에 나는 제시를 보육원으로 다시 데리고 갔다. ①-2보육원에서 그는 7달러 짜리 향나무를 제각기 45달러에 전매하였다. ②하지만 그때까지 그들은 정말로 동일한 나무에 지나지 않았다. ③그들의 진정한 아름다움은 제시가 나의 편견·관점을 바꾸었던 것처럼 서서히 드러났다. ④그의 인성이 언뜻 들여다보였다. ⑤때때로 제시는 전혀 장애를 가진 사람 같지

않다. ⑥그 순간 나는 내 자신에게 다짐하여 말했다. ⑦그는 나의 도움이 필요하다고…

문맥의 이해 부족과 우리말 표현의 미숙함과 오역이 문제로 드러난 번역이다. 한 문장씩 살펴보자.

[원문]
①We made several more **bonsai** that afternoon and the next weekend I drove Jesse back to **the nursery**, where he resold those **sevendollar** junipers for 45 dollars apiece.

[번역 1]
①-1 제시와 나는 오후에 몇몇의 분재를 더 만들었고, 다음 주말에 나는 제시를 **보육원**으로 다시 데리고 갔다.
①-2 **보육원**에서 그는 **7달러 짜리** 향나무를 제각기 45달러에 **전매**하였다.

제법 긴 문장 원문 ①을 번역 ①-1와 번역 ①-2로 나눠 번역한 점은 좋다. 문화를 이해하고 번역하는 영어의 감각이 필요한 문장이다. 분재로 키울 나무를 사고파는 곳은 '보육원'이 아니라 '농원'이나 '묘목상'이다. 사전의 여러 풀이 중에서 어느 의미를 택할 것인가는 철저히 번역가의 영어 실력, 문화이해, 언어 감각에 달려 있다. 단어 'nursery'에는 '양로원·유아원·보육원·묘목상' 등등의 여러 의미가 있다.

물론 농원(農園)에서도 분재를 사고팔 수 있다. 복합어 'sevendollar'의 번역도 주의해야 한다. 단순히 'seven dollar'가 아니라, 복합 명사화한 이유를 유념해 번역해야 한다. 그리고 뒤에 나오는 '45 dollars apiece'와 차별해 어울리게 번역해야 한다. 글을 쓸 때 감정이 격해지거나 흥미가 고조되거나, 강조하고자 하면, 문장은 점점 짧아진다. 정식 표현인 'seven dollar' 대신 'sevendollar'로 쓴 이유는, 강조하고 싶은 점이 '45 dollars apiece'가 아니라, 'sevendollar'이었기 때문이다. 번역에서는 이 점을 살려줘야 한다. '**겨우** 7달러짜리' 혹은 '**단** 7달러짜리' 식으로 말이다.

번역 ①-1 중에 '다시 데리고 갔다'는 원문의 'drove'를 'took'로 임의로 바꿔 번역한 경우이다. 꼭 바꿔야 했는지는 한번 생각해볼 문제이다. 원문의 'resold'를 '**전매**하였다'로 번역한 점도 걸린다. 술술 풀어가고 있는 글에서 '전매'라는 말은 좀 딱딱하게 들리지 않는가. 좀 더 술술 풀리는 분위기에 적합한 말을 찾자. 원문 ②를 살펴보자.

[원문] ②But by then they weren't really the same trees.
[번역 1] ②하지만 그때까지 그들은 정말로 동일한 나무에 지나지 않았다.

문장을 잘못 이해해서 오역을 하고 있다. 역자는 '이젠 더 이상 예전과 같은 나무가 아니다'라는 의미를 파악하지 못했다. 접속사 'But'은 늘 '그러나'로만 번역해야 할까? 문장 전체의 흐름을 타야 한다. 살 때 가격보다 몇 배나 비싼 가격으로 되판 사실을 두둔하려는 데이비드의 생각이 담긴 문장이라는 점을 감지해야 한다. 그래서 'but'은 우리말의 '그러나' 보다는 '왜냐하면'에 훨씬 가까워진다.

[원문] ③Their real beauty had been unlocked, <u>the way Jesse had been transformed in my view.</u>
[번역 1] ③그들의 진정한 아름다움은 <u>제시가 나의 편견, 관점을 바꾸었던 것처럼</u> 서서히 드러났다.

불완전한 번역이다. 줄친 부분은 전혀 이해가 안 되는 표현이다. 원문은 내 관점에서, 즉 데이비드의 시각이나 생각 속에서 제시에 대한 선입견이 'had been transformed', 즉 '완전히 변형되었다'는 의미를 담고 있다. 번역을 할 때는 의미 파악 후 번역 문장으로 옮겨 적는 과정에서 우리말이 많이 뒤틀린다. 번역이 아닌, 기형이 되고 만다. 번역 ③은 문장을 이해하고도 우리말 표현력 부족으로 인해 생긴 실수이다. 문맥이 안 통하는 번역은 '타자(他者)', 즉 '독자'를 의식하지 않는 불성실에서 초래되는 경우가 많다. 번역은 '타자', 즉 독자를 위한 작업이다. '나'만을 위한 번역은 없다.

[원문] ④His personality had shown through.
[번역 1] ④그의 인성이 언뜻 들여다보였다.

'인성'이란 '사람의 성품'이란 뜻이다. 'personality'에는 '사람됨됨이·인격·개성' 등의 뜻도 있다. 바로 이전 문장과 전체 문맥을 살펴 가장 어울리는 말을 고르자. '언뜻 들여다보였다'는 표현은 신선하다. 하지만 'show through'는 '(본성이) 드러나다'는 뜻도 있다.

[원문] ⑤At times he didn't seem handicapped at all.
[번역 1] ⑤때때로 제시는 전혀 장애를 가진 사람 같지 않다.

우리말 표현에서 동사어 '~을 가지다'는 사물을 소유할 경우에 주로 쓴다. 그런데 요즘은 '가지다'를 마구 사용한다. '성격이 좋다'는 '좋은 성격을 가졌다'로, '생각이 있다'를 '생각을 가졌다', 곧 '동생이 셋 있다'는 '동생을 셋 가졌다'가 될지도 모르고, '부모님이 계신다'가 '부모님을 가졌다'로 변할까 두렵다. 이렇게 변해 가는 이유는, 영어의 'have' 동사 때문이다. 해석에 익숙한 우리들. 10년 이상을 해석에 길들여진 우리들은 전형적인 번역 어투

'가졌다'를 버리기가 힘들다. 하지만 우리말에서는 '가지다' 보다는 '있다' 는 표현이 자연스럽고, 또 좀더 우리말다운 표현임을 잊지 말자.

[원문] ⑥Then I'd remind myself :
[번역 1] ⑥그 순간 나는 내 자신에게 다짐하며 말했다.

제시의 모습을 회상하며 데이비드는 다짐을 하고 있다. 따라서 'Then' 은 '그럴 때면' 이다. 자신에게 ':' 이하의 생각을 재확인하는 순간이기 때문이다.

[원문] ⑦He *needed* my help.
[번역 1] ⑦그는 나의 도움이 필요하다고….

번역 ⑦은 좋다. 하지만 원문에는 왜 '*needed* 가 필기체(우사체)로 되어 있는 걸까? 문자는 기호이다. 기호는 통합해 하나의 실체를 만들어낸다. 영어 원문에서 필기체로 표시되는 부분은 '생각하는 순간' 을 표현하거나 '강조를 위한' 표현이다. 여기에서는 무엇을 뜻할까? 이제 번역을 정리해보자.

> We made several more bonsai that afternoon and the next weekend I drove Jesse back to the nursery, where he resold those sevendollar junipers for 45 dollars apiece. But by then they weren't really the same trees. Their real beauty had been unlocked, the way Jesse had been transformed in my view. His personality had shown through. At times he didn't seem handicapped at all. Then I'd remind myself : He needed my help.

번역은 쉽지 않다. 외국어와 우리말, 그리고 폭넓은 문화 체험이 절대 필요하다. 외국영화를 많이 보는 것도 외국서적을 많이 읽는 것만큼 문화 간접체험에 도움이 된다.

| chapter 49 |

번역시장 궁금증 1

한국 번역시장의 전문화가 활발히 진행되고 있다. 지구촌과 한반도를 뒤흔든 국제 행사인 월드컵 이후 전문 통·번역사에 대한 시장의 요구는 더욱 증대하고 있다. 요구가 중대하는 시점이니만큼 학계의 관심도 높아지고 있고, 양질의 번역물을 생산하기 위한 출판계의 경쟁도 만만찮다.

서울국제도서전(SEOUL INTERNATIONAL BOOK FAIR)에서는 번역출판에 관한 특별 세미나가 열렸고, 각 대학은 매년 봄마다 개최되는 국제번역학술대회에 많은 관심을 보이고 있다. 외국어대에서는 연례 행사로 통·번역에 관한 국제학술대회가 열리고, 서울의 성균관대학교를 비롯한 세종대, 연세대, 이화여대, 그리고 포항의 한동대 등등의 종합대학들은 통·번역 학부 혹은 대학원 과정을 개설하거나, 연구소를 개소했다. 전문 통·번역사 양성의 중요성에 대한 학계와 사회의 인식을 높이기 위해 한국번역학회(http://www.kats.or.kr)는 2009년 10월에 국제학술대회를 개최한다.

정부 차원에서는 1996년 문화관광부가 한국문학 번역금고를 설립한 이래 번역 지원사업을 지속하고 있다. 초기 목표는 2001년까지 100억 원의 기금조성이었으나, 2001년부터는 **한국문학번역원**으로 이름을 바꾸고 문예진흥원의 번역 지원사업까지 이관하여 정부 차원의 번역 지원사업 단일창구가 되었다. 민간부문에는 '한국문학 번역과 출판' 지원을 하는 대산문화재단 등이 있다.

한국학술진흥재단(학진)에도 번역지원사업이 있다.

때마침 세계적인 번역학 학자 94인이 참여해 출간한 《Routledge Encyclopedia of Translation Studies》가 한국어로 번역되어 나왔다. 《라우트리지 번역 백과사전》(2009년) 한역(韓譯)작업에는 번역전문가와 국내대학에서 번역학을 강의중인 교수진들이 대거 참여했다. '성경번역'(원영희 교수 번역)을 비롯해 '셰익스피어 번역', '번역 교육', '번역의 역사', '스코포스 이론', '시 번역' 등 번역관련 표제어 81개에 대한 설명이 담겨 있어 번역가와 번역학 전공자에게 큰 도움을 주리라 생각한다.

이번 영어 원문을 보자. 아래의 글은 알래스카 항공 최고경영자 존 F. 켈리가 자유출퇴근제의 장점에 대한 얘기를 하고 있는 대담 내용 중에서 발췌한 것이다.

[원문]
①John F. Kelly, CEO, Alaska Air : ②There are some businesses and jobs where flextime simply doesn't work, but I can't imagine **employers** not embracing the concept more and more in the future. ③Not only does it help ensure a business can attract and retain quality employees, it also helps reduce the traffic congestion that is a major problem in virtually all major cities. ④A balance between flextime, telecommuting and regular business hours would be my guess as to the mix of the future.

대담 기사라는 원문의 특수성을 살려 번역해야 한다. 원문의 성격은 문학성이 농후하다기보다는 시사성이 강하다. 신문이나 잡지에 실리는 기사체이며, 대화체의 성격을 동시에 지닌 글이다. 특히 'CEO', 'business', 'employee', 'flextime', 그리고 'telecommuting' 등등의 실무영어 혹은 시사영어가 다수

포함되어 있기에 시사적 특성을 살려주는 어휘선택에 유념해 번역해야 하는 원문이다. 다음 번역을 보자.

[번역 1]
①알래스카 항공 최고경영자 존 F. 켈리와의 대담 중에서:
②일부 업종 및 직종에서 자유 출근제가 완전하게 제 역할을 하고 있지는 못하지만, 앞으로 이 자유 출근제의 개념을 **종업원들이** 더욱 더 수용하게 되리라는 것을 나는 확신합니다. ③자유 출근제는 어떤 분야든 간에 그 업종을 보다 매력적으로 경쟁력 있게 만들며, 자질 있는 종업원들을 확보할 수 있도록 하는 데 도움이 될 뿐 아니라, 사실상 대도시에서 가장 큰 문제가 되고 있는 교통 정체를 줄여줍니다. ④자유 출근제와 자택근무 및 정규 근무 시간제를 효율적으로 혼용하게 되리라는 것이 장래 업무 환경에 관한 나의 예측입니다.

실무영어 및 시사영어에 능한 번역가의 작품이다. 위에서 예로 든 'CEO', 'business' 등은 훌륭히 번역해냈다. '어휘번역 차원'에서는 굵은 글씨로 표시한 부분, 즉 'employers'를 '종업원들'로 오역한 부분을 제외하고는 '어감 차원에서' 거의 정확한 번역을 했다. 문장별로 자세히 살펴본다.

[원문] ①John F. Kelly, CEO, Alaska Air :
[번역 1] ①알래스카 항공 최고경영자 존 F. 켈리와의 대담 중에서:

경영 최고 책임자를 뜻하는 'CEO'는 'Chief Executive Officer'의 약자이다. 요즘은 'C~O' 시대, 즉 전문 경영인의 시대이다. 자본을 댄 주인이 경영을 총괄하던 시대는 지나갔다. 'CFO' (Chief Financial Officer, 재무담당 최고경영자), 'CIO' (Chief Information Officer, 정보담당 최고경영자), 'CSO' (Chief Security

Officer, 안보담당 최고경영자) 등으로 분화된 경영체제가 확산되고 있는 게 국제사회의 흐름이다. 이런 맥락에서 'CEO'의 'CE'는 원래 'the chief executive', 즉 '사장, 대표이사'이다. 따라서 보통 'CEO'는 '대표이사 최고경영자'로 번역하기도 한다.

[번역 1] ①의 밑줄친 부분은 원문에는 없는 내용이지만, 의사소통상 '첨가'를 시도했다. 하지만 원문 전체는 대담이고 최고경영자 켈리는 기자의 질문에 계속 대답을 하고 있는 상황이다. 따라서 연극의 대본처럼 대화의 주체만 밝히는 식으로 번역해야 한다. 다음 문장을 보자.

[원문] ②There are some businesses and jobs where flextime <u>simply doesn't work</u>, but I can't imagine **employers** not embracing the concept more and more in the future.

[번역 1] ②<u>일부 업종 및 직종에서 자유 출근제가 완전하게 제 역할을 하고 있지는 못하지만</u>, 앞으로 이 자유 출근제의 개념을 **종업원들이** 더욱 더 수용하게 되리라는 것을 나는 확신합니다.

단어 'employer'(고용주·주인)와 'employee'(종업원·피고용인)는 언제나 혼동하기 쉽다. 특히 'employer'는 '고용 사업체[기업]'의 의미까지 포함한다. 문제는 줄친 부분 번역이다. 우선 'but' 이전의 문장은 아주 평이한 번역으로, 번역문을 읽는 독자들이 전혀 의심할 수 없는 유연한 번역이다.

그러나 유연성(Flexibilty)이 사실, 즉 성실성(Fidelity)을 가려서는 안 된다. 프랑스어에 '벨 엥피델(Belles Infideles)'이란 말이 있다. 말 그대로 '부정한 미녀'라는 말인데, '아름답지만 원문에는 충실치 못한 번역'을 지칭하는 말이다. 바로 번역에서 유연성이 성실성을 가려서는 안 된다는 말과 통한다.

여기서 'doesn't work'는 '도움이 안 되다', 혹은 '적용이 안 되다'의 뜻이다. 자유 출근제를 적용할 수 없는 회사나 직종, 자유 출근제가 도움이 안 되는 업종이 있다는 말이다. 즉 원문 종속절의 주어가 'flextime'이긴 하지만, 의인화해 '제 역할을 하고 있지는'으로 서술어를 번역하면 무생물 주어로 인해 의미전달이 어색해진다.

그리고 'simply'는 [번역 1] 식으로 번역하면 문맥상 '완전하게'로 전환할 수밖에 없다. 부정확한 번역이 꼬리를 물고 부정확한 정보를 전달하는 좋은 예이다. 단어 'simply'는 '아무 이유도 없이', '왠지'의 뜻으로, '적용이 안 된다'는 사실을 강조하기 위한 '부사'이다. 특히 **부정어 앞에서 'simply'는 '절대로, 결코'의 뜻이 있음을 간파**해 'simply doesn't work'를 '절대로 적용할 수 없는'으로 한꺼번에 번역해내야 한다.

[번역 1]의 실수는 무생물 주어와 생물을 받는 서술어의 부조화로 어색해진 문장에 수식어까지 부정확하게 번역해 오역 아닌 듯한 오역을 한 데 있다. 뒷부분 문장 번역 역시 문제는 지나친 '유연성'이다. 원문은 'can't ~ not'으로 이중부정이다. 우리가 자신의 의견을 표현할 때 가장 보편적인 방법은 긍정문이다. 그러나 의견을 **강조하려고 할 때는 '이중부정문'** 을 택하기도 한다. '수용하게 되리라는 것을 나는 확신합니다'는 평이한 긍정문이다. 그러나 원문은 '포용하지 않는다는 걸 나는 상상할 수도 없다'이다. 번역에서 어떻게 살려야 할까? 고민해야 한다. 다음 문장에서는 동사 번역의 어려움을 살펴본다.

[원문] ③Not only does it help ensure **a business** can attract and retain quality employees, it also helps reduce the traffic congestion that is a major problem in virtually all major cities.

[번역 1] ③자유 출근제는 **어떤 분야든 간에 그 업종**을 보다 매력적으로 **경쟁력 있게 만들며**, 자질 있는 종업원들을 확보할 수 있도록 하는 데 도움이 될 뿐 아니라, 사실상 대도시에서 가장 큰 문제가 되고 있는 교통 정체를 줄여줍니다.

평범한 'Not only ~ [but] also'의 문장이다. 굵은 부분 '어떤 분야든 간에 그 업종'에서 앞부분은 원문에는 전혀 없는 '첨가'이다. 번역에서 '첨가'의 원칙은 '의미 전달이 전혀 불가능한 원문'의 경우에만 실행하는 편법이다. 따라서 중요한 법적 서류나 경전·문학 서적 등의 번역에서는 '첨가' 부분과 이유까지 밝혀야 한다. 여기서는 첨가로 인해 막연한 부정관사로 이끌어진 'a business'가 'the business'를 번역한 '그 업종'이 되고 말았다. 차라리 '어떤 업종이라도'가 낫다. 동사 'attract'를 부사어로 번역하고 '경쟁력 있게 만들며'라는 말을 다시 첨가해 '문맥번역'한 까닭에 오히려 의미전달이 모호하게 되고 말았다. 도대체 '보다 매력적으로 경쟁력 있게 만들며'는 무슨 의미일까? 번역문이라는 사실을 이해하며, 독자들이 각자 '우리말 해석'에 시간을 들여야 하는 상황을 초래한 번역문이다. 문장 ④를 살펴보자.

[원문] ④**A balance** between flextime, telecommuting and regular business hours would be my guess as to **the mix** of the future.
[번역 1] ④자유 출근제와 자택근무 및 정규 근무 시간제를 <u>효율적으로 혼용하게 되리라는</u> 것이 장래 <u>업무 환경</u>에 관한 나의 예측입니다.

[번역 1]은 원문의 어순대로 직역하느라 밑줄친 부분을 첨가하면서, 오히려 정관사에 이끌리고 있는 'the mix'와 부정관사와 함께 한 'a balance'를 얼버무리듯 번역하고 있다. 결과적으로 원문의 중요한 주어인 "A balance", 즉 '균형'이란 어휘가 번역문에서는 사라지고 말았다.
번역은 사실에 입각해야 한다. 어순의 변경과 첨가와 생략은 사실을 뒷받침해 주기 위한 방편이지, 사실을 가리는 편법이어서는 안 된다. **번역가의 의무 중의 하나는 원문에 대한 'loyalty', 즉 충실성이다.** 원문의 작가가 의심스러워하던 사실을 '지나치게 친절히 풀어 설명하듯 해석하여' 때로는 갈등할 수 있는 인간인 원문작가의 모습을 '삭제한' 번역을 하기보다는, **있는 그대로 부족한 원작가를 독자에게 전달해야 하는 사명이 있다.** 번역과 해석과 해설은

모두 각각의 역할이 있다. 번역가는 이 점을 늘 명심하면서 자신의 일에 임해야 한다. 이제 번역을 정리해보자.

> John F. Kelly, CEO, Alaska Air : There are some businesses and jobs where flextime simply doesn't work, but I can't imagine employers not embracing the concept more and more in the future. Not only does it help ensure a business can attract and retain quality employees, it also helps reduce the traffic congestion that is a major problem in virtually all major cities. A balance between flextime, telecommuting and regular business hours would be my guess as to the mix of the future.

번역시장은 번역가 자신들이 가꾸고 키워야 하는 시장이다. 번역가 각자가 자신의 번역물에 대한 질적 책임을 진다는 책임 의식과, 새로운 문화 전달자로서의 사명감으로 번역을 한다면, 우리나라 번역시장은 달라진다. 자신의 작품에 애정과 책임을 느끼는 전문가만이 그에 해당하는 권리를 주장할 수 있기 때문이다!

| chapter 50 |

번역시장 궁금증 2

    국내 번역 출판 현황에 대한 대한출판문화협회(http://www.kpa21.or.kr)의 통계에 따르면, 지난 10년 간 협회에 납본된 자료를 근거로 조사한 결과, 1998년에는 출판물 총발행종수의 17.9%에 불과하던 번역서가 2008년에는 31%로 증가한다. 꾸준히 증가하던 번역서 비율이 2001년을 기점으로 4년간 28% 이상을 유지하다가 2005~2006년 동안 약간 떨어지다, 2007년에 30%로 다시 증가하고, 2008년에는 총출판물 발행종수 43,099종 가운데 13,391종에 달하는 외서가 우리말로 번역되었다. 괄목할 변화는 지난 수년간 만화가 번역 총 종수와 비율 면에서 가장 높았는데, 2004년도부터 감소하기 시작했다. 가장 높은 비율을 보이던 2001년도에는 4,267종으로 총 번역서 종수의 44%이던 것이 2008년에는 2,472종으로 18%로 급감했다. 한편 2008년도까지 꾸준히 증가한 번역분야는 아동(3,586종 · 27%), 문학(2,478종 · 19%), 그리고 사회과학(1,646종 · 12%) 등의 순서이다. 외서의 언어별 분포는 일본이 4,592종, 미국이 3,992종, 영국이 1,129종이며, 그 뒤를 프랑스 820종, 독일 599종, 그리고 중국이 507종으로 그 뒤를 잇고 있다. 영 · 미언어권이 38%로 1위이고, 일본어 서적이 34%로 2위이다. 참고로, 프랑스는 1991년에 번역서 비율이 17.6% 이고, 영국은 3.3%(1990년) 밖에 안 되지만, 스페인은 26%(1990년), 이탈리아는 25%(1989년), 스웨덴은 무려 60%(1991년)를 상회했다(*쓰지 유미의 『번역사 산책』 235면 참조).

국내 공공(公共)재단이나 사립재단의 번역 지원 사업은 지난 10여 년 동안 많이 확장되었으나, 아직도 미흡하고, 기회도 일반인에게보다는 대학교수·강사 이상의 전문직 종사자에게 돌아가는 경우가 많아서, 일반 번역전문가가 지원 사업을 배당을 받기란 거의 불가능해 보인다. 그래도 번역시장은 넓다. 수많은 출판사들이 훌륭한 번역가를 찾고 있다. 문제는 각자의 번역 실력이다. 그리고 실력은 하루아침에 이뤄지지 않는다. 따라서 장기적인 계획을 세우고 진지한 노력을 해야 한다. 노력을 한 후에 자신의 노력의 결과를 객관적으로 평가받아야 하는데, 이런 순간을 위해 국내 몇몇 기관과 단체에서 '번역사자격시험'을 실시한다. 하지만 번역 능력을 측정하는 시험으로 공신력이 있는 시험은 그리 많지 않다. 그 중에 문화관광부 산하 사단법인 한국번역가협회에서 지난 1994년부터 실시하고 있는 번역능력인정시험(TCT: Translation Competence Test)이 가장 잘 알려져 있다. 직업번역능력과 전문번역능력을 인증하는 2급은 총 100점 중 80점 이상 취득자, 일반번역능력을 인증하는 3급은 총 100점 중 70점 이상 취득자를 '절대평가' 하여 합격증을 준다. 각 급수 합격자는 사단법인 한국번역가협회 회장과 번역시험평가위원장 명의의 국·영문이 병기된 '번역능력인증서(Certificate of Translation Competence)'를 받는다 (한국번역가협회 홈페이지 http://www.kst-tct.org/index.asp 참조). 번역가의 질적 향상과 번역 출판물 시장의 발전을 위해, 또한 번역가의 처우 개선을 위해, 하루속히 국가에서 공인하는 시험이 시행되어야 한다.

방송매체, 영화, 언론, 영한대역(英韓對譯) 인쇄물 출판사, 주한외국기업, 대기업, 무역업체, 정부 기관 등 사회 각 계와 전 세계에서 요구하고 있는 전문번역사가 많이 배출되기를 기대한다.

이번 영어 원문은 낚시를 갔다가 악어로부터 공격당한 플로리다 주의 앨비스 매크리(Alvis McCree)가 고백한 이야기에 나오는 부분이다. 원문을 보자.

[원문] ①I must have swallowed a lot of mucky lake water, because when I tried to stand, I threw up and collapsed. ②Too weak to move again, I lay still for about a half hour. ③Gradually it dawned on me. ④The alligator, thinking I was dead, had stuck me here for safekeeping until he came back later to eat me piece by piece. ⑤I have to get out of here! ⑥Now!

본문은 상당히 급박한 상황을 묘사하고 있다. 글의 성격은 고백체이므로 사건 기술이 주관적이며, 사실적이고, 아주 생생하다. 번역가는 번역을 시작하기 전(前) 단계인 이해의 차원에서, 일단 어느 정도 문체에 대한 분석을 해야 한다. 다음 번역을 보자.

[번역 1]
①일어서려고 애썼으나, 토사물을 게워내고 쓰러진 것을 보면, 아마 꽤 많은 양의 진흙물을 먹었던 것같다. ②다시 움직이기엔 너무 힘이 빠져 약 반시간 가량을 가만히 누워 있었다. ③나는 서서히 상황이 이해가 되기 시작했다. ④악어는 내가 죽었다고 생각하고 그가 나중에 돌아와서 나를 조각내 먹어치우려고 우선 내 몸을 보관하기 위해 이곳으로 치워놓은 것이었다. ⑤나는 이곳을 빠져나가야 한다! ⑥지금!

전체적으로 오역은 없는 것처럼 보인다. 오역이 **없다**는 말과 **없는 것처럼 보인다**는 말도 번역에서는 중요하다. **오역인데 오역이 아닌 것처럼 보인다**는 말과 같은 말이기 때문이다. 항상 번역은 오역 점검 다음 차원의 작업이다. 원문에 대한 문체 분석이 우선되어야, 오역과 미숙한 번역 발생을 방지할 수 있다. 번역 초보자들의 공통점은, 오역이 없으면 번역이 끝난 줄로 알고 있다는 사실이다. 바로 오역의 함정이다. 다시 말하지만, 번역은 오역 점검 이후의 일이다. 따라서 오역이 있으면, 일단 번역 단계로 옮겨갈 수가 없다. 따라서 번역시

험에 오역이 나온다면, 가장 큰 실점을 당할 것이다. 첫 문장부터 분석한다.

[원문] ①I must have swallowed a lot of mucky lake water, because when I tried to stand, I threw up and collapsed.
[번역 1] ①일어서려고 애썼으나, 토사물을 게워내고 쓰러진 것을 보면 아마 꽤 많은 양의 진흙물을 먹었던 것같다.

언뜻 보기에 문제가 없는 문장이다. 그러나 사건의 순서를 잘못 이해해 오역이 된 경우이다. 문장 ①을 끊어 읽는다면, 'because' 앞에서 끊어야 한다. 문장은 (A + because + B)로 중문이다. 이런 경우 A 혹은 B, 어느 문장의 사건이 먼저 일어났을까를 판단해야 한다. 발생한 동작을 나열하면, [번역 1]은 '일어나고 → 게우고 → 쓰러지고 + because + 먹고 → 추측하다' 이다. 그러나 [원문]의 실제 의미를 기준으로 동작을 나열하면, '먹고 → 일어서려다 → 토하고 → 쓰러지고 + because + [먹은 사실을] 추측하다' 이다. 따라서 사건의 순서에 따라 바로 정리하면, '일어서려다 토하고 쓰러진 것으로 미뤄 더러운 호수 물을 많이 마셨던가 보다' 이다. 하지만 바른 사건의 순서를 원문 문체의 요구를 살려 번역하는 일이 남았다. 긴박한 상황을 살리기 위해 'because' 이전 문장과 이후의 문장을 나누어 번역하는 방법도 좋다.

[원문] ②Too weak to move again, I lay still for about a half hour. ③Gradually it dawned on me.
[번역 1] ②다시 움직이기엔 너무 힘이 빠져 약 반시간 가량을 가만히 누워 있었다. ③나는 서서히 상황이 이해가 되기 시작했다.

무난한 번역이다. 이 문장 ③을 시작하고 있는 '나는' 만 삭제한다면, 더욱 자연스러운 문장이 된다. 자신에게 일어난 사건을 회상하는 글이니만큼 원문에는 인칭대명사 'I'가 빈번히 등장한다. 그러나 늘 주의할 점은 한국어에는 대명사를 절제한다는 사실이다. 그리고 'Too weak to move again'를 번역할 때 해석의 차원을 넘어서야 했다. 우리는 문법 학습 시간에 'too~to~'는 '~하기에 너무 ~하다'로 배웠다. [번역 1]은 문법 학습을 바로 배워 실천한 '해석'이다.

대부분의 견습 번역가들은 'too~to…'를 '…하기에 너무 ~하다'로 해석식 번역을 한다. 'too~to…'를 '너무 …해 ~할 수 없다'로 쓴다면, 원문 어순에도 맞고, 어느 몽학(蒙學 : 어린아이의 공부)선생의 틀에서도 벗어나는 길이다. 전문번역가는 유년시절로부터 대학공부, 그 이후에 쌓은 학문의 모든 경험을 번역에 살려 활용해야 한다. 몽학의 해석법만을 전문 번역문장에 사용해야 한다는 강박관념에서 벗어나, 원문의 뜻과 형태까지 살려내는 정확한 번역문장을 구사하는 연습이 필요하다.

[원문] ④The alligator, thinking I was dead, had stuck me here for safekeeping until he came back later to eat me piece by piece.
[번역 1] ④악어는 내가 죽었다고 생각하고 그가 나중에 돌아와 나를 조각내 먹어치우려고 우선 내 몸을 보관하기 위해 이곳으로 치워놓은 것이었다.

위 문장의 주체는 인간과 악어다. 주체의 생물학적 특징이 다르다. 영어에서는 어떤 생물이건 무생물이건 상관없이, 인칭 대명사로 받아 대신 쓰는 데는 무리가 없으나, 한국어에서는 문제가 있다. 무생물 주어나 짐승 주어의 경우와 인간이 주어인 경우, 인칭뿐 아니라 서술어를 구분해야 한다. 따라서 이 문장에서는 파충류인 악어의 행동을 가리키는 낱말과 인간의 행동을 표현하는 낱말을 구별해 사용해야 하는 점에 유의해야 한다.

한국어의 보통 문장에서 악어와 '생각하다, 보관하다, 치워놓다' 등의 동사가 어울리는가? 문학 작품에서 악어를 특별한 목적으로 의인화해 서술한 부분이라면 몰라도, 여기서는 맹수와 얽힌 사건 자체를 사실적으로 표현하고 있다는 점을 감안해 의인화보다는 악어라는 사실이 실감나도록 번역해야 한다. 특히 'to eat me piece by piece'는 구문 그대로는 '나를 조각조각 내어 먹기 위해'이지만, 악어에 대한 표현으로는 너무 인간적이지 않은가? 인간은 도구를 사용하기에 '조각을 내 먹을' 수 있지만, 맹수(猛獸)의 경우는 다르다는 생물학적 지식을 감안해 번역해야 한다.

번역가는 정말 '유식해야(intelligent)' 한다. 특히 다방면으로 유식하면서도 전문성이 있어야 실수가 적다. '문학' 번역을 '천문기상학 전공자'가 해야 할까, 아니면 '문학 전공자'가 해야 할까? 영어만 잘 한다고 모두 번역을 잘 한다고 가정한다면, 본토 미국인이 영한번역은 제일 잘 해야 한다. 하지만 현실은 그렇지 않다. 한국어와 전공 분야에 대한 지식을 골고루 갖추어야 해당 전공 서적을 잘 번역할 수 있다.

[원문] ⑤ I have to get out of here! ⑥ Now!
[번역 1] ⑤ 나는 이곳을 빠져나가야 한다! ⑥ 지금!

자! 이제 주인공은 더 이상 기진맥진 누워 한가히 있을 시간이 없음을 깨달았다. 생각 혹은 혼잣말임을 가리키는 우사체로 된 문장 ⑤⑥의 속도는 지금까지 속도의 두 배 이상은 빨라야 한다. 한국어의 '인칭대명사' 사용은 문장의 속도감을 저하하는 치명적 요인이다. [번역 1] ⑤, ⑥의 경우가 그렇다. 문장 ⑤의 '나는'은 전달해야 하는 사건의 긴박감을 절감하고 있다. 인칭 대명사를 제외하고 번역해보자. '이곳을 빠져나가야 한다!'는 대명사 '나는'이 붙어 있을 때보다 속도가 빨라진다. [원문] ⑥은 단 한 마디이다. 원래는 'at once, right away'의 뜻이 있는 'Now and here!'였으리라. 바로 앞 문장에 'here'가 나와 뒤의 부사구를 줄여 'Now!'만 살린 원문이다. 그리고 한국어 표현의 경우, 상황의 급박함을 더욱 잘 살리고자 할 때, 부사어를 겹쳐 사용한다. 이런 모든 특성을 감안해 '당장'과 같은 부사어를 첨가하면, 문장에 생동감을 더할 수 있다. 이제 번역을 정리해보자.

> I must have swallowed a lot of mucky lake water, because when I tried to stand, I threw up and collapsed. Too weak to move again, I lay still for about a half hour. Gradually it dawned on me. The alligator, thinking I was dead, had stuck me here for safekeeping until he came back later to eat me piece by piece. I have to get out of here! Now!

_____

_____

_____

_____

문맥만을 강조하면, 원문의 형태 무시로 인한 원문의 본래 의미조차 손상을 입히는 번역을 하게 된다. 단어 대(對) 단어 번역, 혹은 자신이 습득한 문법에만 의거한 번역은 대중의 인정을 받기 어렵다. 어색함과 기계적인 느낌 때문이다. 번역은 다방면의 지식이 골고루 필요하지만, 원문 외국어와 문화에 대한 전문적 지식과 번역문 속의 모국어 구사 실력에 따라 성패가 좌우된다.

《원영희교수의 일급번역교실》부분 수정 2쇄를 펴내며…

학자(學者)이며 작가(作家)인 번역가(飜譯家)의 사명

번역의 요구는 거의 전(全) 사회적・전(全) 지구적이다. 두 언어 이상의 상호문제를 심층적으로 다루며 소통을 가능하게 하는 번역의 기능을 사회나 전(全) 지구민(地球民)들은 공기처럼 당연히 활용해왔다. 로마는 그리스 문화를 모방의 차원을 넘어 완역(完譯)함으로써 완전히 정복할 수 있었고, 근대 이래로 개발도상국들은 선진국의 앞선 정보를 번역하여 수용함으로써 시행착오를 줄일 수 있었다. 강대국은 정복과 식민의 도구로 번역을 편파적으로 사용하여 열강이 되기도 하고 동시에 그에 대한 비난을 받기도 했으며, 경제적으로 약한 나라들은 열강 언어로 왜곡 번역되어 확산되는 자국의 문학과 문화를 참아야 했다.

모든 문학 현상에 양면이 있듯이, 번역 역시 분명한 양면이 있다. 문학이 정치를 만나면, 순수한 동기가 왜곡되고, 번역가의 경우엔 시련을 겪기도 했다. 에티엔 돌레, 틴들과 같은 번역가들은 오역으로 또는 번역 문건과 관련한 정치적 이유로 화형을 당했고, 1,500년 전 유명한 라틴어역《불가타》(Vulgate, 405년) 성경의 번역자 성 히에로니무스 또한 다른 번역물에서의 지나친 의역으로 소송까지 당한다. 모두 원문에 충실했느냐 의역을 넘어 왜곡했느냐는 평가와 정치적 이유 때문이었다. 유진 나이더에 의해 성서번역의 내용등가(Dynamic Equivalence) 번역이 주창되면서 많은 번역가들은 안도의 한숨을 내쉰 적도 있었다. 하지만 역시 원문 없는 번역은 없기에 '정확하고 유려한 번역' 이라는 이상향에 도달하기 위한 번역가의 노력은 언제나 환영을 받는다.

문자로 영원히 남고, 번역을 통해 부활한 원문이 곁에서 함께 숨을 쉬고 있는 한, 번역은 절대 쉽지 않다. 쉽게 생각해 초래한 망신과 불신은 언제나 번역가들 몫이다. 번역가들의 불성실한 번역 때문에 출판사들은 시간과 재정 낭비로 두 번 속상해 하고, 원작가(原作家)와 독자들은 '문화의 가교' 로서 번역가들을 그다지 신뢰하지 못하는 풍토도 생겼다.

축자역(縮字譯) · 의역 · 번안, 혹은 편역(編譯)이니, 창의적 번역에 이르기까지 다양한 번역범주가 있기는 하지만, 언제나 번역가는 원문(原文, Source Text)을 존중해야 한다. 자신의 실력부족으로 인한 오역(誤譯)은 진지한 원문 연구로 피해가야만 한다. 원문과는 상관없이 자기도취와 제 흥(興)에 겨워 원문과는 전혀 다른 번역문(飜譯文, Target Text)을 내놓고는 자유역(自由譯) 혹은 편역(編譯)으로 합리화하는 자세도 번역가의 올바른 태도는 아니다. 게으름의 결과로 어색해지고 부실해진 번역을 원래 축자역(逐字譯)이나 직역(直譯)은 그렇다고 스스로 위로하는 번역가의 태도는 더욱 문제이다. 원문을 '충실히 읽고', 번역문은 '자연스럽게' 써내도록 번역가는 학자이며 작가의 사명을 다해 자신을 훈련해야 할 것이다.

이런 번역가의 성실성과 나태함의 문제를 해결하기위해 해당 번역서에 '목적문'을 실어 번역 전략을 밝혀주는 방법이 있다. 모든 번역서에는 '번역가의 서문'이 절대 필요하다. 《제임스 왕, *King James Version*》역 성경의 '번역가로부터 독자에게(The Translators to the Reader)'처럼 길고 긴 서문까지는 기대하지 않더라도, 모든 책에는 번역가가 자신의 번역전략을 정리하고 독자의 이해를 구하며 소통할 수 있는 공간이 있어야 한다.

2쇄를 준비하며 오탈자와 책 내용의 극히 일부를 수정했다. 마지막 장(章)은 출판 현황에 대한 내용이므로 설명부분을 최근 통계자료로 교체했다. 《원영희 교수의 일급번역교실》은 성균관대와 서울여대에서 주로 사용했는데, 절판이 되어 놀랐고, 또 기뻤다. 더 많은 대학들에서 이 책으로 강의할 수 있는 번역학(飜譯學, Translation Studies) 전문가들이 나오길 기대하며, 여기까지 이끌어 주신 하나님께 감사드린다. 2쇄를 함께 내기로 결정해주신 ㈜한언 출판사에 감사하고, 수정작업을 도와준 장석훈 조선일보 전 교열부 차장 제자 김주연, 조언을 아끼지 않은 국립국어원 최용기 선생, 사랑하는 성균관대 번역학과 제자들과 어떤 형편에서든 저를 도와줄 준비가 되어 있어 나를 항상 감동시키는 가족들인 남편 김주현 박사(현대경제연구원 원장), 택렬 · 소연 · 택승 · 택수에게 항상 감사한다.

2009년 8월. 지은이 원영희

원문 번역에 대한 제안

제1부

Chapter ONE—p.012
그녀의 해명에도 불구하고 명치끝이 서늘해지는 기분이었다. 두렵기도 했고, 어쩐지 창피하기도 했다. 늘 자신을 떠오르는 별이라 생각해 왔었는데…… 문득 이젠 서서히 밀려나는 중이며 결국엔 해고되리라는 확실한 느낌이 들었다.

Chapter TWO—p.017
"약을 꺼내와야겠어요." 승합차 뒤쪽에 약이 있다는 것을 아는 간호사가 이렇게 외치더니, "다녀올게요" 하면서 땅에서 일어섰다.
우리는 간호사가 팔을 휘저으며 승합차 쪽으로 비틀비틀 걸어가는 모습을 지켜보았다. 재빨리 차 안으로 뛰어들어가 의료상자를 집어든 간호사는 쏜살같이 돌아와 리디아에게 해독제를 주사했다. "견뎌내지 못할 것 같아요." 누군가가 말했다.

Chapter THREE—p.024
같은 지방 저 멀리 들녘에서는 목자들 몇몇이 밤늦도록 양떼를 돌보고 있었다. 그때 한 천사가 홀연히 목자들 앞에 서니, 주의 찬란한 영광에 목자들은 두려워 떨었다. 주의 천사가 이르되, "두려워 말라. 그리고 들으라. 내가 너희에게 만백성의 즐거움이 될 기쁜 소식을 전하노라."

—《새 미국표준어 성경》, 누가복음 2장 8절~10절

Chapter FOUR—p.028
"달리 할 수 있는 게 뭐죠?" 헤일리가 묻자, "날도 정말 자꾸 추워지고 있잖아요" 하면서 어맨더도 거들었다. 참 용감한 애들이었다. 내가 알기로는 사정을 잘 모르는 애들한테 질문을 받느라 학교에서도 혼이 나고 있다. 학교 애들은 에인젤을 남미계 '부랑아' 정도로 생각했다.
"에인젤이 우리 식구가 되면 가족과 똑같이 대할 거다." 내가 말했다. "집안 일도 거들고 귀가 시간도 지켜야 해. 일도 열심히 해야 하고 우리집 규칙도 엄수해야 해."

377

Chapter FIVE — p.034
　어느 여름날이었다. 하교 길에, 아버지는 나를 곁에 태우고 흙먼지가 풀풀 나는 길을 운전해 내려가고 있었다. 3학년 독본(讀本)을 새로 받아 책에 실린 한 이야기를 읽고 있었는데 모르는 단어가 나왔다. 그래서 아버지가 그 페이지를 잘 볼 수 있도록 책을 들어 올리며 물었다.
　"이거 어떻게 읽어요?" 아버지는 운전을 하시느라 글자를 읽을 수 없었기 때문인지 무엇인가를 중얼중얼 말하셨다. 나는 아주 천천히 "에이-유-티-유-엠-엔"이라고 철자를 읽어드렸다. 그래도 아버지가 여전히 대답을 하지 않으시자 나는 손가락으로 모르는 단어를 가리키며 아버지를 살펴보았다. 아버지는 어색하면서도 괴로운 표정을 짓고 있었다. 이번엔 더 큰소리로 다시 그 단어의 철자를 말해드렸다. 그런데도 아버지는 아무 말 없이 계속 차만 운전했다. 도대체 왜 대답을 해주시지 않을까? 나는 볼멘 목소리로 "아버지는 이것도 못 읽어요?" 하며 다그쳤다.
　아버지는 방향을 바꿔 갓길 쪽으로 천천히 차를 몰고 가서 세우고 시동(始動)을 끄시고는 먼지 낀 도로 전방을 망연히 응시했다.
　마침내 아버지가 낮은 목소리로 대답했다. "그래, 캐시야. 아버지는 글을 읽을 줄 모른단다." 아버지는 조용히 내 손에서 독본을 가져가더니 슬픔 어린 눈으로 내게 말했다. "이 책에 있는 글자를 단 한 자도 읽을 수 없단다."

Chapter SIX — p.042
　우리 선생님은 그냥 좋은 정도가 아니라 이해심도 많다. 호프먼 선생님은 어린 시절이 어땠는지를 틀림없이 아직도 잘 기억하고 있는 분이다. 난 학교에서 공부를 열심히 한다. 착실히 공부하면 엄마가 그렇게 심하게 화를 내지 않을지도 모르니까. 아빠도 내 존재에 관심을 가지시겠지. 말도 들어주시고 곁에 있어 주실지도 몰라.

Chapter SEVEN — p.048
　우리가 결혼하던 해 봄, 언니는 임신중이었다. 4월 하순 어느 날 저녁 언니는 병원에서 전화를 걸어 진통이 시작됐다고 다급하게 알려왔다. 난 언니에게 즉시 가겠다고 대답하고 클리프에게 이 말을 해주려고 서둘러 뛰어갔다.
　"당신이 가면 난 차도 없이 꼼짝 못하게 되잖아." 남편은 안 된다고 했다.
　"클리프, 우리 언니 일이야. 언니와 함께 있어 줘야 한단 말야!"
　"안 돼! 내 말대로 해." 그가 말했다.
　"제발, 이 일은 정말 중요한 일이야. 난~."
　남편이 내 얼굴을 어찌나 세게 후려쳤던지 나는 마루에 넘어지고 말았다. 그를 올려다보니, 눈이 증오심으로 풀어져 짐승의 눈처럼 이글거리고 있었다. 하지만 곧 눈물을 뚝뚝 흘리면서 마루에 털썩 주저앉더니 나를 달래주었다.

Chapter EIGHT – p.055
메달을 위한 결승 경기만이 남았다. 마지막 다이빙을 하려고 도약판에 선 나는 그 순간을 음미하며 평소보다 좀더 오래 머물렀다. 지중해의 부드러운 미풍이 물결치듯 불어왔다. 관중석엔 침묵이 흘렀다. 확성기에서 "미국의 메리 엘렌 클락 선수가 앞으로 한번 반 뒤로 두 번 반 몸비틀며 공중돌기를 시도하겠습니다"라는 장내 안내방송이 나오자 난 샤무아 수건으로 몸을 가볍게 털었다.

제2부

Chapter TEN [번역 2] – p.069
세계 최대 보험 시장을 방문할 수 있는 절호의 기회! 런던 시가 보유한 금세기 가장 혁신적인 건물로 여러분을 초대합니다. 로이즈 보험 조합은 1986년 리차드 로저스가 건축한 최첨단 건물에 위치하고 있습니다. 방문객은 보험시장의 업무에 관한 비디오 설명을 시청한 후 조합의 해상보험 가입 '객장' 이 있는 중앙홀을 둘러볼 예정입니다.
　*주의사항 : 로이즈 방문 시에는 '예의를 갖춘' 옷차림을 해야 합니다. 청바지, 반바지, 티셔츠나 운동복은 금지하고 있습니다. 넥타이를 갖춘 정장을 착용하시기 바랍니다. 최근 사진 촬영과 플래시를 허용하고 있으나, 건물 내에 식품이나 음료수의 반입·흡연 등은 금지하고 있습니다. 조속한 시일 내에 방문자 명단을 제출해야 합니다. 꼭 참석해야 하는 분만 예약하시기 바랍니다.

Chapter TEN [번역 3] – p.070
세계 최대의 보험 시장을 방문할 수 있는 절호의 기회! 로이즈 보험 조합은 금세기 런던 시가 보유한 가장 혁신적인 건물로 1986년 리차드 로저스가 건축한 최첨단 건물에 있다. 보험시장 업무에 관한 비디오 시청 후 보험조합의 객장(客場)이 있는 중앙홀을 둘러본다. *주의사항 : 정장 착용 필수. 플래시 사진촬영은 허용. 건물 내 금연, 식품/음료 반입 금지. 방문자 명단 제출 관계상 즉시 예약 필요. 꼭 가실 분만 예약 바람!

Chapter ELEVEN – p.077
큰언니가 말했다. '도대체 행운의 여신은 눈이 멀었나? 어떻게 우리를 이렇게도 잔인하고 불공평하게 대할 수가 있어! 우리 셋은 모두 한 자맨데 이렇게 다른 운명을 살아야 하다니, 넌 말야, 그래도 괜찮니? 너랑 나는 그래도 언니인데 마치 집에서 쫓겨나다시피 친구도 없는 외국으로 시집을 가야 했잖아. 남편은 우릴 노예 취급하고 말야. 엄마가 늙어빠져서 어지간히 안간힘을 써서 낳았던 프시케는 신을 남편으로 맞아 세상에서 둘도 없는 멋진 궁전에서 살게 되다니! 그 많은 재산을 제대로 쓸 줄도 모르면서 말야! 너, 그렇게 엄청난 보물들을 본 적이 있니? 수가 잔뜩 놓인 화려한 옷들로 꽉꽉 차 있는 옷장들을 본 적이 어?

Chapter TWELVE — p.084

　1983년 남편 토머스와 결혼하면서, 정말 내 맘에 꼭 드는 사람이라고 생각했다. 친절하고 너그러운데다가 열심히 일하는 사람인 토머스. 하지만 1966년형 연하늘색 구형 셰비 픽업트럭, 이것이 단 하나의 골칫거리였다. 번쩍번쩍 광을 낸 트럭은 시댁 차고에 고이 모셔져 있었다. 몇 년 전 시어머니와 남편이 시아버지께 선물로 사드렸다는 이 셰비를 두 사람은 마치 가보인 양 애지중지했다.

Chapter THIRTEEN — p.093

　어느 날 아내가 말했다. "당신 더 이상 실업수당을 받을 필요가 없을 것 같아요." 내가 아내를 똑바로 쳐다보며, "무슨 소리요?" 하면서 따지려들자, 아내는 현재 예약된 자문 의뢰 건이 길게 적혀 있는 목록을 가리켰다. 순간 나는 깨달았다. '와, 내가 잘 해내고 있네!'
　2년이 지난 지금도 나는 여전히 집에서 일하고 있으며 또한 이런 삶을 즐기고 있다. 내가 자유계약직으로 일하며 생활을 꾸려 나가다니! 정말 꿈에도 생각 못한 일이다.

Chapter FOURTEEN — p.101

　"마이클, 왜 그러니? 내가 안아줄까?"
　아이는 입을 열고 입술을 움직였으나, 목이 메어 말이 나오지 않는 모양이었다. 곁에 무릎을 꿇고 앉자, 아이는 내 목을 꼭 끌어안으며 귀에 대고 작은 소리로 말했다. "엄마가 보고 싶어요." 아이의 따스한 얼굴이 촉촉히 젖어 있었다. 마이클은 울먹이며 계속 "엄마"를 찾았다.

제3부

Chapter FIFTEEN — p.112

　"해리야… 고마워!" 조지가 기어들어가는 목소리로 말하는데, 곁에 있던 프레드는 잔뜩 흥분한 얼굴로 고개를 끄덕여댔다.
　해리는 그들에게 한눈을 찡긋해 보이고는, 몸을 돌려 버논 이모부를 따라 말없이 기차역을 떠났다. '뭐, 미리 걱정할 건 없잖아.' 더즐리 가(家) 자동차 뒷좌석에 오르며 해리는 스스로에게 다짐했다.
　해그리드가 말했던 것처럼 일어날 일은 일어나게 마련이니까…. 일단 일이 생기면, 그때 가서 해결하면 되는 거야.

Chapter SIXTEEN — p.119

　"풍선?"
　"응, 난 이리로 오면서 주욱 혼자 말했어. '크리스토퍼 로빈이 풍선 같은 걸 갖고 있지 않을까?' 라고 말이야. 풍선을 떠올리고 궁금해 하면서, 그렇게 말한 거야."

"풍선을 뭐 하려고 그러니?" 크리스토퍼 로빈이 물어 보았어요.

곰돌이 푸는 누가 엿듣지 않나 주위를 둘러보더니, 앞발을 입에 대고 조그만 소리로 "꿀 땜에!" 라고 속삭였어요.

"하지만 풍선으로 꿀을 딸 수는 없잖아!"

"난 할 수 있어!" 푸가 대답했어요.

Chapter SEVENTEEN — p.126

고향 동네에서 나오는 〈랭캐스터 인텔리전스 저널〉지 뉴스 편집실에 새로 들어온 기자가 내 책상 너머로 몸을 기울이며 말을 걸어왔다. "좀 괜찮은 식당 아는 데 있어요?" 그의 넥타이가 내 타자기 위로 드리워졌다. "글쎄요." 그가 꽤 멋졌기 때문에 나는 얼굴을 붉히며 대답했다. 그의 이름은 휘트니 스미스. 휘트니는 스쿼시와 골프를 즐기고, 일요일에는 늦잠을 자는 세련된 뉴욕사람이었다.

Chapter EIGHTEEN — p.134

트랙슬러 씨는 친절하게도 그 사건은 접어두고 곧바로 하고 있는 일의 특성에 대해 설명했는데, 자기 일을 아주 좋아하는 게 분명했다. 그런데 내가 경력에 관해 막 설명을 시작했을 때 폴이 불쑥 들어왔다. 우리가 있다는 걸 아랑곳하지도 않은 채, 폴은 한 손으로 농구공을 튀기면서 다른 손에는 기름 범벅이 된 엔진 부품을 절묘하게 잘도 들고 있었다. 기름을 단 한 방울도 바닥에 흘리지 않고 공을 튀기면서 방을 지나 문 밖 멀리로 재빨리 나가는 폴을 바라보던 트랙슬러 씨의 두 눈이 놀라움에 휘둥그래졌다.

"제 동생 폴이에요. 저 앤 자동차와 농구에 푹 빠져 있지요." 내가 말했다.

Chapter NINETEEN — p.140

할로윈 날이 되었다. 금요일 오후, 갖가지로 변장을 한 아이들은 사탕 받을 생각에, 또 할로윈 놀이에 대한 기대감으로 한껏 들떠 있었다. 라이언은 흡혈귀로 변장한 모습이었다. 그야말로 길고 긴 하교길이었다. "주여, 아스피린을 먹고 좀 쉬어야겠습니다. 빨리만 끝나게 해주십시오." 마지막 아이를 내려주고, 버스에 남아 있는 아이가 있는지 한 번 더 살펴본 후 난 집으로 향했다.

토요일엔 늦잠을 잤다. 가까스로 몸을 추스른 후, 커피 한 잔과 신문을 들고 자리에 앉았다. 신문을 펴니 2면의 기사가 눈에 확 들어왔다. YMCA 할로윈 파티에서 일어난 사고에 관한 소식이었다. 육중한 운동기구가 쓰러지는 바람에 한 아이가 사망했다는 것이었다. 그런데 그 아이가 바로 라이언이라니!

Chapter TWENTY — p.146
　계산대 근처 진열대에는 상상도 못할 정도로 갖가지 종류의 운동용 비디오가 있었다. 날씬한 허벅지, 홀쭉한 배, 단단한 팔을 보장한다는 약속의 문구들! 아이·노인·임산부를 위한 특별 프로그램도 있었다. 하지만 유색인종 여성이 만든 운동 비디오는 단 한 개도 없었다. 바로 그 순간, 그 자리에서 나는 다짐했다. '내가 언젠가는 만들고야 말겠어!'

Chapter TWENTY ONE — p.154
　여자는 그 나무가 너무 아름답고 나무 열매 또한 정말 먹음직한 것을 보면서, 지혜로워진다는 것 또한 굉장한 일이라는 생각이 들었다. 그래서 열매를 몇 개 따서 먹고는 남편에게도 주었더니 남편도 열매를 먹었다. 열매를 먹자마자 분별력이 생긴 두 사람은 자신들이 벌거벗었음을 깨닫고 무화과 잎새를 엮어 몸을 가렸다.

제4부

Chapter TWENTY TWO — p.163
　번역 과정에서 얼음 조각이 녹는다. 액체 상태가 되면 모든 분자는 위치를 바꾸고 어느 분자도 다른 분자들과 원래의 관계를 유지하지 않는다. 그리고 제2의 언어 내에서 '그 작품'을 형성하는 과정을 시작한다. 원래의 분자들은 사라지고 새로운 분자들이 유입되어 빈 공간을 채우지만, 형성과 수정 과정은 실제로 거의 비가시적(非可視的)이다. 이제 제2의 언어에서 '작품'은 모든 면에서 꼭 같은 겉 모습이지만, 원래의 속성과는 다른 새로운 얼음 조각으로 태어나게 된다.

Chapter TWENTY FOUR — p.178
　제리는 자전거에서 내린 다음 안전의자 띠를 풀고 맥스를 잔디밭에 내려놓더니, 나를 끌어안았다.
"그렇게 힘들었구나. 전혀 생각조차 못 했어." 그녀가 말했다.
"꾹꾹 참으면서 안 그런 척했던 거야."
"나도 그랬어."
"우린 생각보다 서로 무척이나 닮았나 봐." 나는 눈물을 닦으면서 이렇게 말했다. 먼저 손을 내밀어 가까이 가기보다는 몸을 사렸던 나, 그 점은 제리도 마찬가지였다. 둘 다 옳지 않은 태도라고 느끼면서도 절대로 털어놓고 말할 수가 없었다.

Chapter TWENTY FIVE — p.186
"익사 당했다고요?" 몇몇이 그렇게 반문했다.

이들은 물론 전에 이보다 더 음울한 소문도 들은 적이 있다. 하지만, 호빗들은 집안 얘기라면 남달리 좋아해서 언제라도 다시 들을 준비가 되어 있었다. 개퍼가 얘기했다.
"글쎄, 그렇다고들 해. 알다시피 드로고씨는 프리뮬라 브랜디벅이라는 가엾은 아가씨와 혼인을 했는데, 아가씨는 빌보 님과는 외사촌간이지. 모친이 바로 툭 노인의 막내딸이거든. 그리고 드로고는 빌보 님과 육촌간이고."

Chapter TWENTY SIX — p.194
　심령이 가난한 자 복이 있나니
　하늘 왕국이 그대들 것이라
　애통하는 자 복이 있나니
　위로를 받으리라
　온유한 자 복이 있나니
　땅을 물려받으리라
　의에 굶주리고 목말라하는 자 복이 있나니
　그대들은 채워지리라
　《제임스 왕 역》 마태복음 5장 3~6절

Chapter TWENTY SEVEN — p.200
　번역가는 급히 생긴 번역일을 하느라 친구와 외출해 유쾌한 저녁시간을 보내기로 한 약속을 취소해야 하는 경우도 있고, 밤을 세우기도 한다. 또 비록 원문이 도덕적·정치적으로 혐오스런 내용이라 할지라도, 정성을 다해 성심 성의껏 번역을 해야 하는 경우도 있다. 전문가의 긍지가 바로 '신뢰성'이기에 번역가들은 단 한 마디의 정확한 표현을 찾아내느라 몇 시간을 기꺼이 소모하는 것이다. 그 시간에 대한 보상? 현실적으로 전혀 없다. 하지만 분명 정확한 말을 찾아내는 작업은 아주 소중한 일이 아닐까.

Chapter TWENTY EIGHT — p.207
　이제 더 이상 근심하지 않는다. 예전에는 마치 차가운 회색 콘크리트 벽처럼, 인생이란 어둡고 음울하며 내가 어쩔 수 없는 것이라고 생각하며 주차장 바닥에 앉아 있곤 했다. 인생을 그런 눈으로 바라봤기에, 모든 일이 그렇게만 보였다. 좋든 나쁘든, 우리는 모두 변화를 겪는다. 바로 그것이 우리의 인생이다. 그런 힘든 변화를 어떻게 직면하느냐가 바로 우리가 살아가는 이유이다.

Chapter TWENTY NINE — p.214
　하늘의 무지개를 바라보면
　　　　내 마음은 뛴다네

내 삶을 시작하던 때도 그랬고
어른이 된 지금도 그렇다네
나이가 들어도 그럴 것이라네
      그렇지 못하다면 차라리 죽으리!
아이는 어른의 아버지
바라건대 내 생애 매일 매일을
자연의 경건함으로 살 수 있기를.(1802/1807년)

제5부

Chapter THIRTY — p.225

"14일!" 수용소 지휘관이 소리쳤다. 난 2주 동안 그 상자 안에서 지냈다. 초라한 침상 하나, 다 해진 담요, 변기용 깡통 하나, 그게 전부였다. 빛도, 온기도 없이! 추위가 뼛속까지 스며들었고, 이가 살을 물어뜯었다. 하루치 식량 배급은 수통에 담긴 묽디묽은 커피와 곰팡내 나는 빵 한 덩어리가 고작이었다. 하지만 날이면 날마다 칠흑 같은 허공만 쳐다보고 있어야 하는 일이 내게는 더욱 고통스러웠다. 정말 미쳐버리지나 않을까 두려웠다.

Chapter THIRTY ONE — p.233

50kg짜리 암놈들을 마치 물놀이 공처럼 공중으로 던져대는 덩치 큰 수놈들을 보니, 수놈 물개들에게는 아직도 '여권주의'란 어림도 없다는 생각이 제일 먼저 떠오른다. 하지만 스프링어 교수는 나처럼 한가하게 의인화나 하고 있을 겨를이 없다. 콜로라도 주립대학교의 과학자가 이곳에 온 이유는 따로 있다. 물개로 뒤덮인 해변에서 죽은 새끼 물개들을 올가미가 달린 긴 막대기로 조심스럽게 낚아 건져올리기 위해서이다. 스프링어 교수는 부검을 위해 자그마한 물개 사체를 연구실로 가져가는데, 이 작업으로 그는 새끼 물개들의 사인(死因)을 밝혀내고, 전체 물개들의 건강 상태에 대한 증거자료도 찾아낼 것이다.

Chapter THIRTY TWO — p.240

여우와 누이동생은 전에 없이 탐스럽고 향기로운 포도가 주렁주렁 달린 포도원을 지나가게 되었다. 하지만 포도는 여우가 도저히 딸 수 없을 만큼 높은 덩굴에 매달려 있었다. 소용도 없이 실컷 뛰어오르던 동생 여우가 말하기를, "저 포도는 너무 시어서 못 먹을 거야. 집에 가서 엄마한테 점심이나 달라고 해야지. 갈래?" 동생 말에 바짝 약이 오른 오빠 여우가 한마디했다. "아냐, 그게 아냐! 넌 지금 포도를 딸 수가 없으니까 자신을 합리화하고 있는 거지? 하지만 난 핑계 대고 싶지 않아. 사실은 사실대로 받아들일 거야."

Chapter THIRTY THREE — p.247

영하 40도로 뚝 떨어진 기온 속에서 근 40시간을 갇혀 오도가도 못하는 신세였다. 그런데도 체온은 36.1도였고, 동상이나 저체온증도 없었다. 단지 허기(虛飢)와 가벼운 탈수증 때문에 기운이 좀 없었을 뿐, 금방 괜찮아질 거란 생각이 들었다. 어떤 사람들은 기적이라고 했다.

Chapter THIRTY FOUR — p.254

그 날 아침 일어나자마자 나는 어머니에게 교복입고 학교 가는 게 얼마나 지긋지긋한지, 또 짜증을 부렸다. "도대체 왜 이런 옷을 입으라는 거죠? 이 검정색 체크무늬 짧은치마는 마루바닥이나 닦으면 딱 알맞을 거예요. 게다가 저 보기도 싫은 노랑색 윗도리! 교장선생님도 한번 입어보셔야 해요. 그럼 아시게 될 거라고요." 어머니는 언제나 그렇듯이 내 투정을 들은 척도 안 했다.

Chapter THIRTY FIVE — p.263

틀림없이 해고될 거라고 생각하면서 호머를 바라보았다. 그는 능숙한 손놀림으로 죽은 잎사귀들을 따 양동이에 던져 넣으며, "시든 꽃들은 따 버리게!"라고 말했다. "그래야 새로 피어나는 꽃들이 두루 잘 피지. 어차피 어머니날에 내다 팔 수는 없게 되었지만, 6월쯤이면 지금까지 본 제라늄 중에서 가장 큰 꽃을 보게 될 게야." 호머는 나를 꾸짖지도 잔소리도 하지 않았다. 내가 사과하려 하니까 어깨를 으쓱하며 "실수야! 누구나 다 실수를 하지…"라고 했다.

Chapter THIRTY SIX — p.270

제시는 우리 주말 자원봉사대의 도움이 필요하고, 또 유급 전문간병인의 도움도 필요로 했다. 제시에게는 우리를 기분 좋게 하면서 우리로 하여금 자신이 원하는 일을 하도록, 그것도 아주 즐겁게 하도록 이끄는 놀라운 재주가 있었다. 하지만 여전히 누군가의 도움이 꼭 필요했다. 그 해 8월 나는 버지니아에 있는 경영대학원에 입학했다. 나는 모임에 함께 했던 동료들이 고마웠지만, 특히 제시가 너무 고마웠다. 제시는 내게 도움을 주는 사람의 자세에 대해 아주 중요한 뭔가를 가르쳐 주었다.

Chapter THIRTY SEVEN — p.277

아기오리는 물에 비친 자신의 모습을 바라보았어요. 정말로 자신의 깃털이 새하얗고 또 반짝반짝 빛나고 있었습니다. 게다가 길고 우아한 목! 아기오리는 멋진 백조로 자라난 것이었어요.
"우리랑 함께 가자!" 다른 백조가 말했습니다. 못생긴 아기오리는 날개를 활짝 펴고 하늘로 날아올랐어요.
"이렇게 행복해지다니… 꿈에도 생각 못했어." 백조가 된 아기오리는 이렇게 외치면서 새로운 친구들과 함께 의기양양하게 훨훨 날아갔습니다.

Chapter THIRTY EIGHT — p. 284

테이트 씨께,

지난 주 만나뵙고 말씀 나눌 수 있게 해주신 것 감사합니다. 의논한 바와 같이 안내서와 ABC 재취업 알선 업무에 관한 요약본을 동봉해 보내드립니다.

국내에 30여 개, 국외에 40여 개의 지사를 보유한 ABC 사는 인력알선 자문업계의 선두주자이며, 세계 최대의 규모입니다. 특히 ABC 사는 과도기 조직 하에 있는 회사를 다각적으로 보좌하는 분야에 폭넓은 업무 경험이 있습니다. 직접 만나뵙고 인사담당 이사로서 직면하신 문제를 포함한 귀사의 현황을 좀더 확실히 알고자 합니다. 이후 몇 주 내에 기회가 있으시면 전화를 주십시오. 연락이 없으실 경우에는 몇 주 내로 제가 귀하께 연락을 드려 가까운 장래에 면담시간을 낼 수 있으신지에 대해 의논드리겠습니다.

다시 한 번 감사드리며 꼭 만나뵐 수 있기를 바랍니다.

수석 부사장
폴 스미스 상무이사 올림

Chapter THIRTY NINE — p. 292

해변은 일을 할 곳은 아니다. 말하자면 책을 읽거나 글을 쓴다거나 사색을 할 곳은 못 된다. 과거 수년간의 경험으로 미루어 이런 사실을 알고 있어야만 했다. 진지한 정신수양이나 예리한 영적 각성을 하기에 해변은 너무나도 따사롭고 촉촉하며 포근하다. 그래서 아무 것도 배우지 못한다. 사람들은 빛 바랜 밀짚 가방 속에 책이며, 백지며, 오랫동안 회답하지 못한 편지며, 새로 뾰족하게 깎은 연필과 해야 할 일의 목록에다 꼭 다 해내야지 하는 마음까지 담아 불룩하게 넣어가지고 희망에 부풀어 바닷가를 찾아간다. 그러나 책은 읽혀지지 않은 채로 있고, 연필은 심이 부러지고, 편지지 묶음은 구름 한 점 없는 하늘처럼 깨끗하고 매끈한 채 그대로 있게 마련이다.

Chapter FORTY — p. 298

"도대체 누가 걔를 배겨내겠어." 학생들로 붐비는 복도로 나가면서 론이 해리에게 말했다. "그 앤 솔직히 악몽이라니까."

누군가가 이 둘을 앞질러 가려다 해리를 툭 치고 지나갔다.

헤르미온느였다. 해리가 언뜻 쳐다보니 헤르미온느가 눈물을 흘리고 있어 깜짝 놀랐다.

"쟤가 네 말을 들은 것 같아."

제6부

Chapter FORTY ONE — p.309
　내가 그 과정을 통해 취합한 직무분담 안내서는 많은 사람으로 하여금 자신의 일과 가정생활 사이에 균형을 잡는 방법을 찾게 해주었다. 그렇게 5년이 흘렀다. 도나는 자문회사를 차려 옮겨 나갔고, 이제 나는 수잔 로드와 직무분담을 하고 있다. 직무분담은 삶을 재정비하는 데 현실적이고도 만족스러운 방법임이 분명해졌다.

Chapter FORTY THREE — p.323
　그 과정에서 항상 무언가가 '상실'(혹은 '획득'이라고도 할 수도 있다)되기에, 번역가는 원문의 일부만을 재생하게 되는 셈이므로 원작가의 의도를 '배반한다'는 비난을 받는다. 이러한 반역적 속성으로 인해 번역가는 악명 높은 이탈리아 격언 "번역은 반역이다"라는 말로 매도되곤 한다.

Chapter FORTY FOUR — p.329
　상상해 보십시오. 인생을, 다섯 개 공을 번갈아 공중에 던졌다. 받는 놀이라고 말입니다. 그 공 다섯 개에 각각 이름을 붙여봅시다! 일・가족・건강・친구・영혼이라고 말입니다. 여러분도 곧 이해하시게 되겠지만, 일이란 공은 고무공이라 떨어뜨려도 바로 튀어 오릅니다. 그러나 다른 네 개의 공, 즉 가족・건강・친구・영혼은 유리로 만들어진 공입니다.

Chapter FORTY FIVE — p.336
　한국은 분단 국가로서 여전히 어려운 안보 문제에 직면하고 있습니다. 그러나 동시에 결연한 정신의 국가로서, 민주주의 원칙에 입각하여 시장기반 경제활동 원칙에 한층 더 충실함으로써, 진보와 발전을 향한 탄탄대로로 나아가고 있다고 생각합니다. 또 본인도 지지하는 한국의 비전, 즉 동북아 중심지로서의 비전을 이루기 위해서 한국은 외국인 투자와 상호의존성에 문호를 더욱 개방해야 하며, 세계 경제 선두국으로서의 의무와 책임을 온전히 수용해야만 합니다.

Chapter FORTY SIX — p.344
　이 시의 율격은 그리스 호메로스와 고대 로마 베르길리우스 시의 율격에서처럼 각운이 없는 영국식 영웅시체인데, 각운은 특별히 장편(長篇)의 경우, 시나 훌륭한 시구(詩句)를 쓰기 위해 꼭 필요한 부속물이나 진정한 장식물이라기보다는 오히려 작품의 형편없는 내용과 불완전한 운율을 숨기기 위한 야만 시대의 발명품이다.

Chapter FORTY SEVEN — p.351
 '여기 어딘가에 있을 텐데….' 나는 옷방 바닥을 샅샅이 뒤지고 있었다. 미국인 친구들과 함께 2주 동안 러시아에 다녀오기 위해 가방을 챙기고 있던 참이었는데, 좀 낡긴 했지만 발이 편안한 검은색 운동화를 가져갈 작정이었다. 항상 바로 눈에 띄는 곳에 있었는데…. '도대체 어디 있는 거지?', '그래, 영영 없어졌나 봐!' 결국 단념하고 가게로 달려나가 새 운동화를 샀다. 튼튼한 끈이 달린, 산뜻하고 튼튼해 보이는 검은색 운동화였다. 비록 전에 신던 신발만큼 편하지는 않았지만, 뭐 곧 그렇게 되겠지.

Chapter FORTY EIGHT — p.359
 우리는 그 날 오후 분재를 몇 개 더 만들었다. 그 다음 주말에 나는 제시를 태우고 다시 그 농원에 갔는데, 거기서 제시는 겨우 7달러짜리 노간주나무를 그루당 45 달러나 받고 되팔았다. 물론 그 나무들은 이미 이전과 같은 모습이 아니었다. 숨겨졌던 나무의 아름다움이 드러났기에 말이다. 마치 제시를 바라보던 나의 편견이 완전히 바뀌어버린 것처럼! 제시의 진가가 드러난 것이었다. 어떤 때 제시는 전혀 장애인 같지도 않았다. 하지만 그럴 때마다 나는 제시야말로 내 도움이 꼭 필요하다는 사실을 상기하곤 했다.

Chapter FORTY NINE — p.366
 존 F. 켈리, 알래스카항공 최고경영자 : 자유 근무시간제를 전혀 적용할 수 없는 사업장과 직종도 있습니다. 그러나 앞으로 이 추세를 포용하지 않는 고용주들이 점점 늘어난다는 건 상상할 수도 없는 일이죠. 이 제도는 기업이 유능한 직원을 기용하도록 해줌은 물론, 거의 모든 대도시의 당면 문제인 교통혼잡 해소에도 도움이 됩니다. 추측하건대 자유 근무시간제와 재택 근무제, 그리고 정규 근무시간제가 적절히 균형을 이룬 근무환경이 미래의 혼합형 근무환경이라고 봅니다.

Chapter FIFTY — p.374
 더러운 호수 물을 너무 많이 삼켰던가 보다. 몸을 일으키려는 순간, 구토가 나서 쓰러지고 말았다. 너무 기진맥진해 다시 움직일 수가 없어 30분 정도를 그렇게 가만히 누워 있었다. 서서히 상황이 파악되기 시작했다. 악어는 내가 죽은 줄 알고, 나중에 다시 와서 나를 조금씩 뜯어먹을 속셈으로 이곳에 처박아 둔 것이었다. '그렇다면, 이곳을 빠져나가야 한다! 지금 당장!'

지은이에 대하여

원영희 교수

서강대학교와 미국 애리조나주립대학교(Arizona State University)에서 영문학으로 석사학위를 받았으며, 영국 웨스트민스터대학교(The University of Westminster) 번역학 특별과정을 수료했다. 국내 최초로 성균관대학교에서 영문학 전공 중 번역학으로 박사학위를 받아 국내 번역학 전공 박사 1호가 되었다. 성균관대, 상지대 대학원, 서울여대, 국립국어연구원 번역반 특강 등 강단에서 많은 번역지망생들을 가르쳤고, 월간 영한대역《가이드포스트》편집장,《리더스 라이프》주간, 월간《타임연구》편집위원으로 번역 칼럼을 기고하고 편집위원으로 일하면서 실무 현장에서 발생하는 번역의 문제점을 꾸준히 연구해왔다.

현재(2009년), (주)씨알번역연구소 소장으로 번역 문제 연구에 매진하는 한편, 성균관대학교 번역 TESOL대학원 번역학과 대우교수로 후학들을 가르치고 있다.《라우트리지 번역학 백과사전》(2009)을 공역했으며, 현재 번역프로젝트로 전 12권에 이르는 대하 장편 소설인《레프트 비하인드, LEFT BEHIND》(미국 틴데일 출판사)를 공역중에 있다.

한국영어영문학회 평생회원이자 한국번역학회 이사로 재임중이며, 성심여대(현 가톨릭대) 재학시절부터 봉사한 한국YWCA에서 인력개발위원회 위원을 역임하고, 현 사회개발위원회 위원장이다. 또한 법무부의 법무자문위원회 변호사법 제정 특별분과위원회 위원을 역임했고, 사법시험관리위원회 위원으로 활동 중이다.

논문으로는〈한역성경의 표현연구〉(성균관대학교 박사학위 논문),〈번역의 가능성과 불가능성〉(2006년),〈의미의 선명화를 위한 번역담화상 잉여성의 문제〉(2004년),〈창의성과 제약: 영역(英譯) 고전문학 번역의 원칙〉(2004년),〈번역의 식민주의적 기능과 탈식민주의적 기능 : 영한번역에 나타나는 대명사 '그' 사용〉(2002년),〈한글성경 번역상의 변화연구―등가성의 관점에서〉(2000년),〈'다시 쓰기'에서 드러난 방패의 양면성 : 호메로스와 W. H. 오든의 '아킬레우스의 방패' 비교〉(2000년) 등이 있다.

번역서는《라우트리지 번역학 백과사전》(공역, 2009년, 한신문화사),《남겨진 사람들》(미국 틴데일 출판사/홍성사, 2006년),《환난군대》(2006년),《니콜라에》(2006년),《영혼추수》(2006년),《아폴리언》(2007년),《암살단》(2008년),《악령의 포로》(2009년 출간 예정) 등이 있다.

성균관대 번역 테솔대학원 번역학과 원영희 (kstella@skku.edu)

한언의 사명선언문
Since 3rd day of January, 1998

Our Mission －·우리는 새로운 지식을 창출, 전파하여 전 인류가 이를 공유케 함으로써 인류문화의 발전과 행복에 이바지한다.

－·우리는 끊임없이 학습하는 조직으로서 자신과 조직의 발전을 위해 쉼없이 노력하며, 궁극적으로는 세계적 컨텐츠 그룹을 지향한다.

－·우리는 정신적, 물질적으로 최고 수준의 복지를 실현하기 위해 노력하며, 명실공히 초일류 사원들의 집합체로서 부끄럼없이 행동한다.

Our Vision 한언은 컨텐츠 기업의 선도적 성공모델이 된다.

> 저희 한언인들은 위와 같은 사명을 항상 가슴 속에 간직하고
> 좋은 책을 만들기 위해 최선을 다하고 있습니다.
> 독자 여러분의 아낌없는 충고와 격려를 부탁드립니다.
> · 한언 가족 ·

HanEon's Mission statement

Our Mission －·We create and broadcast new knowledge for the advancement and happiness of the whole human race.

－·We do our best to improve ourselves and the organization, with the ultimate goal of striving to be the best content group in the world.

－·We try to realize the highest quality of welfare system in both mental and physical ways and we behave in a manner that reflects our mission as proud members of HanEon Community.

Our Vision HanEon will be the leading Success Model of the content group.